证券业从业人员资格考试采分点丛书

2012 最新版

证券市场基础知识

采分点与模拟测试

证券业从业人员资格考试采分点丛书编委会/编

郭 凯/主编

严格依据

证券业从业人员
资格考试大纲编写

ZHENGQUAN SHICHANG
JICHU ZHISHI
CAIFENDIAN YU MONI CESHI

U0747594

中国纺织出版社

内 容 提 要

证券业从业人员资格考试具有"点多、面广、题量大、分值小"的特点，凭借以往押题、扣题式的复习方法很难通过考试。

准备应考时，选择一种好的辅导资料能够起到事半功倍的效果。本书严格依据《证券业从业人员资格考试大纲》证券市场基础知识部分的要求编写，对考试大纲、复习指导用书和历年真题进行分类解析，贯通知识，把考点和易混淆点组合成一个个"采分点"，直指考试要点。同时本书还提供了数套模拟试题，并附有参考答案和详细解析，便于读者巩固复习效果、掌握答题技巧和提高应试能力。

本书将考试大纲、复习指导用书、历年考试真题和模拟测试融为一体，是一本高效的复习参考用书。

图书在版编目（ＣＩＰ）数据

证券市场基础知识采分点与模拟测试 / 郭凯主编.
—北京：中国纺织出版社，2012.8
　　（证券业从业人员资格考试采分点丛书）
　　ISBN 978-7-5064-8798-6

Ⅰ．①证… Ⅱ．①郭… Ⅲ．①证券市场—资格考试—自学参考资料　Ⅳ．①F830.91

中国版本图书馆CIP数据核字(2012)第144538号

策划编辑：丁守富　　责任编辑：赫九宏　　责任印制：陈　涛

中国纺织出版社出版发行
地址：北京东直门南大街6号　邮政编码：100027
邮购电话：010—64168110　传真：010—64168231
http：//www.c-textilep.com
E-mail：faxing@c-textilep.com
北京通天印刷有限责任公司印刷　　各地新华书店经销
2012 年 8 月第 1 版第 1 次印刷
开本：787×1092　1/16　印张：17.5
字数：316 千字　定价：36.80 元

凡购本书，如有缺页、倒页、脱页，由本社图书营销中心调换

证券业从业人员资格考试采分点丛书

本书编委会

主 编

郭 凯

副主编

房佳时

编 委

徐晓慧	白雅君	衣 莹	宋春亮
夏 欣	张宝田	马可佳	赵 慧
陈 炜	王晓光	高菲菲	田原昌
马 鉴	马春雷	许 磊	

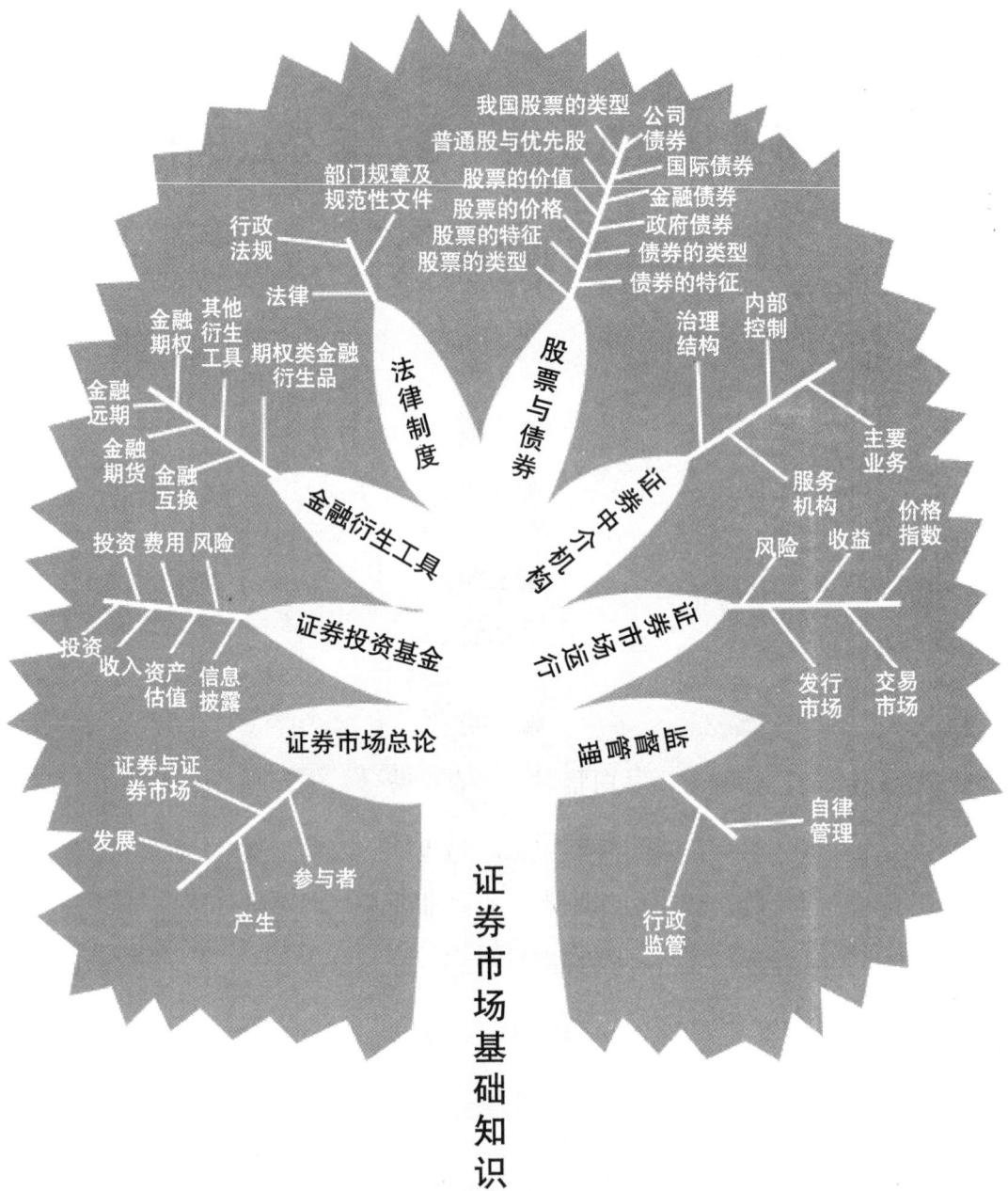

我国股票的类型　公司
普通股与优先股　债券
股票的价值　国际债券
股票的价格　金融债券
股票的特征　政府债券
股票的类型　债券的类型
债券的特征

部门规章及
规范性文件

行政
法规

其他
金融　衍生
期权　工具

法律

期权类金融
衍生品

法律制度

金融
远期

金融
期货　金融
互换

投资　费用　风险

金融衍生工具

股票与债券

治理　内部
结构　控制

证券中介机构

主要
业务

服务
机构

价格
指数

风险　收益

证券市场运行

投资

投资　收入　资产　信息
估值　披露

证券投资基金

证券市场总论

证券与证
券市场

发展

发行　交易
市场　市场

证券市场监督管理

自律
管理

参与者

产生

行政
监管

证券市场基础知识

知识树

前言
PREFACE

证券业从业人员资格考试是由中国证券业协会负责组织的全国统一考试，其成绩是进入银行或非银行金融机构、上市公司、投资公司、大型企业集团、财经媒体、政府经济部门工作的重要参考，因此，参加证券从业人员资格考试是从事证券职业的第一道关口，证券从业资格证同时也被称为证券行业的准入证。

怎样才能顺利通过证券业从业人员资格考试呢？这就要从考试的特点入手进行分析。总体来说，证券业从业人员资格考试具有"点多、面广、题量大、分值小"的特点。这些特点就决定了凭借以往那种押题、扣题式的复习方法很难通过考试，而进行全面系统地复习和准备会更加有效。但是，对于考生来说这种全面、系统地复习又面临着一个突出的矛盾：一方面考试教材涉及面广、信息量大，需要记忆学习的内容多；另一方面这类考生大多数不同于全日制学生，时间多是零散的，难以集中精力进行复习。广大考生热切盼望着能够有一种行之有效的复习方法解决这个矛盾。

本套丛书就定位在为考生解决这个矛盾。具体来说本套丛书具有如下特点。

1. 撷精取粹，抓住要点。编者对考试大纲、教材和历年考试真题进行细致分析，吃透考试精神，撷精取粹，提炼出考试可能出题的各个考点。

2. 融会贯通，高效记忆。提炼出考点后，站在出题者的角度进行思考，找出考试最可能涉及的"易混淆点"，通过下划线标示重点，加深考生的记忆，这样就形成一个个"采分点"。这个过程是分析、提炼、总结的过程，是对知识融会贯通的过程。

3. 全真模拟，贴近实战。本丛书中各册书籍都提供了数套严格依据真实考试试卷的题型、题量设计的模拟试卷，以求全方位模拟考试真题，便于考生对考试重点进行解析，巩固复习效果。同时，模拟试卷练习贴近实战，便于考生熟悉考试情况。

4. 答案解析，升华提高。模拟试卷后都附有参考答案和详细解析，帮助读者查漏补缺，检验巩固复习效果，掌握解题思路和答题技巧，提高应试能力。正是因为经过长期对考生和考试特点的研究和总结，掌握了其中的规律，这套倾注了编者心血的丛书才策划编写完成。

总体来说，本丛书帮助考生进行分析、精炼、总结，直指考试要点，力求使考生在最短的时间内以最佳的方式取得最好成绩，是提高考生的应试能力及考前冲刺复习最实用的参考书。

本书在编写过程中得到了许多专家学者的大力支持，但因涉及内容广泛，书稿虽经全体编者精心编写、反复修改，疏漏和不当之处在所难免，欢迎广大专家和读者不吝赐教指正，以备再版修正，在此谨表谢意。

任何考试并非高不可攀，只要学习得法就一定能取得事半功倍的效果。衷心祝愿各位读者复习轻松、考试顺利，轻松取得好成绩！

编　者

2012 年 7 月

目录

≫ ≫ ≫ ≫ ≫ CONTENTS

第一篇

采分点

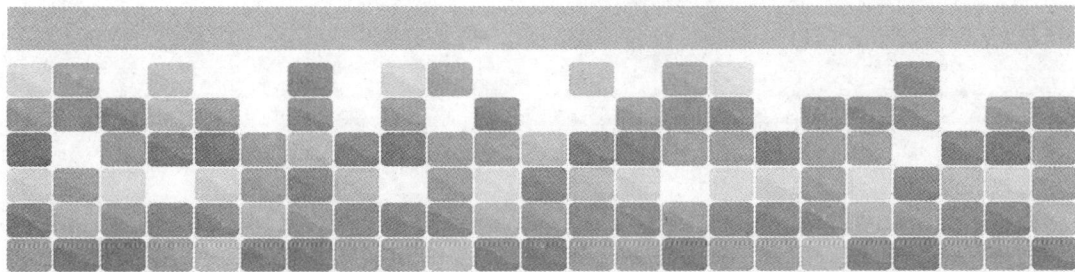

第一章 证券市场总论

采分点1：证券是指各类记载并代表一定权利的<u>法律凭证</u>。（2008年考试涉及）

——**易混淆点**：收入凭证；资本凭证

采分点2：有价证券本身没有价值，但由于它代表着一定量的<u>财产权利</u>，持有人可凭该证券直接取得一定量的商品、货币，或是取得利息、股息等收入，因而可以在证券市场上买卖和流通，客观上具有了交易价格。

——**易混淆点**：具有使用价值；具有交换价值；具有价值

采分点3：有价证券是<u>虚拟资本</u>的一种形式。

——**易混淆点**：商品资本；货币资本

采分点4：狭义的有价证券是指<u>资本证券</u>。

——**易混淆点**：银行证券；商品证券；货币证券

采分点5：广义的有价证券包括商品证券、<u>货币证券</u>、资本证券。（2009年考试涉及）

——**易混淆点**：提单；银行证券

采分点6：<u>商品证券</u>是证明持有人有商品所有权或使用权的凭证，取得这种证券就等于取得这种商品的所有权，持有人对这种证券所代表的商品所有权受法律保护。

——**易混淆点**：资本证券；商业证券；货币证券

采分点7：提货单、运货单、仓库栈单等属于<u>商品证券</u>。（2009年考试涉及）

——**易混淆点**：货币；资本

采分点8：银行证券主要有银行汇票、<u>银行本票</u>和支票。（2009年考试涉及）

——**易混淆点**：商业汇票；商业本票

采分点9：资本证券是指由<u>金融投资</u>或与金融投资有直接联系的活动而产生的证券。（2008年考试涉及）

——**易混淆点**：货币投资；项目投资；资金

采分点 10：有价证券的主要形式是<u>资本证券</u>。（2011 年考试涉及）

——**易混淆点**：实物证券；货币证券；商品证券

采分点 11：在公司证券中，通常将银行及非银行金融机构发行的证券称为金融证券，其中<u>金融债券</u>尤为常见。（2011 年考试涉及）

——**易混淆点**：商业票据；股票

采分点 12：有价证券按是否在证券交易所挂牌交易，可分为<u>上市证券与非上市证券</u>。

——**易混淆点**：场内证券与场外证券；上市证券与挂牌证券；挂牌证券与公开证券

采分点 13：有价证券按募集方式分类，可以分为<u>公募证券和私募证券</u>。

——**易混淆点**：上市证券和非上市证券；国内证券和国际证券；固定收益证券和变动收益证券

采分点 14：有价证券按照<u>所代表的权利性质</u>分类，可以分为股票、债券和其他证券三大类。

——**易混淆点**：收益是否固定；发行主体；违约风险

采分点 15：证券的<u>收益性</u>是指持有证券本身可以获得一定数额的收益，是投资者转让资本所有权或使用权的回报。（2008 年考试涉及）

——**易混淆点**：流动性；风险性；期限性

采分点 16：证券持有者面临实际收益与预期收益的背离，或者说是证券收益的不确定性，这表明了证券具有<u>风险性</u>。

——**易混淆点**：流动性；期限性；收益性

采分点 17：证券市场是市场经济发展到一定阶段的产物，是为解决<u>资本供求矛盾和流动性</u>而产生的市场。

——**易混淆点**：资本供求矛盾和收益性；资金分散；资本短缺

采分点 18：证券发行市场又称一级市场或初级市场，是<u>发行人</u>以筹集资金为目的，按照一定的法律规定和发行程序，向投资者出售新证券所形成的市场。

——**易混淆点**：投资者；证券公司

采分点 19：证券市场按证券品种划分，可以分为<u>股票市场、债券市场、基金市场、衍生产品市场</u>。

——**易混淆点**：国内市场和国际市场；发行市场和流通市场；场内市场和场外市场

采分点 20：证券市场按交易活动是否在固定场所进行，可以分为有形市场和无形市场。

——**易混淆点**：发行市场和流通市场；国内市场和国际市场；股票市场和债券市场

采分点 21：有形市场的诞生是证券市场走向集中化的重要标志之一。（2011 年考试涉及）

——**易混淆点**：无形市场；股票市场；债券市场

采分点 22：证券的价格是证券市场上证券供求双方共同作用的结果。

——**易混淆点**：供方作用；利率作用

采分点 23：证券市场的资本配置功能是指通过证券价格引导资本的流动从而实现资本的合理配置的功能。

——**易混淆点**：证券发行数量；投资收益

采分点 24：在证券市场上，证券价格的高低是由该证券所能提供的预期报酬率的高低来决定的。

——**易混淆点**：利息收入；溢价收入；红利收入

采分点 25：现代公司主要采取股份有限公司和有限责任公司两种形式，其中，只有股份有限公司才能发行股票。

——**易混淆点**：有限责任公司

采分点 26：证券发行人是指为筹措资金而发行债券、股票等证券的发行主体，主要包括公司（企业）、政府和政府机构。

——**易混淆点**：公司、中央政府和地方政府；公司、政府、金融机构、财政部；公司企业、中央银行、政府

采分点 27：随着国家干预经济理论的兴起，政府（中央政府和地方政府）和中央政府直属机构已成为证券发行的重要主体之一，但政府发行证券的品种仅限于债券。（2010 年考试涉及）

——**易混淆点**：股票；期货；权证

采分点 28：中央政府债券被视为无风险证券，相对应的证券收益率被称为无风险利率，是金融市场上最重要的价格指标。

——**易混淆点**：政府机构债券；中央银行发行的证券；政府债券

采分点 29：各级政府及政府机构出现资金剩余时，可通过购买**政府债券、金融债券**投资于证券市场。

——**易混淆点**：公司债券；政府机构债券

采分点 30：中央银行以**公开市场操作**作为政策手段，通过买卖政府债券或金融债券，影响货币供应量进行宏观调控。（2011 年考试涉及）

——**易混淆点**：套期保值；盈利性

采分点 31：证券经营机构是证券市场上最活跃的投资者，以其**自有资本、营运资金和受托投资资金**进行证券投资。

——**易混淆点**：清算资金

采分点 32：《中华人民共和国商业银行法》规定，银行业金融机构可用自有资金**买卖政府债券和金融债券**，除国家另有规定外，在中华人民共和国境内不得从事信托投资和证券经营业务，不得向非自用不动产投资或者向非银行金融机构和企业投资。

——**易混淆点**：政府机构债券和金融债券；政府债券和政府机构债券；证券衍生产品

采分点 33：《中华人民共和国外资银行管理条例》规定，银行业金融机构因处置贷款质押资产而被动持有的股票，只能**单向卖出**。

——**易混淆点**：进行抵押；同业回购；进行再质押

采分点 34：《中华人民共和国保险法》规定，债券、股票、证券投资基金份额等有价证券均属保险公司资金运用范围，经国务院保险监督管理机构会同国务院证券监督管理机构批准，保险公司可以设立**保险资产管理公司从事证券投资活动**，还可运用受托管理的企业年金进行投资。

——**易混淆点**：保险信托投资公司；保险投资管理公司；保险基金公司

采分点 35：合格境外机构投资者（QFII）制度要求外国投资者若要进入一国证券市场，必须符合一定的条件，得到该国有关部门的审批通过后汇入一定额度的外汇资金，并转换为当地货币，通过严格监管的专门账户投资当地**证券市场**。

——**易混淆点**：基金市场；信托市场

采分点 36：所有境外投资者对单个上市公司 A 股的持股比例总和，不超过该上市

公司股份总数的 <u>20%</u>。（2011 年考试涉及）

——**易混淆点**：10%；30%

采分点 37：2010 年 8 月 31 日起实施的《保险资金运用管理暂行办法》规定，保险集团（控股）公司、保险公司从事保险资金运用应当符合的比例要求是：投资于银行活期存款、政府债券、中央银行票据、政策性银行债券和货币市场基金等资产的账面余额，合计不低于本公司上季末总资产的 <u>5%</u>。

——**易混淆点**：10%；20%；30%

采分点 38：在大多数国家，社保基金分为两个层次：一是国家以社会保障税等形式征收的全国性社会保障基金；二是由企业定期向员工支付并委托基金公司管理的<u>企业年金</u>。（2011 年考试涉及）

——**易混淆点**：社会保险基金，社会保障基金；社会保险基金，企业年金；社会保障税，社会保险基金

采分点 39：全国性社会保障基金主要投向<u>国债市场</u>。（2011 年考试涉及）

——**易混淆点**：股票市场；期货市场；权证类市场

采分点 40：依据 2001 年底由财政部、劳动和社会保障部发布的《全国社会保障基金投资管理暂行办法》规定，委托单个社保基金投资管理人进行管理的资产，不得超过年度社保基金委托资产总值的 <u>20%</u>。

——**易混淆点**：10%；25%

采分点 41：在现阶段，我国社会保险基金的部分积累项目主要是<u>养老保险基金</u>，其运作依据是中华人民共和国人力资源和社会保障部的各相关条例和地方的规章。

——**易混淆点**：失业保险基金；工伤保险基金；医疗保险基金

采分点 42：按照我国现行法规，<u>企业年金</u>可由年金受托人或受托人指定的专业投资机构进行证券投资。

——**易混淆点**：证券投资基金；社保基金；社会公益基金

采分点 43：根据《证券法》的规定，证券公司的主要业务包括证券经纪业务，证券投资咨询业务，与证券交易、证券投资活动有关的财务顾问业务，证券承销和保荐业务，证券自营业务，<u>证券资产管理业务</u>及其他证券业务。

——**易混淆点**：证券评估业务；证券登记业务

采分点 44：根据《证券法》的规定，证券交易所是为证券集中交易提供场所和设施，组组和监督证券交易，实行自律管理的法人。

——*易混淆点*：证券公司；中国证监会

采分点 45：在我国，按照《证券法》的规定，证券自律管理机构是证券交易所和证券业协会。

——*易混淆点*：中国证监会；证券公司；中国银监会

采分点 46：中国证券业协会具有独立法人地位，采取会员制的组织形式，协会的权力机构为全体会员组成的会员大会。

——*易混淆点*：股东大会；主席会议；董事会

采分点 47：在我国，证券监管机构是指中国证券监督管理委员会及其派出机构。

——*易混淆点*：证券行业自律性组织；证券业协会；证券信用等级机构

采分点 48：中国证监会是由国务院直属的证券监督管理机构，按照国务院授权和依照法律法规对证券市场进行集中、统一监管。（2008 年考试涉及）

——*易混淆点*：全国人大常务委员会；中国人民银行；全国人大

采分点 49：1602 年，在荷兰的阿姆斯特丹成立了世界上第一个股票交易所。（2008年考试涉及）

——*易混淆点*：美国的纽约；美国的华盛顿；英国的伦敦

采分点 50：1790 年，美国成立了第一个证券交易所，即费城证券交易所。（2010年考试涉及）

——*易混淆点*：纽约证券交易所；芝加哥证券交易所；波士顿证券交易所

采分点 51：据统计，1900 ~ 1913 年全世界发行的有价证券中，政府公债占发行总额的 40%，而公司股票和公司债券则占了 60%。

——*易混淆点*：20%，40%；40%，70%

采分点 52：从 20 世纪 70 年代开始，证券市场出现了高度繁荣的局面，不仅证券市场的规模更加扩大，而且证券交易日趋活跃，其重要标志是反映证券市场容量的重要指标，即证券化率（证券市值 /GDP）的提高。

——*易混淆点*：股票市值占 GDP 的比率；证券市场价值；证券市场指数

采分点 53：进入 21 世纪，国际证券市场发展的一个突出特点是各种类型的机构投资者快速成长，它们在证券市场上发挥出日益显著的主导作用。

——**易混淆点**：金融机构混业化；各种类型的个人投资者快速成长；证券市场网络化

采分点 54：进入 21 世纪，场外交易衍生产品快速发展以及新兴市场金融创新热潮也反映了金融创新进一步深化的特点，在场外市场中，以各类奇异型期权为代表的非标准交易大量涌现，成为风险管理的利器。

——**易混淆点**：天气衍生金融产品；能源风险管理工具；巨灾衍生产品

采分点 55：1999 年 11 月 4 日，美国国会通过《金融服务现代化法案》，废除了1933 年经济危机时代制定的《格拉斯—斯蒂格尔法案》，取消了银行、证券、保险公司相互渗透业务的障碍，标志着金融业分业制度的终结。

——**易混淆点**：《证券交易法》；《巴塞尔协议》

采分点 56：金融风险已成为 20 世纪 90 年代以来影响世界经济稳定发展的最重要的因素。

——**易混淆点**：社会化大生产；金融创新深化；产业垄断

采分点 57：随着金融危机的不断蔓延，各国（地区）监管机构逐步形成了对现行金融监管体系进行改革的共识，最主要的是对金融监管边界的重新界定。（2010 年考试涉及）

——**易混淆点**：金融分业经营；限制金融创新；限制高管年薪

采分点 58：自 20 世纪 80 年代初以来，西方国家掀起了一场以放松金融管制为主要目标的金融自由化运动。（2010 年考试涉及）

——**易混淆点**：证券市场网络化；投资者法人化；分业经营

采分点 59：1872 年设立的轮船招商局是我国第一家股份制企业。（2002 年考试涉及）

——**易混淆点**：上海真空电子；上海飞乐音响；上海众业公所

采分点 60：中国人自己创办的第一家证券交易所是 1918 年夏天成立的北平证券交易所。（2008 年考试涉及）

——**易混淆点**：上海证券交易所；上海众业公所；上海华商证券交易所

采分点 61：1990 年 12 月 19 日和 1991 年 7 月 3 日，上海证券交易所和深圳证券交易所先后正式营业。

——**易混淆点**：广州证券交易所和南京证券交易所

采分点 62：1992 年 10 月，深圳有色金属交易所推出了中国第一个标准化期货合约，即<u>特级铝期货标准合同</u>，实现了由远期合同向期货交易的过渡。

——**易混淆点**：特级铅期货标准合同；特级铜期货标准合同；特级锡期货标准合同

采分点 63：1999 年至今是我国资本市场的<u>规范和发展时期</u>。

——**易混淆点**：萌芽期；探索起步时期；形成和初步发展期

采分点 64：我国自 1992 年起开始在上海、深圳证券交易所发行<u>境内上市外资股（B 股）</u>。

——**易混淆点**：境外上市外资股；香港上市外资股；纽约上市外资股

采分点 65：1982 年 1 月，<u>中国国际信托投资公司</u>在日本债券市场发行了 100 亿日元的私募债券，这是我国国内机构首次在境外发行外币债券。

——**易混淆点**：中国信托投资公司；中华信托投资公司；国民信托投资公司

采分点 66：1984 年 11 月，<u>中国银行</u>在东京公开发行 200 亿日元债券，标志着中国正式进入国际债券市场。

——**易混淆点**：中国工商银行；中国建设银行；中国农业银行

采分点 67：自 <u>2001 年 12 月 11 日</u>开始，我国正式加入世贸组织，标志着我国的证券业对外开放进入了一个全新的阶段。

——**易混淆点**：2001 年 3 月 11 日；2001 年 6 月 11 日；2002 年 12 月 11 日

采分点 68：根据我国政府对世贸组织的承诺，新建合营从事证券投资基金、证券承销业务公司的设立，由<u>中国证监会</u>受理有关申请。

——**易混淆点**：国家外汇管理局；证券交易所；国务院

采分点 69：外国证券机构直接从事 B 股交易及外国证券机构驻华代表处成为证券交易所的特别会员的申请可由<u>证券交易所</u>受理。（2011 年考试涉及）

——**易混淆点**：国务院；国家外汇管理局；中国证监会

采分点 70：2005 年 9 月，中国保监会发布《保险外汇资金境外运用管理暂行办法实施细则》，允许保险公司将国家外汇局核准投资付汇额度 <u>10%</u> 以内的外汇资金投资在海外股票市场。

——**易混淆点**：20%；30%

采分点 71：2007 年 6 月，中国保监会、中国人民银行、国家外汇管理局共同制定了《保险资金境外投资管理暂行办法》，进一步规范了保险资金海外投资的相关制度，拓宽了保险资金出海的通道。

——**易混淆点**：《保险外汇资金境外运用管理暂行办法实施细则》；《关于保险外汇资金投资境外股票有关问题的通知》；《保险外汇资金境外运用管理暂行办法》

采分点 72：2007 年 8 月，国家外汇管理局批复同意天津滨海新区进行境内个人直接投资境外证券市场的试点，标志着资本项下外汇管制开始松动，个人投资者将有望在未来从事海外直接投资。

——**易混淆点**：上海浦东新区；深圳光明新区；青岛四方新区

第二章 股票与债券

采分点 1：股票实质上代表了股东对股份公司的<u>所有权</u>，股东凭借股票可以获得公司的股息和红利,参加股东大会并行使自己的权利,同时也承担相应的责任与风险。(2008年考试涉及)

——*易混淆点：物权；债权；产权*

采分点 2：有价证券是<u>财产价值和财产权利</u>的统一表现形式。

——*易混淆点：财产要求和财产证明；财产价值和财产证明*

采分点 3：股票代表的是股东权利，它的发行是以股份的存在为条件的，股票只是把已存在的股东权利表现为证券的形式，它的作用不是创造股东的权利，而是证明股东的权利，所以说，股票是<u>证权证券</u>。

——*易混淆点：资本证券；有价证券；要式证券*

采分点 4：股份公司通过发行股票筹措的资金，是公司用于营运的<u>真实资本</u>。(2010年考试涉及)

——*易混淆点：虚拟资本；应付账款；债券资金*

采分点 5：股票独立于真实资本之外，在股票市场上进行着独立的价值运动，是一种<u>虚拟资本</u>。(2010年考试涉及)

——*易混淆点：真实资本；实物资本；风险资本*

采分点 6：证券持有者对公司的财产有直接支配处理权的证券，称为<u>物权证券</u>。(2010年考试涉及)

——*易混淆点：债权证券；设权证券；证权证券*

采分点 7：股票最基本的特征是<u>收益性</u>。(2011年考试涉及)

——*易混淆点：风险性；流动性；参与性*

采分点 8：股票风险的内涵是股票投资收益的<u>不确定性</u>，或者说实际收益与预期收益之间的偏离程度。

——*易混淆点：确定性；永久性；可接受性*

采分点 9：<u>流动性</u>是指股票可以通过依法转让而变现的特性，即在本金保持相对稳定、变现的交易成本极小的条件下，股票很容易变现的特性。

——*易混淆点：风险性；收益性；期限性*

采分点 10：股票代表着股东的<u>永久性</u>投资，当然股票持有者可以出售股票而转让其股东身份，而对于股份公司来说，由于股东不能要求退股，所以通过发行股票募集到的资金，在公司存续期间是一笔稳定的自有资本。

——*易混淆点：收益性；风险性；流动性*

采分点 11：股票按<u>股东享有权利</u>的不同，可分为普通股票和优先股票。

——*易混淆点：股东的风险和收益；股票价值；股票格式*

采分点 12：普通股票是最基本、最常见的一种股票，其持有者享有股东的<u>基本权利和义务</u>。

——*易混淆点：支配公司财产的权利；特许经营权；营销权*

采分点 13：优先股票的股息率是<u>固定</u>的，其持有者的股东权利受到一定限制，但在公司盈利和剩余财产的分配顺序上比普通股票股东享有优先权。（2010 年考试涉及）

——*易混淆点：随公司盈利变化而变化；不确定；浮动*

采分点 14：记名股票是指<u>在股票票面和股份公司的股东名册上记载股东姓名的股票</u>。

——*易混淆点：在股票票面和证券公司的名册上记载股东姓名的股票；在证券公司开户时记录股东姓名后买入的股票；在股份公司的股东名册上记载股东姓名的股票*

采分点 15：我国《公司法》规定，股份有限公司向发起人、法人发行的股票，应当为<u>记名股票</u>。

——*易混淆点：无记名股票；优先股票*

采分点 16：以募集方式设立股份有限公司的，发起人认购的股份不得少于公司股份总数的<u>35%</u>。

——*易混淆点：20%；30%*

采分点 17：无记名股票也称不记名股票，与记名股票的差别不是在股东权利等方面，而是在股票的记载方式上。

——**易混淆点**：股票名称；股票编号；股东权利

采分点 18：我国《公司法》规定，发行无记名股票的，公司应当记载其股票数量、编号及发行日期。

——**易混淆点**：记名股票；优先股票

采分点 19：我国《公司法》规定，无记名股票持有人出席股东大会会议的，应当于会议召开 5 日前至股东大会闭幕时将股票交存于公司。（2010 年考试涉及）

——**易混淆点**：股东身份证明；资产证明；股东名册

采分点 20：无面额股票是指在股票票面上不记载股票面额，只注明它在公司总股本中所占比例的股票。

——**易混淆点**：总收益；销售额；利润

采分点 21：我国对个人投资者获取上市公司现金分红适用的利息税率为 20%，目前减半征收。

——**易混淆点**：10%；30%

采分点 22：稳定的现金股利政策对公司现金流管理有较高的要求，通常将那些经营业绩较好，具有稳定且较高的现金股利支付的公司股票称为蓝筹股。

——**易混淆点**：潜力股；绩优股；红筹股

采分点 23：资本公积金是在公司的生产经营之外，由资本、资产本身及其他原因形成的股东权益收入。

——**易混淆点**：资产净额；股票股利；现金股利

采分点 24：股票的票面价值又称面值，即在股票票面上标明的金额。

——**易混淆点**：内在价值；账面价值；清算价值

采分点 25：股票的发行价格高于面值称为溢价发行，募集的资金中等于面值总和的部分计入资本账户，以超过股票票面金额的发行价格发行股份所得的溢价款列为公司资本公积金。

——**易混淆点**：盈余公积；股本账户；留存收益

采分点 26：股票的账面价值又称股票净值或每股净资产，在没有优先股的条件下，每股账面价值等于公司净资产除以发行在外的普通股票的股数。

　　——易混淆点：总资产；总股本；总股数

采分点 27：股票的清算价值是公司清算时每一股份所代表的实际价值。（2010 年考试涉及）

　　——易混淆点：账面价值；资产价值；内在价值

采分点 28：股票的内在价值决定股票的市场价格，股票的市场价格总是围绕其内在价值波动。

　　——易混淆点：清算价值；票面价值；账面价值

采分点 29：股票及其他有价证券的理论价格是根据现值理论而来的。

　　——易混淆点：合理收益理论；流动性理论；预期理论

采分点 30：股票及其他有价证券的理论价格就是以一定的必要收益率计算出来的未来收入的现值。

　　——易混淆点：定期存款利息率；无风险利率；存款准备金率

采分点 31：引起股票价格变动的直接原因是供求关系的变化或者说是买卖方力量强弱的转换。

　　——易混淆点：公司经营状况；宏观经济因素；政治因素

采分点 32：从根本上说，股票供求以及股票价格主要取决于预期。

　　——易混淆点：股本结构；税收政策；分配政策

采分点 33：公司盈利水平高低及未来发展趋势是股东权益的基本决定因素，通常把盈利水平高的公司股票称为绩优股，把未来盈利增长趋势强劲的公司股票称为高增长型股票，它们在股票市场上通常会有较好的表现。

　　——易混淆点：普通股；成长股；高增长型股票

采分点 34：在证券市场实践中，除了分析利润的绝对量（每股收益）和相对量（净资产收益率）之外，还需要考察盈利的构成以及持续性等因素，通常，稳定持久的主营业务利润比其他一次性或偶然的收入更值得投资者重视。

　　——易混淆点：资产重估与资产处置；会计政策变更；财政补贴

采分点 35：行业分类的依据主要是公司收入或利润的来源比重，目前我国常见的分类标准包括中国证监会 2001 年制定的《上市公司行业分类指引》、国家统计局发布的《行业分布标准》以及由摩根斯坦利和标准普尔联合发布的《全球行业分类标准》（GICS）等。

——**易混淆点**：净利润与销售收入；总资产与净资产；净利润与净资产

采分点 36：中国证监会发布的《上市公司行业分类指引》把上市公司按三级进行分类。

——**易混淆点**：一；二；五

采分点 37：经济周期循环对股票市场的影响非常显著，可以说是景气变动从根本上决定了股票价格的长期变动趋势。

——**易混淆点**：货币政策；财政政策；心理因素

采分点 38：股票价格水平已成为经济周期变动的灵敏信号或称先导性指标。

——**易混淆点**：滞后性指标；同步性指标

采分点 39：国债发行量会改变证券市场的证券供应和资金需求，从而间接影响股票价格。

——**易混淆点**：存款准备金制度；汇率变化；经济增长

采分点 40：通货膨胀对股票价格的影响较复杂，它既有刺激股票市场的作用，又有抑制股票市场的作用。

——**易混淆点**：只有刺激股票市场的作用；只有抑制股票市场的作用

采分点 41：普通股票是标准的股票，通过发行普通股票所筹集的资金，成为股份公司注册资本的基础。（2010 年考试涉及）

——**易混淆点**：货币资金；虚拟资本；负债

采分点 42：股东大会一般每年定期召开一次，当出现董事会认为必要、监事会提议召开、单独或者合计持有公司 10% 以上股份的股东请求等情形时，也可召开临时股东大会。

——**易混淆点**：二；三

采分点 43：股东大会作出修改公司章程、增加或减少注册资本的决议，以及公司合并、分立、解散或者变更公司形式的决议，必须经出席会议的股东所持表决权的 2/3 以上通过。

——**易混淆点**：1/2；1/3

采分点 44：普通股票股东在股份公司解散清算时，有权要求取得公司的<u>剩余资产</u>。（2010 年考试涉及）

——**易混淆点**：注册资本；剩余资金；银行存款

采分点 45：我国有关法律规定，公司缴纳所得税后的利润，在支付普通股票的红利之前，应按<u>弥补亏损，提取法定公积金，提取任意公积金</u>顺序分配。

——**易混淆点**：弥补亏损、提取法定盈余公积金、提取公益金、支付股利、提取任意盈余公积金；弥补亏损、提取任意盈余公积金、支付股利、提取法定盈余公积金、提取公益金；弥补亏损、支付股利、提取法定盈余公积金、提取公益金、提取任意盈余公积金

采分点 46：我国《公司法》规定，公司财产在分别支付<u>清算费用、职工的工资、社会保险费用和法定补偿金、缴纳所欠税款、清偿公司债务</u>后的剩余财产，按照股东持有的股份比例分配。

——**易混淆点**：清算费用、缴纳所欠税款、职工的工资、社会保险费用和法定补偿金、清偿公司债务；清算费用、缴纳所欠税款、社会保险费用和法定补偿金、职工的工资、清偿公司债务；清算费用、职工的工资、缴纳所欠税款、社会保险费用和法定补偿金、清偿公司债务

采分点 47：股份公司在提供优先认股权时会设定一个<u>股权登记日</u>，在此日期前认购普通股票的，该股东享有优先认股权。（2010 年考试涉及）

——**易混淆点**：股权认购日；股权发行日；股权交易日

采分点 48：优先股票作为一种股权证书，代表着对公司的<u>所有权</u>。（2010 年考试涉及）

——**易混淆点**：管理权；债权；索取权

采分点 49：当股份公司因解散或破产进行清算时，优先股票股东可优先于普通股票股东分配公司的剩余资产，但一般是按优先股票的<u>面值</u>清偿。（2010 年考试涉及）

——**易混淆点**：市值；份额；固定股息率

采分点 50：非累积优先股票的特点是股息分派以每个<u>营业年度</u>为界，当年结清。

——**易混淆点**：经营周期；生产周期；产业周期

采分点 51：除了按规定分得本期固定股息外，无权再参与对本期剩余盈利分配的优先股票，称为<u>非参与</u>优先股票。

——**易混淆点**：参与优先股票；非累积优先股票；可赎回优先股票

采分点 52：优先股票依据在一定的条件下能否转换成其他品种分类，可分为<u>可转换优先股票和不可转换优先股票</u>。

——**易混淆点**：累积优先股票和非累积优先股票；参与优先股票和非参与优先股票；可赎回优先股票和不可赎回优先股票

采分点 53：在大多数情况下，股份公司的转换股票是由优先股票转换成普通股票，或者由某种优先股票转换成<u>另一种优先股票</u>。

——**易混淆点**：国家股；流通股；公众股

采分点 54：股息率的变化一般与公司经营状况无关，而主要是随<u>市场上其他证券价格或者银行存款利率</u>的变化作调整。（2011 年考试涉及）

——**易混淆点**：股票市场市盈率；公司经营状况；普通股股息

采分点 55：在我国，按<u>投资主体</u>的不同性质，可将股票划分为国家股、法人股、社会公众股和外资股等不同类型。

——**易混淆点**：股票上市主要监管部门；股票上市地点；股票是否公开发行

采分点 56：国家股是指有权代表国家投资的部门或机构以国有资产向公司投资形成的股份，<u>包括公司现有国有资产折算成的股份</u>。

——**易混淆点**：国有企业以其法人资产向公司投资形成的股份；国有事业单位以其法人资产向公司投资形成股份；社会公众投资形成的股份

采分点 57：在我国，国有股权行政管理的专职机构是<u>国有资产管理部门</u>。

——**易混淆点**：国有投资公司；资产经营公司；国务院

采分点 58：国有股股利收入由国有资产管理部门监督收缴，依法纳入<u>国有资产经营</u>预算并根据国家有关规定安排使用。

——**易混淆点**：国有资产管理；中央财政

采分点 59：企业法人或具有法人资格的事业单位和社会团体以其依法可支配的资产投入公司形成的股份，称为<u>法人股</u>。（2010 年考试涉及）

——**易混淆点**：国家股；社会公众股；外资股

采分点 60：具有法人资格的国有企业、事业单位及其他单位以其依法占用的法人资产向独立于自己的股份公司出资形成或依法定程序取得的股份，可称为<u>国有法人股</u>。

——**易混淆点**：国家股；非流通股；外资股

采分点 61：我国《证券法》规定，公司申请股票上市的条件之一是：向社会公开发行的股份达到公司股份总数的 25% 以上；公司股本总额超过人民币 4 亿元的，向社会公开发行股份的比例为 10% 以上。

——**易混淆点**：5%；15%

采分点 62：注册地在我国内地、上市地在我国香港的外资股是 H 股。

——**易混淆点**：S 股；N 股；B 股

采分点 63：在中国境外注册、在香港上市，但主要业务在中国内地或大部分股东权益来自中国内地的股票，称为红筹股。（2010 年考试涉及）

——**易混淆点**：B 股；S 股；N 股

采分点 64：公司股权分置改革的动议，原则上应当由全体非流通股股东一致同意提出。

——**易混淆点**：全体流通股股东；高级管理人员；董事会

采分点 65：我国的股权分置改革后公司原非流通股股份的出售应当遵守的规定之一是，自改革方案实施之日起，在 12 个月内不得上市交易或转让。

——**易混淆点**：3；6；10

采分点 66：债券的本质是证明债权债务关系的证书，在债权债务关系建立时所投入的资金已被债务人占用，债券是实际运用的真实资本的证书。（2011 年考试涉及）

——**易混淆点**：虚拟资本；流动资本；固定资本

采分点 67：债券作为证明债权债务关系的凭证，一般以有一定格式的票面形式来表现。（2010 年考试涉及）

——**易混淆点**：委托代理；所有权；产权

采分点 68：债券票面金额的确定也要根据债券的发行对象、市场资金供给情况及债券发行费用等因素综合考虑。

——**易混淆点**：市场利率变化；债券的变现能力

采分点 69：债券从发行之日起至偿清本息之日止的时间，也是债券发行人承诺履行合同义务的全部时间，称为债券到期期限。

——**易混淆点**：债券发行期限；债券交易期限；利息偿还期限

采分点 70：一般来说，当未来市场利率趋于下降时，应选择发行期限较短的债券，可以避免市场利率下跌后仍须支付较高的利息；而当未来市场利率趋于上升时，应选择发行期限较长的债券，这样能在市场利率趋高的情况下保持较低的利息负担。（2011 年考试涉及）

——**易混淆点**：长期债券；中期债券

采分点 71：债券票面利率也称名义利率，是债券年利息与债券票面价值的比率，通常年利率用百分数表示。（2010 年考试涉及）

——**易混淆点**：实际收益率；到期收益率；持有期收益率

采分点 72：一般来说，期限较长的债券流动性差，风险相对较大，票面利率应该定得高一些；而期限较短的债券流动性强，风险相对较小，票面利率就可以定得低一些。（2010 年考试涉及）

——**易混淆点**：流动性强，风险相对较小；流动性强，风险相对较大；流动性差，风险相对较小

采分点 73：债券持有人具有按约定条件将债券与债券发行公司以外的其他公司的普通股票交换的选择权，称为附有交换条款的债券。

——**易混淆点**：附有出售选择权条款的债券；附有赎回选择权条款的债券；附有可转换条款的债券

采分点 74：债券的特征包括偿还性、流动性、安全性及收益性。

——**易混淆点**：可靠性；及时性

采分点 75：债券根据发行主体的不同，可以分为政府债券、金融债券和公司债券。

——**易混淆点**：发行额度；债券形态；付息方式

采分点 76：贴现债券又被称为贴水债券，是指在票面上不规定利率，发行时按某一折扣率，以低于票面金额的价格发行，发行价与票面金额之差额相当于预先支付的利息，到期时按面额偿还本金的债券。

——**易混淆点**：附息债券；息票累积债券；浮动利率债券

采分点 77：债券合约中明确规定，在债券存续期内，对持有人定期支付利息（通常每半年或每年支付一次）的是附息债券。

——**易混淆点**：贴现债券；息票累积债券；凭证式债券

采分点 78：在票面利率的基础上参照预先确定的某一基准利率予以定期调整的债券，称为浮动利率债券。

——**易混淆点**：固定利率债券；缓息债券；息票累积债券

采分点 79：凭证式债券的形式是债权人认购债券的一种收款凭证，而不是债券发行人制定的标准格式的债券。

——**易混淆点**：会计凭证；付款凭证；流通凭证

采分点 80：记账式国债可以记名、挂失，安全性较高，同时由于记账式债券的发行和交易均无纸化，所以发行时间短，发行效率高，交易手续简便，成本低且交易安全。

——**易混淆点**：收益性高；灵活性高；流动性高

采分点 81：经济主体在社会经济活动中必然会产生对资金的需求，从资金融通角度看，债券和股票都是筹资手段。（2008 年考试涉及）

——**易混淆点**：具有同样权利；收益率一致；风险一样

采分点 82：如果市场是有效的，则债券的平均收益率和股票的平均收益率会大体保持相对稳定的关系，其差异反映了两者风险程度的差别。（2010 年考试涉及）

——**易混淆点**：大体保持相等的关系；保持相反的关系

采分点 83：从功能上看，政府债券最初仅是政府弥补财政赤字的手段，但在现代商品经济条件下，政府债券已成为政府筹集资金、扩大公共开支的重要手段，并且随着金融市场的发展，逐渐具备了金融商品和信用工具的职能，成为国家实施宏观经济政策、进行宏观调控的工具。

——**易混淆点**：便于调控宏观经济；筹措建设资金；便于金融调控

采分点 84：在各类债券中，政府债券的信用等级是最高的，通常被称为金边债券。（2010 年考试涉及）

——**易混淆点**：金融债券；企业债券；以黄金储备为担保而发行的债券

采分点 85：政府债券的付息由政府保证，其信用度最高，风险最小，对于投资者来说，投资政府债券的收益是比较稳定的。

——**易混淆点**：中国证监会；证券交易所；中国银行

采分点 86：在国际市场上，短期国债的常见形式是国库券，它是由政府发行用于弥补临时收支差额的一种债券。

——易混淆点：长期国债；中期国债；无期国债

采分点 87：中期国债是指偿还期限在 1 年以上、10 年以下的国债。

——易混淆点：1 年以上 5 年以下；10 年或 10 年以上

采分点 88：国债按资金用途分类，可分为赤字国债、建设国债、战争国债和特种国债。

——易混淆点：发行本位；发行期限；流通与否

采分点 89：发债筹措的资金用于建设项目的国债，称为建设国债。

——易混淆点：战争国债；特种国债；赤字国债

采分点 90：政府为了实施某种特殊政策而发行的国债，称为特种国债。

——易混淆点：赤字国债；建设国债；战争国债

采分点 91：以个人为发行对象的非流通国债，一般以吸收个人的小额储蓄资金为主，故有时称为储蓄债券。

——易混淆点：大额储蓄资金；短期闲置资金；投资资金

采分点 92：国债依照不同的发行本位，可以分为实物国债和货币国债。

——易混淆点：短期国债和长期国债；流通国债和非流通国债

采分点 93：目前我国发行的普通国债有记账式国债、凭证式国债和储蓄国债（电子式）。

——易混淆点：实物国债；非流通国债；货币国债

采分点 94：个人投资者可以购买交易所市场发行和跨市场发行的记账式国债，而银行间债券市场的发行主要面向银行和非银行金融机构投资者。（2010 年考试涉及）

——易混淆点：企业；个人；国外机构

采分点 95：在我国，储蓄国债（电子式）是指财政部面向境内中国公民储蓄类资金发行的、以电子方式记录债权的不可流通的人民币债券。

——易混淆点：普通国债；凭证式国债；财政国债

采分点 96：为了特定的政策目标而发行的国债是特别国债。

——易混淆点：基本建设债券；国家重点建设债券；长期建设债券

采分点 97：地方政府债券按资金用途和偿还资金来源分类，通常可以分为一般责任债券（普通债券）和专项债券（收入债券）。

——易混淆点：基本建设债券和国家重点建设债券；特种债券和保值债券

采分点 98：我国从 1995 年起实施的《中华人民共和国预算法》规定，地方政府不得发行地方政府债券（除法律和国务院另有规定外）。（2010 年考试涉及）

————**易混淆点**：《证券法》；《税法》；《财政法》

采分点 99：1993 年，中国投资银行被批准在境内发行外币金融债券，这是我国首次发行境内外币金融债券。

————**易混淆点**：中国农业银行；国家开发银行；中国人民银行

采分点 100：1999 年以后，我国金融债券的发行主体集中于政策性银行，其中，以国家开发银行为主。

————**易混淆点**：中国银行；中国进出口银行；中国农业发展银行

采分点 101：依法在中华人民共和国境内设立的金融机构法人在全国银行间债券市场发行的、按约定还本付息的有价证券，称为金融债券。

————**易混淆点**：混合资本债券；公司债券；商业银行次级债券

采分点 102：保险公司次级定期债务是指保险公司经批准定向募集的、期限在 5 年以上（含 5 年）、本金和利息的清偿顺序列于保单责任和其他负债之后、先于保险公司股权资本的保险公司债务。（2011 年考试涉及）

————**易混淆点**：保险公司票据；保险公司短期融资债

采分点 103：中央银行票据简称央票，是央行为调节基础货币而直接面向公开市场业务一级交易商发行的短期债券，是一种重要的货币政策日常操作工具，期限通常在 3 个月～3 年。

————**易混淆点**：1 个月～1 年；1 个月～3 年；3 个月～1 年

采分点 104：信用公司债券是一种不以公司任何资产作担保而发行的债券，属于无担保证券范畴。

————**易混淆点**：抵押债券；担保债券；金融债券

采分点 105：收益公司债券是一种具有特殊性质的债券，它与一般债券相似，有固定到期日，清偿时债权排列顺序先于股票。

————**易混淆点**：可转换公司债券；信用公司债券；保证公司债券

采分点 106：可转换公司债券与一般的债券一样，在转换前投资者可以定期得到利息收入，但此时不具有股东的权利。（2010 年考试涉及）

——**易混淆点**：债权人的权利；债权人的义务；债权人的责任

采分点107：附认股权证的公司债券的购买者可以<u>按预先规定的条件在公司发行股票时享有优先购买权</u>。

——**易混淆点**：按事后规定的条件在公司增发股票时享有优先购买权；按预先规定的条件在公司增发股票时享有优先购买权；按事后规定的条件在公司新发股票时享有优先购买权

采分点108：附认股权证的公司债券按照附新股认股权和债券本身能否分开来划分，可分为两种类型，即<u>可分离型和非分离型</u>。

——**易混淆点**：独立型和分离型；可分型和不可分型；独立性和非独立性

采分点109：上市公司的股东依法发行、在一定期限内依据约定的条件可以交换成该股东所持有的上市公司股份的公司债券，称为<u>可交换债券</u>。

——**易混淆点**：可转换公司债券；收益公司债券；附认股权证的公司债券

采分点110：从1994年起，我国企业债券归纳为两个品种，即<u>中央企业债券和地方企业债券</u>。

——**易混淆点**：国有企业债券和集体企业债券；工业企业债券和商业企业债券；外资企业债券和内资企业债券

采分点111：具有法人资格的非金融企业在银行间债券市场发行的、约定在一定期限内还本付息的有价证券，称为<u>非金融企业债务融资工具</u>。

——**易混淆点**：非银行债务融资工具；企业债务融资工具；银行债务融资工具

采分点112：《银行间债券市场非金融企业中期票据业务指引》规定，企业发行中期票据应遵守国家相关法律法规，中期票据待偿还余额不得超过企业净资产的<u>40%</u>。(2010年考试涉及)

——**易混淆点**：30%；50%

采分点113：2007年8月，中国证监会正式颁布实施<u>《公司债券发行试点办法》</u>，该办法的出台，标志着我国公司债券发行工作的正式启动，对于发展我国的债券市场、拓展企业融资渠道、丰富证券投资品种、完善金融市场体系、促进资本市场协调发展具有十分重要的意义。

——**易混淆点**：《银行间债券市场非金融企业债务融资工具管理办法》；《上市公司

股东发行可交换公司债券试行规定》；《证券公司管理暂行办法》

采分点 114：《企业债券管理条例》规定，企业债券的利率不得高于银行相同期限居民储蓄定期存款利率的<u>40%</u>。

——**易混淆点**：10%；30%

采分点 115：2008 年 10 月 17 日，中国证监会发布<u>《上市公司股东发行可交换公司债券试行规定》</u>。

——**易混淆点**：《公司债券发行试点办法》；《上市公司证券发行管理办法》；《企业集团财务公司发行金融债券有关问题的通知》

采分点 116：国际债券是指一国借款人在国际证券市场上以外国货币为面值、向<u>外国投资者</u>发行的债券。

——**易混淆点**：本国金融机构；本国外币投资者；本国投资者

采分点 117：发行人进入国际债券市场的门槛比较高，必须由<u>国际著名的资信评估机构</u>进行债券信用级别评定，只有高信誉的发行人才能顺利筹资，因此，在发行人资信状况得到充分肯定的情况下，国际债券的发行规模一般都比较大。

——**易混淆点**：国际金融机构指定的资信评估机构；投资者所在国资信评估机构；本国资信评估机构

采分点 118：发行国际债券，筹集到的资金是外国货币，汇率一旦发生波动，发行人和投资者都有可能蒙受意外损失或获取意外收益，所以，<u>汇率风险</u>是国际债券的重要风险。

——**易混淆点**：利率风险；信用风险；通货膨胀

采分点 119：在美国发行的外国债券被称为<u>扬基债券</u>，它是由非美国发行人在美国债券市场发行的吸收美元资金的债券。

——**易混淆点**：美元债券；武士债券；龙债券

采分点 120：武士债券是由非日本发行人在日本债券市场发行的以<u>日元</u>为面值的债券。

——**易混淆点**：美元；国际货币单位

采分点 121：2005 年 10 月，中国人民银行批准<u>国际金融公司和亚洲开发银行</u>在全国银行间债券市场分别发行人民币债券 11.3 亿元和 10 亿元。

——**易混淆点**：美洲银行和德意志银行

采分点 122：欧洲债券是指<u>在本国境外市场发行，不以发行市场所在国的货币为面值的国际债券</u>。（2010 年考试涉及）

——**易混淆点**：在本国发行，以欧元标明面值的外国债券；在欧洲国家发行，以欧元标明面值的外国债券；在欧洲国家发行，以该国货币标明面值的外国债券

采分点 123：在发行法律方面，外国债券的发行受发行地所在国有关法规的管制和约束，并且必须经官方主管机构批准，而<u>欧洲债券</u>在法律上所受的限制比外国债券宽松得多，它不需要官方主管机构的批准，也不受货币发行国有关法令的管制和约束。

——**易混淆点**：武士债券；熊猫债券；扬基债券

采分点 124：允许权证持有人以与主债券相同的价格和收益率向发行人购买额外的债券，称为<u>附债务权证债券</u>。

——**易混淆点**：附货币权证债券；可转换欧洲债券；附权益权证债券

采分点 125：我国在国际市场已发行的金融债券的最长期限为 <u>12</u> 年。（2011 年考试涉及）

——**易混淆点**：5；10；20

第三章　证券投资基金

采分点 1：证券投资基金是指通过公开发售<u>基金份额</u>募集资金，由基金托管人托管，由基金管理人管理和运用资金，为基金份额持有人的利益，以资产组合方式进行证券投资的一种利益共享、风险共担的集合投资方式。

——*易混淆点*：企业债券；有价证券；理财产品

采分点 2：在美国，证券投资基金被称为<u>共同基金</u>。

——*易混淆点*：信托基金；证券投资信托基金；单位信托基金

采分点 3：一般认为，基金起源于<u>英国</u>，是在 18 世纪末、19 世纪初产业革命的推动下出现的。

——*易混淆点*：美国；日本

采分点 4：2004 年 6 月 1 日，我国<u>《证券投资基金法》</u>正式实施，以法律形式确认了证券投资基金在资本市场及社会主义市场经济中的地位和作用，成为中国证券投资基金业发展史上的一个重要里程碑。

——*易混淆点*：《证券投资基金管理暂行办法》；《证券投资基金会计核算办法》；《货币市场基金管理暂行办法》

采分点 5：证券投资基金实行<u>专业理财</u>制度，由受过专门训练、具有比较丰富的证券投资经验的专业人员运用各种技术手段收集、分析各种信息资料，预测金融市场上各个品种的价格变动趋势，制订投资策略和投资组合方案，从而可避免投资决策失误，提高投资收益。

——*易混淆点*：集合投资；资产多样化；风险回避

采分点 6：股票反映的是所有权关系，债券反映的是债权债务关系，而基金反映的则是<u>信托关系</u>，但公司型基金除外。

——*易混淆点*：借贷关系

采分点 7：股票和债券是直接投资工具，筹集的资金主要投向实业。基金是间接投资工具，所筹集的资金主要投向<u>有价证券</u>等金融工具。

——*易混淆点*：第三产业；实业

采分点 8：证券投资基金主要投资于有价证券，投资选择灵活多样，因而使基金的收益有可能<u>高于</u>债券，投资风险又可能小于股票。

——*易混淆点*：等于；小于

采分点 9：证券投资基金按基金的组织形式不同，可分为<u>契约型基金和公司型基金</u>。（2008 年考试涉及）

——*易混淆点*：封闭式基金和开放式基金；成长型基金、收入型基金和平衡型基金；主动型基金和被动型基金

采分点 10：公司型基金是依据<u>基金公司章程</u>设立，是在法律上具有独立法人地位的股份投资公司。

——*易混淆点*：法律法规；基金契约；基金公司信誉

采分点 11：公司型基金在组织形式上与<u>股份有限公司</u>类似，由股东选举董事会，由董事会选聘基金管理公司，基金管理公司负责管理基金的投资业务。（2011 年考试涉及）

——*易混淆点*：有限责任公司；集团公司；合资公司

采分点 12：封闭式基金的期限是指基金的<u>存续期</u>，即基金从成立起到终止之间的时间。

——*易混淆点*：发行期；赎回期；清盘期

采分点 13：基金份额总额不固定，基金份额可以在基金合同约定的时间和场所申购或者赎回的基金，称为<u>开放式基金</u>。

——*易混淆点*：风险基金；封闭式基金；产业基金

采分点 14：封闭式基金有固定的存续期，通常在 <u>5</u> 年以上，一般为 10 年或 15 年，经受益人大会通过并经主管机关同意可以适当延长期限。（2010 年考试涉及）

——*易混淆点*：1；2；3

采分点 15：开放式基金的交易价格取决于<u>每一基金份额净资产值的大小</u>，其申购

价一般是基金份额净资产值加一定的购买费。赎回价是基金份额净资产值减去一定的赎回费，不直接受市场供求影响。

——**易混淆点**：每一基金份额收益率的大小；证券市场的政策影响；市场供求关系的影响

采分点 16：证券投资者在买卖封闭式基金时，在基金价格之外要支付<u>手续费</u>。（2011年考试涉及）

——**易混淆点**：赎回费；申购费；印花税

采分点 17：在我国，根据《证券投资基金运作管理办法》的规定，<u>80%</u> 以上的基金资产投资于债券的，为债券基金。

——**易混淆点**：30%；50%

采分点 18：货币市场基金是以货币市场工具为投资对象的一种基金，其投资对象期限较短，一般在<u>1 年以内</u>，包括银行短期存款、国库券、公司短期债券、银行承兑票据及商业票据等货币市场工具。

——**易混淆点**：1 年以上 3 年以内；1 年以上 5 年以内；5 年以上

采分点 19：证券投资基金按投资理念的不同，可分为<u>主动型基金和被动型基金</u>。

——**易混淆点**：契约型基金和公司型基金；封闭式基金和开放式基金；成长型基金、收入型基金和平衡型基金

采分点 20：指数基金由于收益率的稳定性、投资的分散性以及高流动性，特别适于<u>社保基金</u>等数额较大、风险承受能力较低的资金投资。（2010 年考试涉及）

——**易混淆点**：对冲基金；社会闲资

采分点 21：交易所交易基金简称为 <u>ETF</u>。

——**易混淆点**：DTF；LOF；NAV

采分点 22：交易所交易基金（ETF）是一种在交易所上市交易的、<u>基金份额</u>可变的一种基金运作方式。（2010 年考试涉及）

——**易混淆点**：企业债券；有价证券

采分点 23：现存最早的 ETF 是<u>美国</u>证券交易所于 1993 年推出的标准普尔存托凭证。

——**易混淆点**：加拿大多伦多；中国香港

采分点 24：2004 年 12 月 30 日，我国华夏基金管理公司以<u>上证 50 指数</u>为模板，募

集设立了"上证50交易型开放式指数证券投资基金",并于2005年2月23日在上海证券交易所上市交易,采用的是完全复制法。

——**易混淆点**:沪深300指数;深证100指数;上证180指数

采分点25:2004年10月14日,南方基金管理公司募集设立了南方积极配置证券投资基金,并于2004年12月20日在深圳证券交易所上市交易。

——**易混淆点**:中银国际中国精选混合型基金;华夏上证50基金

采分点26:我国《证券投资基金法》规定,代表基金份额10%以上的基金份额持有人就同一事项要求召开基金份额持有人大会,而基金管理人、基金托管人都不召集的,代表基金份额10%以上的基金份额持有人有权自行召集,并报国务院证券监督管理机构备案。

——**易混淆点**:20%;30%

采分点27:我国《证券投资基金法》规定,基金管理人由依法设立的基金管理公司担任。

——**易混淆点**:证券公司;信托投资公司;商业银行

采分点28:我国《证券投资基金法》规定,基金管理人作为受托人,必须履行"诚信义务"。

——**易混淆点**:信息公开义务

采分点29:根据我国《证券投资基金法》的规定,基金管理人应按照基金合同的约定确定基金收益分配方案,及时向基金份额持有人分配收益。(2011年考试涉及)

——**易混淆点**:出具基金业绩报告,并提供详细的基金托管情况;负责办理基金名下的资金往来;安全保管基金的全部资产

采分点30:我国《证券投资基金法》规定,基金管理公司的注册资本不低于1亿元人民币,且必须为实缴货币资本。

——**易混淆点**:3 000万;5 000万

采分点31:证券投资基金管理公司最核心的一项业务是证券投资基金业务,主要包括基金募集与销售、基金的投资管理和基金营运服务。

——**易混淆点**:社会保障基金投资管理业务;受托资产管理业务;企业年金管理业务

采分点 32：根据 2011 年 10 月 1 日开始施行的《基金管理公司特定客户资产管理业务试点办法》的规定，基金管理公司为单一客户办理特定资产管理业务的，客户委托的初始资产不得低于 3 000 万元人民币。。

——**易混淆点**：1 000；2 000

采分点 33：证券投资基金托管人是基金持有人权益的代表，通常由有实力的商业银行或信托投资公司担任。

——**易混淆点**：基金管理人；基金发起人；基金监管人

采分点 34：我国《证券投资基金法》规定，基金托管人由依法设立并取得基金托管资格的商业银行担任。

——**易混淆点**：实力雄厚的证券公司；信托投资公司；基金公司

采分点 35：证券投资基金管理人与托管人的关系是相互制衡的关系。（2010 年考试涉及）

——**易混淆点**：相互促进；相互竞争；相互依赖

采分点 36：证券投资基金份额持有人与托管人的关系是委托与受托的关系，也就是说，基金份额持有人将基金资产委托给基金托管人保管。（2010 年考试涉及）

——**易混淆点**：监督与被监督；管理与被管理；相互制衡

采分点 37：证券投资基金管理费通常按照每个估值日基金净资产的一定比率(年率)逐日计提，按月支付。（2010 年考试涉及）

——**易混淆点**：逐日计提，按周支付；逐日计提，按日支付；逐周计提，按月支付

采分点 38：证券投资基金管理费率的大小通常与基金规模成反比，与风险成正比。（2011 年考试涉及）

——**易混淆点**：与基金规模成反比，与风险成反比；与基金规模成正比，与风险成正比；与基金规模成正比，与风险成反比

采分点 39：目前，我国股票基金大部分按照 1.5% 的比例计提基金管理费，债券基金的管理费率一般低于 1%，货币基金的管理费率为 0.33%。

——**易混淆点**：认股权证基金；成长型基金

采分点 40：证券投资基金托管费是指基金托管人为保管和处置基金资产而向基金收取的费用。（2010 年考试涉及）

　　——易混淆点：证券监督管理机构；基金持有人；基金管理人

采分点 41：证券投资基金托管费通常按照基金<u>资产净值</u>的一定比率提取，逐日计算并累计，按月支付给托管人。（2010 年考试涉及）

　　——易混淆点：资产总值；总收益；资产市值

采分点 42：证券投资基金管理人可以依照相关规定从基金财产中持续计提一定比例的<u>销售服务费</u>。

　　——易混淆点：基金运作费；基金交易费；申购费

采分点 43：衡量一个基金经营业绩的主要指标是<u>基金资产净值</u>，同时它也是基金份额交易价格的内在价值和计算依据。（2010 年考试涉及）

　　——易混淆点：基金资产总值；基金资产估值；基金份额净值

采分点 44：证券投资基金资产估值的对象为<u>基金依法拥有的各类资产</u>。（2010 年考试涉及）

　　——易混淆点：基金的净资产；基金的净资本；基金的负债

采分点 45：按照《证券投资基金管理办法》的规定，封闭式基金的收益分配每年不得少于一次，封闭式基金年度收益分配比例不得低于基金年度已实现收益的<u>90%</u>。（2010 年考试涉及）

　　——易混淆点：60%；70%

采分点 46：开放式基金的分红方式有两种，即<u>现金分红和分红再投资转换为基金份额</u>。

　　——易混淆点：分配现金和分红再投资转换为基金份额

采分点 47：《货币市场基金管理暂行规定》第九条规定：对于每日按照面值进行报价的货币市场基金，可以在基金合同中将收益分配的方式约定为红利再投资，并应当<u>每日</u>进行收益分配。

　　——易混淆点：每周；每月

采分点 48：开放式基金所持有的风险是<u>巨额赎回风险</u>。

　　——易混淆点：管理能力；市场；技术

采分点 49：根据《证券投资基金运作管理办法》及有关规定，股票基金应有<u>60%</u>以上的资产投资于股票，债券基金应有<u>80%</u>以上的资产投资于债券。

——易混清点：30%，60%；50%，70%

采分点 50：基金管理人运用基金财产进行证券投资，不得出现的情形之一是：一只基金持有一家上市公司的股票，其市值超过基金资产净值的 <u>10%</u>。

——易混清点：20%；30%

第四章　金融衍生工具

采分点1：金融衍生工具又称金融衍生产品，是与基础金融产品相对应的一个概念，指建立在基础产品或基础变量之上，其价格取决于<u>基础金融产品</u>价格（或数值）变动的派生金融产品。

——**易混淆点**：债券市场；股票市场；外汇市场

采分点2：金融衍生工具的<u>杠杆效应</u>在一定程度上决定了它的高投机性和高风险性。

——**易混淆点**：市场风险；违约风险；跨期交易

采分点3：金融衍生工具的价值与基础产品或基础变量紧密联系、规则变动，这体现了金融衍生工具的<u>联动性</u>。

——**易混淆点**：杠杆性；跨期性；不确定性或高风险性

采分点4：基础工具价格的变幻莫测决定了金融衍生工具交易盈亏的<u>不稳定性</u>，这是金融衍生工具高风险性的重要诱因。

——**易混淆点**：风险性；可靠性

采分点5：金融衍生工具根据产品形态，可分为<u>独立衍生工具和嵌入式衍生工具</u>。

——**易混淆点**：交易所交易的衍生工具和OTC交易的衍生工具；股权类产品的衍生工具和货币衍生工具

采分点6：通过各种通讯方式，不通过集中的交易所，实行分散的、一对一交易的衍生工具属于<u>OTC交易的衍生工具</u>。

——**易混淆点**：交易所交易的衍生工具；股权类产品的衍生工具；嵌入式衍生工具

采分点7：金融衍生工具从<u>基础工具分类</u>角度，可以划分为股权类产品的衍生工具、货币衍生工具、利率衍生工具、信用衍生工具以及其他衍生工具。

——**易混淆点**：金融衍生工具自身交易的方法及特点；产品形态；交易场所

采分点 8：股权类产品的衍生工具是指以股票或股票指数为基础工具的金融衍生工具，主要包括股票期货、股票期权、<u>股票指数期货</u>、股票指数期权以及上述合约的混合交易合约。（2011 年考试涉及）

——易混淆点：货币互换；金融互换

采分点 9：交易双方在场外市场上通过协商，按约定价格在约定的未来日期（交割日）买卖某种标的金融资产（或金融变量）的合约，称为<u>金融远期合约</u>。

——易混淆点：金融期货；金融期权；金融互换

采分点 10：除交易所交易的标准化期权、权证之外，还存在大量场外交易的期权，这些新型期权通常被称为<u>奇异型期权</u>。（2011 年考试涉及）

——易混淆点：看跌期权；期货期权；理货期权

采分点 11：两个或两个以上的当事人按共同商定的条件，在约定的时间内定期交换现金流的金融交易，称为<u>金融互换</u>。（2010 年考试涉及）

——易混淆点：金融期权；金融期货

采分点 12：金融衍生工具在股票交易所交易的各类结构化票据、目前我国各家商业银行推广的<u>挂钩不同标的资产的理财产品</u>等都是其典型代表。（2010 年考试涉及）

——易混淆点：利率结构化理财产品；股权结构化理财产品；资产结构化理财产品

采分点 13：金融衍生工具产生的最基本原因是<u>避险</u>。

——易混淆点：新技术革命；利润驱动；金融自由化

采分点 14：政府或有关监管当局对限制金融体系的现行法令、规则、条例及行政管制予以取消或放松，以形成一个较宽松、自由、更符合市场运行机制的新的金融体制，称为<u>金融自由化</u>。

——易混淆点：金融市场化；金融抑制

采分点 15：美国《1980 年银行法》废除了 Q 条例，规定从 1980 年 3 月起分 6 年逐步取消对定期存款和储蓄存款的<u>最高利率限制</u>。

——易混淆点：最低和最高存款额限制；最低和最高利率限制；最低利率限制

采分点 16：1988 年国际清算银行制定的《巴塞尔协议》规定：开展国际业务的银行必须将其资本对加权风险资产的比率维持在 8% 以上，其中核心资本至少为总资本的 <u>50%</u>。

——**易混淆点**：30%；60%

采分点 17：最基础的金融衍生产品是<u>金融远期合约</u>。

——**易混淆点**：金融期货合约；金融期权；互换

采分点 18：按照约定的名义本金，交易双方在约定的未来日期交换支付浮动利率和固定利率的远期协议，<u>称为远期利率协议</u>。（2011、2010 年考试涉及）

——**易混淆点**：远期汇率协议；股权类资产的远期合约；债权类资产的远期合约

采分点 19：目前，与我国证券市场直接相关的金融远期交易是全国银行间债券市场的<u>债券远期交易</u>。（2010 年考试涉及）

——**易混淆点**：股票远期合约交易；远期汇率协议交易；股指期货交易

采分点 20：目前，工商银行、中信银行、汇丰银行等在彭博系统上提供人民币 FRA 报价，参考利率为 <u>3 个月期 Shibor 利率</u>。

——**易混淆点**：1；2

采分点 21：金融现货交易通常以基础金融工具与货币的转手而结束交易活动，而在金融期货交易中，仅有极少数的合约到期进行实物交收，绝大多数的期货合约是通过做相反交易实现<u>对冲</u>而平仓的。

——**易混淆点**：现金交割；实物交割；转手交易

采分点 22：金融期货交易实行保证金制度和每日结算制度，交易者均以<u>交易所（或期货清算公司）</u>为交易对手，基本不用担心交易违约。（2010 年考试涉及）

——**易混淆点**：期货经纪公司；卖方；买方

采分点 23：为了控制期货交易的风险和提高效率，期货交易所的会员经纪公司必须向交易所或结算所缴纳<u>结算保证金</u>，而期货交易双方在成交后都要通过经纪人向交易所或结算所缴纳一定数量的保证金。

——**易混淆点**：交易保证金；初始保证金；维持保证金

采分点 24：为防止期货价格出现过大的非理性变动，交易所通常对每个交易时段允许的最大波动范围作出规定，一旦达到涨（跌）幅限制，则高于（低于）该价格的买入（卖出）委托<u>无效</u>。

——**易混淆点**：部分无效；择日成交；延迟成交

采分点 25：金融期货按基础工具划分，可分为外汇期货、<u>利率期货</u>和股权类期货。

（2011 年考试涉及）

——**易混淆点**：货币期货；股票价格指数期货

采分点 26：外汇期货又称货币期货，是以外汇为基础工具的期货合约，是金融期货中最先产生的品种，主要用于规避外汇风险。（2010 年考试涉及）

——**易混淆点**：利率期货；股票期货；股票价格指数期货

采分点 27：外汇期货交易自 1972 年在芝加哥商业交易所所属的国际货币市场率先推出后得到了迅速发展。

——**易混淆点**：伦敦国际金融期权期货交易所；纽约交易所；欧洲交易所

采分点 28：1975 年 10 月，利率期货产生于美国芝加哥期货交易所，虽然比外汇期货晚了 3 年，但其发展速度与应用范围都远较外汇期货来得迅速和广泛。

——**易混淆点**：美国证券交易所；纽约证券交易所

采分点 29：1992 年 12 月 18 日，上海证券交易所开办国债期货交易，并于 1993 年 10 月 25 日向社会公众开放，此后，深圳证券交易所、北京商品交易所也向社会推出了国债期货交易。

——**易混淆点**：天津商品交易所；深圳证券交易所

采分点 30：股票价格指数期货是以股票价格指数为基础变量的期货交易，是为适应人们控制股市风险，尤其是系统性风险的需要而产生的。（2011 年考试涉及）

——**易混淆点**：市场风险；违约风险；非系统性风险

采分点 31：1982 年，美国堪萨斯期货交易所首先推出价值线指数期货，此后全球股票价格指数期货品种不断涌现，几乎覆盖了所有的基准指数。

——**易混淆点**：纽约期货交易所；芝加哥期货交易所；中国香港交易所

采分点 32：2006 年 9 月 5 日，新加坡交易所推出以新华富时 50 指数为基础变量的全球首个中国 A 股指数期货。

——**易混淆点**：中国台湾证券交易所；中国香港交易所；中国金融期货交易所

采分点 33：沪深 300 股指期货合约的最低交易保证金为合约价值的 12%。

——**易混淆点**：5%；10%

采分点 34：期货交易之所以能够套期保值，其基本原理在于某一特定商品或金融工具的期货价格和现货价格受相同经济因素的制约和影响，从而它们的变动趋势大致相同；而且，现货价格与期货价格在走势上具有<u>收敛性</u>，即当期货合约临近到期日时，现货价格与期货价格将逐渐趋同。

——**易混淆点**：等同性；一致性；背离性

采分点35：如果同时在现货市场和期货市场建立数量相同、方向相反的头寸，则到期时不论现货价格上涨或是下跌，两种头寸的<u>盈亏恰好抵消</u>，使套期保值者避免承担风险损失。

——**易混淆点**：盈亏情况需根据两种头寸具体情况进行分析；盈大于亏；盈小于亏

采分点36：持有现货多头（如持有股票多头）的交易者担心未来现货价格下跌，在期货市场卖出期货合约（建立期货空头），当现货价格下跌时以期货市场的盈利来弥补现货市场的损失，称为<u>空头套期保值</u>。（2010年考试涉及）

——**易混淆点**：多头套期保值；平行套期保值；牛市套期保值

采分点37：期货交易的对象是标准化产品，因此套期保值者很可能难以找到与现货头寸在品种、期限、数量上均恰好匹配的期货合约。如果选用替代合约进行套期保值操作，则并不能完全锁定未来现金流，由此带来的风险称为<u>基差风险</u>。

——**易混淆点**：流动性风险；替代风险；保值风险

采分点38：严格意义上的期货套利是指利用同一合约在不同市场上可能存在的短暂价格差异进行买卖，赚取差价，称为<u>跨市场套利</u>。

——**易混淆点**：跨期限套利；跨品种套利；期货套利

采分点39：互换是指两个或两个以上的当事人按共同商定的条件，在约定的时间内定期交换<u>现金流</u>的金融交易，可分为货币互换、利率互换、股权互换、信用互换等类别。

——**易混淆点**：负债；资产；证券

采分点40：从交易结构上看，可以将互换交易视为一系列<u>远期</u>交易的组合。

——**易混淆点**：期权；期货；现货

采分点41：人民币利率互换是指交易双方约定在未来的一定期限内，根据约定的人民币<u>本金</u>和利率计算利息并进行利息交换的金融合约。

——**易混淆点**：资产；负债；盈利

采分点42：互换交易的主要用途是改变交易者<u>资产或负债</u>的风险结构（比如利率或汇率结构），从而规避相应的风险。（2011年、2010年考试涉及）

——易混淆点：资产；负债；资产和负债

采分点 43：购买者在向出售者支付一定费用后，就获得了能在规定期限内以某一特定价格向出售者买进或卖出一定数量的某种金融工具的权利，称为<u>金融期权</u>。

——易混淆点：金融远期合约；金融期货；金融衍生工具

采分点 44：金融期权交易实际上是一种权利的<u>单方面有偿让渡</u>。（2010 年考试涉及）

——易混淆点：双方面；多方面；互相

采分点 45：金融期权的买方以支付一定数量的<u>期权费</u>为代价而拥有了这种权利，但不承担必须买进或卖出的义务。（2010 年考试涉及）

——易混淆点：保证金；手续费；佣金

采分点 46：随着金融期权的日益发展，其基础资产还有日益增多的趋势，不少金融期货无法交易的金融产品均可作为金融期权的基础资产，甚至连金融期权合约本身也成了金融期权的基础资产，即所谓<u>复合期权</u>。

——易混淆点：股票指数期权；货币期权；金融期货合约期权

采分点 47：在金融期权交易中，只有期权出售者，尤其是<u>无担保期权的出售者</u>才需开立保证金账户，并按规定缴纳保证金，以保证其履约的义务。（2010 年考试涉及）

——易混淆点：期权购入者；期权买卖双方

采分点 48：金融期货交易双方都无权违约，也无权要求提前交割或推迟交割，而只能在到期前的任一时间通过反向交易实现对冲或到期进行实物交割。而在对冲或到期交割前，价格的变动必然使其中一方盈利而另一方亏损，其盈利或亏损的程度决定于<u>价格变动的幅度</u>。

——易混淆点：对冲期或到期交割的价格；对冲或到期交割的数量；行业形势

采分点 49：金融期权根据选择权的性质划分，可以分为<u>看涨期权和看跌期权</u>。

——易混淆点：欧式期权和美式期权；利率期权和货币期权

采分点 50：金融期权的交易者之所以买入看涨期权，是因为他预期基础金融工具的价格在合约期限内将会<u>上涨</u>。（2010 年考试涉及）

——易混淆点：下跌；不变

采分点 51：看跌期权也称认沽权，指期权的买方具有在约定期限内按<u>协定价格</u>卖出一定数量基础金融工具的权利。

——**易混淆点**：市场价格；期权价格；期权费加买入价格

采分点 52：在金融期权中，<u>欧式期权</u>只能在期权到期日执行。（2010 年考试涉及）

——**易混淆点**：美式期权；看跌期权；看涨期权

采分点 53：金融期权按照合约所规定的<u>履约时间</u>的不同，可以分为欧式期权、美式期权和修正的美式期权。

——**易混淆点**：协定价格与基础资产市场价格的关系；金融期权基础资产性质的不同；选择权的性质

采分点 54：金融期权买方在交付了期权费后，即取得在合约规定的到期日或到期日以前按协定价买入或卖出一定数量相关股票的权利，称为<u>股票期权</u>。

——**易混淆点**：利率期权；货币期权；互换期权

采分点 55：股票指数期权没有可作实物交割的具体股票，只能采取<u>现金轧差</u>的方式结算。

——**易混淆点**：交割某种股票；交割一揽子股票；交割相应指数的股票

采分点 56：从产品属性看，权证是一种<u>期权</u>类金融衍生产品。

——**易混淆点**：期货；互换；远期

采分点 57：权证根据权证行权所买卖的标的股票来源不同，可分为<u>认股权证和备兑权证</u>。

——**易混淆点**：认购权证和认沽权证；平价权证、价内权证和价外权证

采分点 58：备兑权证通常由<u>投资银行</u>发行，备兑权证所认兑的股票不是新发行的股票，而是已在市场上流通的股票，不会增加股份公司的股本。

——**易混淆点**：中国证监会；证券交易所；财政部

采分点 59：权证按照持有人权利的性质不同，可分为<u>认购权证和认沽权证</u>。（2010 年考试涉及）

——**易混淆点**：认股权证和备兑权证；价内权证和价外权证；美式权证和欧式权证

采分点 60：发行人发行权证时所约定的，权证持有人向发行人购买或出售标的证券的价格，称为<u>行权价格</u>。

——**易混淆点**：交易价格；发行价格；转让价格

采分点 61：目前上海证券交易所、深圳证券交易所均规定，权证自上市之日起存

续时间为<u>6 个月以上 24 个月以下</u>。

　　——**易混淆点**：3 个月以上 6 个月以下；5 个月以上 12 个月以下；6 个月以上 36 个月以下

　　采分点 62：权证持有人行权时，发行人按照约定向权证持有人支付行权价格与标的证券结算价格之间的差额，称为<u>现金结算方式</u>。（2010 年考试涉及）

　　——**易混淆点**：证券给付结算方式；自动结算方式；对冲方式

　　采分点 63：可转换债券通常是转换成普通股票，当股票价格上涨时，可转换债券的持有人行使转换权比较有利。（2010 年考试涉及）

　　——**易混淆点**：优先股票；担保债券；抵押债券

　　采分点 64：可转换债券实质上嵌入了普通股票的<u>看涨</u>期权，正是从这个意义上说，我们将其列为期权类衍生产品。

　　——**易混淆点**：看跌；利率；互换

　　采分点 65：行权结算方式分为两种，即<u>证券给付结算方式和现金结算方式</u>。

　　——**易混淆点**：银行结算方式；转账结算方式；支票结算方式

　　采分点 66：履约担保的标的证券数量等于<u>权证上市数量 × 行权比例 × 担保系数</u>。（2011 年考试涉及）

　　——**易混淆点**：权证上市数量－行权比例－担保系数；权证上市数量 ÷ 行权比例 ÷ 担保系数；权证上市数量＋行权比例＋担保系数

　　采分点 67：我国《上市公司证券发行管理办法》规定，可转换公司债券的期限最短为 1 年，最长为 6 年，自发行结束之日起 <u>6</u> 个月后方可转换为公司股票。（2010 年考试涉及）

　　——**易混淆点**：1；3

　　采分点 68：可转换公司债券应半年或 1 年付息 1 次，到期后 <u>5</u> 个工作日内应偿还未转股债券的本金及最后 1 期利息。

　　——**易混淆点**：3；10

　　采分点 69：转换比例是指<u>一定面额可转换债券可转换成普通股票的股数</u>。

　　——**易混淆点**：可转换债券转换为每股普通股份所支付的价格；多少比例可转换债券可转换成普通股；每份可转换债券转换前的价格

采分点 70：2006 年 5 月 8 日，中国证监会发布《上市公司证券发行管理办法》，明确规定，上市公司可以公开发行认股权和债券分离交易的可转换公司债券。

——**易混淆点**：公司经营表决权；交易权；选择权

采分点 71：分离交易的可转换公司债券应当申请在上市公司股票上市的证券交易所上市交易，其中的公司债券和认股权分别符合证券交易所上市条件的，应当分别上市交易。

——**易混淆点**：国家规定；上市公司登记国

采分点 72：2006 年 11 月 13 日，马鞍山钢铁股份有限公司成为首家在 A 股市场发行分离交易的可转换公司债券的上市公司，共发行 55 亿元人民币 5 年期附息债券，并同时派发 12.65 亿份认股权证。

——**易混淆点**：中国石油化工股份有限公司；中国石油天然气集团公司；光大银行

采分点 73：存托凭证也称预托凭证，是指在一国（个）证券市场上流通的代表另一国（个）证券市场上流通的证券的证券。

——**易混淆点**：可转让凭证；转账凭证；预托证券

采分点 74：中国存托凭证（CDR）是指在我国内地发行的代表境外或者我国香港特区证券市场上某一种证券的证券。

——**易混淆点**：在境外发行的代表香港特区；在境外或者香港特区发行的代表大陆；在香港特区发行的代表境外

采分点 75：在美国存托凭证（ADR）的业务机构中，负责 ADR 的保管和清算的机构是中央存托公司。

——**易混淆点**：证券交易所；托管银行；存券银行

采分点 76：存券银行作为 ADR 的发行人和 ADR 的市场中介，为 ADR 的投资者提供所需的一切服务。（2010 年考试涉及）

——**易混淆点**：托管公司；中央存托公司；存券公司

采分点 77：在 ADR 交易过程中，存券银行负责 ADR 的注册和过户，安排 ADR 在存券信托公司的保管和清算，及时通知托管银行变更股东或债券持有人的登记资料，并与经纪人保持经常联系，保证 ADR 交易的顺利进行。（2010 年考试涉及）

——**易混淆点**：中央存托公司；托管公司；证券公司

采分点 78：存托凭证业务中，托管银行负责保管 ADR 所代表的基础证券。

——*易混淆点*：ADR 的注册和过户；对公司管理监督

采分点 79：美国存托凭证按照基础证券发行人是否参与存托凭证的发行，可分为无担保的存托凭证和有担保的存托凭证。（2010 年考试涉及）

——*易混淆点*：可流通的存托凭证和不可流通的存托凭证；一级存托凭证和二级存托凭证；公募存托凭证和私募存托凭证

采分点 80：允许外国公司无须改变现行的报告制度就可以享受公开交易证券好处的存托凭证是一级存托凭证。

——*易混淆点*：二级；三级；无担保的

采分点 81：1993 年 7 月，上海石化以存托凭证方式在纽约证券交易所挂牌上市，开了中国公司在美国证券市场上市的先河。

——*易混淆点*：中国石化；北京石化；广州石化

采分点 82：资产证券化是以特定资产组合或特定现金流为支持，发行可交易证券的一种融资形式。（2010 年考试涉及）

——*易混淆点*：负债；投资；资产

采分点 83：传统的证券发行是以企业为基础，而资产证券化则是以特定的资产池为基础发行证券。

——*易混淆点*：投资组合；债券池；偿债资产

采分点 84：在资产证券化过程中发行的以资产池为基础的证券就称为证券化产品。

——*易混淆点*：证券化结构；证券化交易；证券化投资

采分点 85：根据资产证券化发起人、发行人和投资者所属地域不同，可将资产证券化分为境内资产证券化和离岸资产证券化。

——*易混淆点*：境内资产证券化和境外资产证券化；未来收益证券化和信贷资产证券化；股权型证券化和债权型证券化

采分点 86：在资产证券化交易中，为保证资金和基础资产的安全，特定目的机构通常聘请信誉良好的金融机构进行资金和资产的托管。（2010 年考试涉及）

——*易混淆点*：发起人；承销人；特定目的受托人

采分点 87：信用增级机构负责提升证券化产品的信用等级，为此要向特定目的机

构收取相应费用，并在证券违约时承担赔偿责任。（2011 年考试涉及）

——**易混淆点**：信用评级机构；资金和资产存管机构；特定目的机构

采分点 88：在资产证券化交易中，如果发行的证券化产品属于债券，发行前必须经过评级机构进行信用评级。（2009 年考试涉及）

——**易混淆点**：增级机构；投资人；承销人

采分点 89：中国资产证券化元年是 2005 年，信贷资产证券化和房地产证券化取得新的进展，引起国内外广泛关注。

——**易混淆点**：2003；2004；2006

采分点 90：目前资产证券化产品的投资主体主要是各类机构投资者，以大宗交易为主，通常采取买入并持有到期策略，导致市场流动性严重不足。

——**易混淆点**：国有企业；外资企业；个人投资者

采分点 91：运用金融工程结构化方法，将若干种基础金融商品和金融衍生产品相结合设计出的新型金融产品是结构化金融衍生产品。（2010 年考试涉及）

——**易混淆点**：证券化；复合化；组合化

采分点 92：目前最为流行的结构化金融衍生产品主要是由商业银行开发的各类结构化理财产品以及在交易所市场上可上市交易的各类结构化票据，它们通常与某种金融价格相联系，其投资收益随该价格的变化而变化。

——**易混淆点**：中国银行；农业银行；投资公司

采分点 93：结构化金融衍生产品按联结的基础产品分类，可分为股权联结型产品（其收益与单只股票、股票组合或股票价格指数相联系）、利率联结型产品、汇率联结型产品、商品联结型产品等种类。（2011 年考试涉及）

——**易混淆点**：收益保障性；发行方式；价格决定方式

第五章　证券市场运行

采分点1：证券市场是证券交易的场所，也是资金供求的中心，根据市场的功能划分，证券市场可分为证券发行市场和证券交易市场。

——易混淆点：交易标的物；市场的作用

采分点2：证券发行市场是发行人以发行证券的方式筹集资金的场所，又称一级市场、初级市场。（2010年考试涉及）

——易混淆点：主板市场；流通市场；二级市场

采分点3：政府、企业和个人在经济活动中可能出现暂时闲置的货币资金，证券发行市场提供了多种多样的投资机会，实现社会储蓄向投资转化。（2010年考试涉及）

——易混淆点：回购协议市场；同业拆借市场；证券流通市场

采分点4：证券发行人是资金的需求者和证券的供应者，证券投资者是资金的供应者和证券的需求者，证券中介机构则是联系发行人和投资者的专业性中介服务组织。

——易混淆点：证券监管部门；证券交易所

采分点5：证券发行按有无中介分类，可分为直接发行和间接发行。

——易混淆点：公募发行和私募发行；公开发行和私下发行

采分点6：一般情况下，间接发行是基本的、常见的方式，特别是公募发行，大多采用间接发行；而私募发行则以直接发行为主。

——易混淆点：间接发行；公开发行

采分点7：证券发行注册制实行公开管理原则，实质上是一种发行公司的财务公开制度。（2011年、2010年考试涉及）

——易混淆点：公平；公正；实质

采分点8：证券发行核准制实行实质管理原则，即证券发行人不仅要以真实状况的充分公开为条件，而且必须符合证券监管机构制定的若干适合于发行的实质条件。

——**易混淆点**：公平；公开；公正

采分点 9：证券承销是将证券销售业务委托给专门的<u>证券经营机构</u>销售。

——**易混淆点**：股票承销机构；债券承销机构；证券交易所

采分点 10：由证券经营机构（承销商）先全额购买发行人该次发行的证券，再向投资者发售，由证券经营机构（承销商）承担全部风险的承销方式是<u>全额包销</u>。

——**易混淆点**：余额包销；开放式包销；差额包销

采分点 11：证券经营机构（承销商）代发行人发售证券，在承销期结束时，将未售出的证券全部退还给发行人的承销方式是<u>代销</u>。

——**易混淆点**：包销；全额包销；余额包销

采分点 12：我国《证券发行与承销管理办法》和《上市公司证券发行管理办法》规定，上市公司发行证券，应当由证券公司承销，上市公司非公开发行股票未采用自行销售方式或者上市公司向原股东配售股份的，应当采用<u>代销</u>方式发行。

——**易混淆点**：自销；助销；包销

采分点 13：我国《上市公司证券发行管理办法》规定，上市公司非公开发行股票，发行对象均属于原前 10 名股东的，可以由上市公司<u>自行销售</u>。（2010 年考试涉及）

——**易混淆点**：包销；代销；助销

采分点 14：我国《证券法》规定，公司公开发行新股，应当具备健全且运行良好的组织机构，具有持续盈利能力，财务状况良好，最近 <u>3</u> 年财务会计文件无虚假记载，无其他重大违法行为以及经国务院批准的国务院证券监督管理机构规定的其他条件。

——**易混淆点**：2；5

采分点 15：《首次公开发行股票并在创业板上市管理暂行办法》规定，首次公开发行股票并在创业板上市的，创业板对发行人设置了两项定量业绩指标，其中第一项指标是要求发行人最近两年连续盈利，最近两年净利润累计不少于 <u>1 000</u> 万元，且持续增长。（2010 年考试涉及）

——**易混淆点**：3 000；5 000

采分点 16：上市公司向原股东配售股份时，拟配售股份数量不超过本次配售股份前股本总额的 <u>30%</u>。

采分点 17：上市公司向不特定对象公开募集股份时，发行价格应不低于公告招股意向书前 <u>20</u> 个交易日公司股票均价或前一个交易日的均价。

——*易混淆点*：10；15

采分点 18：上市公司非公开发行股票时，发行价格不低于定价基准日前 20 个交易日公司股票均价的 <u>90%</u>。

——*易混淆点*：30%；50%

采分点 19：根据《证券发行与承销管理办法》规定，战略投资者应当承诺获得配售的股票持有期限不少于 <u>12</u> 个月。（2010 年考试涉及）

——*易混淆点*：3；6

采分点 20：根据《证券发行与承销管理办法》规定，询价对象应承诺获得网下配售的股票持有期限不少于 <u>3</u> 个月。

——*易混淆点*：2；6

采分点 21：股票发行价格不得<u>低于</u>票面金额。

——*易混淆点*：高于；等于

采分点 22：根据我国《公司法》和《证券法》的规定，以超过票面金额的价格发行股票所得的溢价款项列入发行公司的<u>资本公积金</u>。（2010 年考试涉及）

——*易混淆点*：留存收益；应付款项；净资产

采分点 23：我国《证券发行与承销管理办法》规定，首次公开发行股票以<u>询价</u>方式确定股票发行价格。（2010 年考试涉及）

——*易混淆点*：上网竞价；协商定价；市价折扣

采分点 24：《公司债券发行试点办法》规定，公司债券发行采用<u>核准制</u>，实行保荐制度，发行程序简单规范。

——*易混淆点*：注册制；证券发行制度

采分点 25：债券发行的定价方式以<u>公开招标</u>最为典型。（2011 年考试涉及）

——*易混淆点*：累计投标询价方式；协商定价方式；上网竞价方式

采分点 26：一般情况下，短期贴现债券多采用<u>单一价格的荷兰式招标</u>，长期附息债券多采用<u>多种收益率的美式招标</u>。

——**易混淆点**：单一收益率的美式招标，多种价格的荷兰式招标；单一价格的美式招标，多种收益率的荷兰式招标

采分点 27：上市公司公开发行可转换债券时，最近 3 个会计年度加权平均净资产收益率平均不低于 <u>6%</u>，扣除非经常性损益后的净利润与扣除前的净利润相比以低者为计算依据。

——**易混淆点**：8%；10%

采分点 28：我国《证券法》规定，向不特定对象发行证券或向特定对象发行证券累计超过 <u>200</u> 人的，为公开发行，必须经国务院证券监督管理机构或者国务院授权的部门核准。

——**易混淆点**：50；100

采分点 29：证券买卖双方公开交易的场所是<u>证券交易所</u>，是一个高度组织化、集中进行证券交易的市场，是整个证券市场的核心。

——**易混淆点**：中国证监会；证券发行人；国务院

采分点 30：证券交易所的组织形式大致可以分为两类，即<u>公司制和会员制</u>。

——**易混淆点**：股份制和合伙制；核准制和注册制

采分点 31：我国《证券法》规定，证券交易所的设立和解散由<u>国务院</u>决定。

——**易混淆点**：中国证监会；证券监督管理机构

采分点 32：根据我国《证券交易所管理办法》第十七条规定，<u>会员大会</u>是证券交易所的最高权力机构。

——**易混淆点**：监察委员会；总经理；理事会

采分点 33：我国《证券法》规定，证券交易所设总经理 1 人，<u>由国务院证券监督管理机构任免</u>。

——**易混淆点**：国务院；中国证监会；证券交易所

采分点 34：上海证券交易所和深圳证券交易所先后于 <u>1990 年 12 月 19 日和 1991 年 7 月 3 日</u>正式营业。（2010 年考试涉及）

——**易混淆点**：1991 年 7 月 12 日和 1991 年 12 月 3 日；1991 年 7 月 20 日和 1992 年 10 月 3 日；1992 年 10 月 12 日和 1991 年 6 月 3 日

采分点 35：2004 年 5 月，经国务院批准，<u>中国证监会</u>批复同意，深圳证券交易所

在主板市场内设立中小企业板块。（2010 年考试涉及）

——易混淆点：国家发改委；上海证券交易所；深圳证券交易所

采分点 36：在深圳交易所中小企业板块中，运行独立是指中小企业板块的交易由独立于主板市场交易系统的第二交易系统承担。（2011 年考试涉及）

——易混淆点：监察独立；代码独立；指数独立

采分点 37：经国务院同意，中国证监会批准，我国创业板市场于 2009 年 10 月 23 日在深圳证券交易所正式启动。

——易混淆点：2009 年 6 月 30 日；2010 年 1 月 1 日；2010 年 2 月 20 日

采分点 38：我国《证券法》规定，申请股票、可转换为股票的公司债券或法律、行政法规规定实行保荐制度的其他证券上市交易，应当聘请具有保荐资格的机构担任保荐机构。

——易混淆点：承销机构；发行人；推荐人

采分点 39：我国《证券法》规定，股份有限公司申请股票在上海证券交易所和深圳证券交易所主板上市应当符合公司股本总额不少于人民币 5 000 万元。（2010 年考试涉及）

——易混淆点：3 000；6 000

采分点 40：上市公司退市风险警示，在中小企业板块上市的股票，连续 120 个交易日内，公司股票通过深圳证券交易所交易系统实现的累计成交量低于 300 万股。

——易混淆点：90，150；90，300

采分点 41：上市公司退市风险警示，在创业板上市的股票，公司股票连续 120 个交易日通过深圳证券交易所交易系统实现的累计成交量低于 100 万股。

——易混淆点：60，90；120，90

采分点 42：我国《证券法》规定，公司最近 3 年连续亏损的，由证券交易所决定暂停其股票上市交易。（2010 年考试涉及）

——易混淆点：对其股票交易做特别处理；终止其股票上市交易；对其股票交易做退市风险警示

采分点 43：我国《证券法》规定，公司最近 3 年连续亏损，在其后 1 个年度内未能恢复盈利的，由证券交易所决定终止其股票上市交易。（2010 年考试涉及）

——**易混淆点**：对其股票交易做退市风险警示；对其股票交易做特别处理；暂停其股票上市交易

采分点 44：现代证券交易所的运作普遍实现了高度的计算机化和无形化，建立起安全、高效的电脑运行系统，该系统通常包括<u>交易系统、结算系统、信息系统和监察系统</u>四个部分。

——**易混淆点**：交易系统、清算系统、信息系统和管理系统；交易系统、结算系统、信息系统和管理系统

采分点 45：在证券交易所内，将通信网络传来的买卖委托读入计算机内存进行撮合配对，并将成交结果和行情通过通信网络传回证券商柜台的是<u>交易主机</u>。

——**易混淆点**：通信网络；报盘系统；交易席位

采分点 46：<u>大宗交易</u>是指一笔数额较大的证券交易，通常在机构投资者之间进行。

——**易混淆点**：固定收益平台交易；综合协议交易；集中竞价交易

采分点 47：大宗交易在交易所正常交易日<u>收盘后的限定时间</u>进行，申报方式有意向申报和成交申报。

——**易混淆点**：收盘前的限定时间；收盘后的任意时间；收盘前的任意时间

采分点 48：无涨跌幅限制证券的大宗交易须在前收盘价的 <u>±30%</u> 或当日竞价时间内已成交的最高和最低成交价格之间，由买卖双方采用议价协商方式确定成交价，并经证券交易所确认后成交。

——**易混淆点**：±20%；±50%

采分点 49：大宗交易系统中，采用<u>非担保交收方式</u>的，交易双方应就交收期限、履约保证金比例以及交收失败的处理等事项作出约定。

——**易混淆点**：担保交收；非定向交收；定向交收

采分点 50：上海证券交易所设置的、与集中竞价交易系统平行、独立的固定收益市场体系是<u>固定收益证券综合电子平台</u>。

——**易混淆点**：综合协议交易平台；集中竞价交易系统；大宗交易系统

采分点 51：综合协议交易平台是指<u>深圳</u>证券交易所为会员和合格投资者进行各类证券大宗交易或协议交易提供的交易系统。

——**易混淆点**：上海；北京

采分点 52：我国《证券法》规定，证券在证券交易所上市交易，应当采用公开的集中交易方式或者国务院证券监督管理机构批准的其他方式。

——**易混淆点**：非公开的分散；非公开的集中；公开的分散

采分点 53：证券交易通常都必须遵循价格优先原则和时间优先原则。（2010 年考试涉及）

——**易混淆点**：价格优先原则和数量优先原则；客户优先原则和时间优先原则；时间优先原则和数量优先原则

采分点 54：场外交易市场的交易制度通常采用做市商制。（2010 年考试涉及）

——**易混淆点**：公司制；会员制；经纪制

采分点 55：全国银行间债券市场成立于 1997 年 6 月 6 日。

——**易混淆点**：1996 年 6 月 6 日；1997 年 6 月 1 日

采分点 56：代办股份转让系统又称三板市场，是指经中国证券业协会批准，具有代办系统主办券商业务资格的证券公司采用电子方式，为非上市股份有限公司提供规范股份转让服务的股份转让平台。

——**易混淆点**：创业板；二板市场；中小板

采分点 57：代办股份转让系统是一个以证券公司及相关当事人的契约为基础，依托证券交易所和中央登记公司的技术系统和证券公司的服务网络，以代理买卖挂牌公司股份为核心业务的股份转让平台。（2011 年考试涉及）

——**易混淆点**：中国证券业协会；中国证监会；证券交易所

采分点 58：目前在国际上影响最大、历史最悠久的道·琼斯股价平均数就采用修正股价平均数法来计算股价平均数，每当股票分割、送股或增发、配股数超过原股份 10% 时，就对除数作相应的修正。

——**易混淆点**：5%；15%

采分点 59：在计算股份指数时，先计算各样本股的个别指数，再加总求出算术平均数，这是股票价格指数计算方法中的相对法。（2010 年考试涉及）

——**易混淆点**：综合法；计算期加权法；基期加权法

采分点 60：加权股价指数是以样本股票发行量或成交量为权数加以计算，又有基期加权、计算期加权和几何加权之分。

——**易混淆点**：计算期价格；基期价格；等同权重

采分点 61：基期加权股价指数又被称为"拉斯贝尔加权指数"，采用基期发行量或成交量作为权数。（2011 年考试涉及）

——**易混淆点**：计算期加权股价指数；简单算术股价指数；几何加权股价指数

采分点 62：2005 年 8 月 25 日中证指数有限公司成立，是由上海证券交易所和深圳证券交易所共同出资发起设立的一家专业从事证券指数及指数衍生产品开发服务的公司。

——**易混淆点**：恒指服务；三元证券投资顾问；中央国债登记结算

采分点 63：沪深 300 指数简称沪深 300，成分股数量为 300 只，指数基日为 2004 年 12 月 31 日，基点为 1 000 点。

——**易混淆点**：2003 年 10 月 12 日；2004 年 6 月 1 日

采分点 64：沪深 300 指数在选择样本股时，对样本空间股票在最近 1 年（新股为上市以来）的日均成交金额由高到低排名，剔除排名后 50% 的股票，然后对剩余股票按照日均总市值由高到低进行排名，选取排名在前 300 名的股票作为样本股。

——**易混淆点**：30%；60%

采分点 65：沪深 300 指数的计算采用派许加权方法，按照样本股的调整股本为权数加权计算。（2011 年考试涉及）

——**易混淆点**：市值总价加权法；加权平均法；除数修正法

采分点 66：上证成分股指数简称"上证 180 指数"，是上海证券交易所对原上证 30 指数进行调整和更名产生的指数。

——**易混淆点**：50；100

采分点 67：上证成分股指数依据样本稳定性和动态跟踪的原则，每年调整一次成分股，每次调整比例一般不超过 10%，特殊情况下也可能对样本股进行临时调整。

——**易混淆点**：20%；30%

采分点 68：1996 年 7 月 1 日起正式发布的上证 30 指数的延续是上证 180 指数，2002 年 7 月 1 日正式发布，基点为 2002 年 6 月 28 日上证 30 指数的收盘点数 3 299.05 点。

——**易混淆点**：50；100

采分点 69：上证 50 指数以 2003 年 12 月 31 日为基日，以该日 50 只成分股的调整市值为基期，基数为 1 000 点。

——易混淆点：20；30

采分点 70：上海证券交易所从 1991 年 7 月 15 日起编制并公布上海证券交易所股价指数，它以 1990 年 12 月 19 日为基期，以全部上市股票为样本，以股票发行量为权数，按加权平均法计算。（2010 年考试涉及）

——易混淆点：以股票流通股数为权数，按简单平均法计算；以股票流通股数为权数，按加权平均法计算

采分点 71：2007 年 1 月上海证券交易所宣布，新股于上市第 11 个交易日开始计入上证综指、新综指及相应上证 A 股、上证 B 股、上证分类指数，从而进一步完善指数编制规则，使指数更真实地反映市场的平均收益水平。

——易混淆点：3；5

采分点 72：深证成分股指数由深圳证券交易所编制，通过对所有在深圳证券交易所上市的公司进行考察，按一定标准选出 40 家有代表性的上市公司作为成分股，以成分股的可流通股数为权数，采用加权平均法编制而成。（2010 年考试涉及）

——易混淆点：30；50

采分点 73：深证综合指数以样本股发行总股本为权数进行加权计算，以 1991 年 4 月 3 日为基期，1991 年 4 月 4 日开始发布，基期指数定为 100 点。

——易混淆点：1 000；2 000

采分点 74：恒生指数挑选了 33 种有代表性的上市股票为成分股，用加权平均法计算。

——易混淆点：30；65

采分点 75：恒生指数最初以股市交易较正常的 1964 年 7 月 31 日为基期，令基值为 100，后来因为恒生指数按行业增设了 4 个分类指数，将基期改为 1984 年 1 月 13 日，并将该日收市指数的 975.47 点定为新基期指数。

——易混淆点：100；1 000

采分点 76：恒生流通综合指数系列包括恒生流通综合指数、恒生香港流通指数和恒生中国内地流通指数，于 2002 年 9 月 23 日推出，以恒生综合指数系列为编制基础，与恒生综合指数相同，有 200 只成分股，并对成分股流通量作出调整。

——易混淆点：恒生综合行业指数；恒生指数

采分点 77：我国台湾证券交易所目前发布的股价指数中，最有代表性的是台湾证

券交易所发行量加权股价指数。（2010年考试涉及）

——易混淆点：电子股发行量加权股价指数；金融股发行量加权股价指数；22种产业分类股价指数

采分点 78：上海证券交易所自2003年1月2日起发布上证国债指数。

——易混淆点：中证全债；上证企业债；中国债券

采分点 79：上证国债指数以在上海证券交易所上市的、剩余期限在1年以上的固定利率国债和一次还本付息国债为样本，按照国债发行量加权，基日为2002年12月31日，基点为100点。

——易混淆点：3；5

采分点 80：上海证券交易所编制和发布沪公司债指数和沪分离债指数，这两个指数均以在上海证券交易所上市的公司债和分离债作为样本，以2007年12月31日为基期，设定基期指数为100点。

——易混淆点：2001年12月31日；2002年10月31日

采分点 81：2002年12月31日，中央登记公司开始发布中国债券指数系列，该指数体系包括国债指数、企业债指数、政策性银行金融债指数、银行间债券指数、交易所债券指数、中短期债券指数和长期国债指数等。

——易混淆点：中国人民银行；深圳证券交易所；上海证券交易所

采分点 82：中国债券指数覆盖了交易所市场和银行间市场所有发行额在50亿元人民币以上、待偿期限在1年以上的债券，指数样本债券每月末调整一次。

——易混淆点：20，1；30，2

采分点 83：中证基金指数的样本空间为当前市场上的所有开放式基金（不包括货币型基金和保本型基金）。

——易混淆点：货币型；封闭式；保本型

采分点 84：上证基金指数的选样范围为在上海证券交易所上市的所有证券投资基金。（2010年考试涉及）

——易混淆点：中国证券结算有限责任公司；中国国债登记结算有限责任公司；深圳证券交易所

采分点 85：世界上最早、最享盛誉和最有影响的股票价格平均数是道·琼斯工业股价平均数，由美国道·琼斯公司编制，并在《华尔街日报》上公布。

——**易混淆点**：金融时报证券交易所指数；日经 225 股价指数；NASDAQ 市场指数

采分点 86：英国最具权威性的股价指数是金融时报证券交易所指数，原由《金融时报》编制和公布，现由《金融时报》和伦敦证券交易所共同拥有的富时集团编制。

——**易混淆点**：道·琼斯指数；NASDAQ 指数；日经 225 股价指数

采分点 87：日经 225 股价指数是日本经济新闻社编制和公布的反映日本股票市场价格变动的股价指数。（2010 年考试涉及）

——**易混淆点**：东京证券交易所；日本大藏省；道·琼斯公司

采分点 88：NASDAQ 市场设立了 13 种指数。

——**易混淆点**：9；10

采分点 89：NASDAQ 指数按每个公司的市场价值来设权重，这意味着每个公司对指数的影响是由其市场价值决定的。

——**易混淆点**：资产净值；资产总值；票面价值

采分点 90：《公司法》规定，税后净利润是公司分配股息的基础和最高限额，但因要作必要的公积金的扣除，公司实际分配的股息总是少于税后净利润。

——**易混淆点**：普通股股息；公积金和公益金；税前利润

采分点 91：以股票的方式派发的股息是股票股息，通常由公司用新增发的股票或一部分库存股票作为股息代替现金分派给股东。

——**易混淆点**：负债；现金；财产

采分点 92：公司用现金以外的其他财产向股东分派的股息是财产股息。

——**易混淆点**：股票；现金；负债

采分点 93：在证券投资收益中，建业股息不同于其他股息，它不是来自公司的盈利，而是对公司未来盈利的预分，实质上是一种负债分配，也是无盈利无股息原则的一个例外。

——**易混淆点**：现金；股票；负债

采分点 94：股票溢价发行时，超过股票面值的溢价部分列入公司的资本公积金。

——**易混淆点**：盈余公积金；公益金；股本

采分点 95：我国《公司法》规定，公司分配当年税后利润时，应当提取利润的

10%列入公司法定公积金。

——**易混淆点**：20%；30%

采分点 96：我国《公司法》规定，股东大会决议将公积金转为资本时，按股东原有股份比例派送红股或增加每股面值，但法定公积金转为资本时，所留成的该项公积金不得少于转增前公司注册资本的25%。（2011年考试涉及）

——**易混淆点**：10%；20%

采分点 97：在证券投资收益中，再投资收益对于无息票债券而言，由于投资期间并无利息收入，因而也不存在再投资风险，持有无息票债券直至到期所得到的收益就等于预期的到期收益。（2009年考试涉及）

——**易混淆点**：股票；附息债券；可转换债券

采分点 98：购买力风险又称通货膨胀风险，是由于通货膨胀、货币贬值给投资者带来实际收益水平下降的风险。

——**易混淆点**：利率；信用；政策

采分点 99：在证券投资收益中，只有当名义收益率大于通货膨胀率时，投资者才有实际收益。

——**易混淆点**：小于；等于

采分点 100：在债券和优先股发行时，要进行信用评级，投资者回避信用风险的最好办法是参考证券信用评级的结果。

——**易混淆点**：投资于证券投资基金；分散投资

采分点 101：在证券投资收益中，普通股票的主要风险是经营风险。

——**易混淆点**：信用；利率；财务

采分点 102：财务风险是指公司财务结构不合理、融资不当而导致投资者预期收益下降的风险。当融资产生的利润大于债息率时，给股东带来的是收益增长的效应；反之，就是收益减少的财务风险。（2011年考试涉及）

——**易混淆点**：资本收益；资本损失

采分点 103：在企业债券中，信用级别高的债券利率较低，信用级别低的债券利率较高，这是因为它们的信用风险不同。

——**易混淆点**：利率；财务；经营

第六章　证券中介机构

采分点 1：在我国，设立证券公司必须经<u>国务院证券监督管理机构</u>审查批准。

——**易混淆点**：中国人民银行；财政部；当地政府

采分点 2：证券市场上重要的中介机构是<u>证券公司</u>，在证券市场的运作中发挥着重要作用。（2011 年考试涉及）

——**易混淆点**：资产评估事务所；投资咨询公司；会计师事务所

采分点 3：2004 年 1 月，<u>国务院</u>发布《关于推进资本市场改革开放和稳定发展的若干意见》，从战略和全局的高度，对我国资本市场的改革与发展作出了全面部署，并对加强证券公司监管、推动证券公司规范经营提出了明确要求。（2010 年考试涉及）

——**易混淆点**：国家发展和改革委员会；中国证监会

采分点 4：按照《证券法》的要求，设立证券公司应当具备主要股东具有持续盈利能力，信誉良好，最近 <u>3</u> 年无重大违法违规记录，净资产不低于人民币 2 亿元。（2009年考试涉及）

——**易混淆点**：2；5

采分点 5：证券公司经营证券承销与保荐、证券自营、证券资产管理和其他证券业务中的任何两项以上的，注册资本最低限额为人民币 <u>5</u> 亿元。（2009 年考试涉及）

——**易混淆点**：1；3

采分点 6：我国证券公司的设立实行<u>审批制</u>，由中国证监会依法对证券公司的设立申请进行审查，决定是否批准设立。（2010 年考试涉及）

——**易混淆点**：注册制；备案制；报备制

采分点 7：证券监督管理机构应当自受理证券公司设立申请之日起 <u>6</u> 个月内，依照法定条件和法定程序并根据审慎监管原则进行审查，作出批准或者不予批准的书面决定，并通知申请人；不予批准的，应当说明理由。

——易混淆点：3；10

采分点8：证券公司应当自领取营业执照之日起 15 日内，向证券监督管理机构申请经营证券业务许可证。（2011 年考试涉及）

——易混淆点：10；20

采分点9：证券公司设立分公司，应当经中国证监会批准。

——易混淆点：国务院；证券投资咨询公司；国家发改委

采分点10：中国证监会于 2008 年 7 月发布实施了《证券公司合规管理试行规定》，要求证券公司全面建立内部合规管理制度，设立合规总监和合规部门，强化对公司经营管理行为合规性的事前审查、事中监督和事后检查，有效预防、及时发现并快速处理内部机构和人员的违规行为，迅速改进、完善内部管理制度。

——易混淆点：2007 年 6 月；2009 年 1 月；2009 年 7 月

采分点11：2006 年 7 月，中国证监会发布实施了《证券公司风险控制指标管理办法》，并于 2008 年根据实践情况对该办法进行了修订，该办法建立了以净资本为核心的风险控制指标体系和风险监管制度。

——易混淆点：注册资本；固定资本；流动资本

采分点12：证券公司接受客户委托代客户买卖有价证券的业务，称为证券经纪业务。（2010 年考试涉及）

——易混淆点：资产管理；投资银行；融资融券

采分点13：在证券经纪业务中，证券公司只收取一定比例的佣金作为业务收入。

——易混淆点：股利和股息；买卖差价；税利

采分点14：证券公司的柜台代理买卖证券业务主要为在代办股份转让系统进行交易的证券的代理买卖。

——易混淆点：证券交易所；中国人民银行

采分点15：在证券经纪业务中，经纪委托关系的建立表现为开户和委托两个环节。

——易混淆点：委托和交易；交易和结算；委托和结算

采分点16：中国证监会于 2009 年 3 月发布《证券经纪人管理暂行规定》，对证券公司采用证券经纪人制度开展证券经纪业务营销活动作出了进一步的明确规定。

——*易混淆点*：2008 年 1 月；2008 年 7 月；2009 年 6 月

采分点 17：证券公司代理证券发行人发行证券的行为，称为证券承销。（2010 年考试涉及）

——*易混淆点*：筹集资金；证券发行；证券包销

采分点 18：证券公司将发行人的证券按照协议全部购入或者在承销期结束时将售后剩余证券全部自行购入的承销方式，称为证券包销。（2010 年考试涉及）

——*易混淆点*：代销；自销；助销

采分点 19：按照《证券法》的规定，向不特定对象发行的证券票面总值超过人民币 5 000 万元的，应当由承销团承销，承销团由主承销商和参与承销的证券公司组成。

——*易混淆点*：1 000；2 000

采分点 20：证券公司从事自营业务、资产管理业务等两种以上的业务，注册资本最低限额为 5 亿元，净资本最低限额为 2 亿元。

——*易混淆点*：2，3；3，5

采分点 21：证券公司作为资产管理人，根据有关法律、法规和与投资者签订的资产管理合同，按照资产管理合同约定的方式、条件、要求和限制，为投资者提供证券及其他金融产品的投资管理服务，以实现资产收益最大化的行为，称为证券资产管理业务。

——*易混淆点*：证券投资咨询业务；证券承销业务；证券保荐业务

采分点 22：证券公司设立限定性集合资产管理计划的净资本限额为 3 亿元，设立非限定性集合资产管理计划的净资本限额为 5 亿元。（2010 年考试涉及）

——*易混淆点*：2，3；5，3

采分点 23：根据《证券公司融资融券业务试点管理办法》的规定，证券公司开展融资融券业务试点必须经中国证监会批准。

——*易混淆点*：国务院；中国证券业协会

采分点 24：证券公司的实际控制人是指能够在法律上或事实上支配证券公司股东行使股东权利的法人、其他组织或个人。（2009 年考试涉及）

——*易混淆点*：管理；指挥；分配

采分点 25：证券公司股东会的职权范围、会议的召集和表决程序都需要在公司章程中明确规定。（2009 年考试涉及）

——**易混淆点**：股东会会议纪要；招股说明书；上市公告

采分点 26：证券公司为实现经营目标，根据经营环境变化，对证券公司经营与管理过程中的风险进行识别、评价和管理的制度安排、组织体系和控制措施，称为证券公司内部控制。

——**易混淆点**：治理结构；董事制度；外部控制

采分点 27：证券公司部门和岗位的设置应当权责分明、相互牵制；前台业务运作与后台管理支持适当分离。（2010 年考试涉及）

——**易混淆点**：融为一体；绝对分离；可以换岗

采分点 28：证券公司对受托投资管理业务应当制定明确、详细的资产管理业务信息披露制度，保证委托人的知情权。（2009 年考试涉及）

——**易混淆点**：管理权；操作权；获利权

采分点 29：净资本是指根据证券公司的业务范围和公司资产负债的流动性特点，在净资产的基础上对资产负债等项目和有关业务进行风险调整后得出的综合性风险控制指标。（2010 年考试涉及）

——**易混淆点**：资产；负债；纳税

采分点 30：证券公司经营证券经纪业务的，其净资本不得低于人民币 2 000 万元。

——**易混淆点**：3 000；5 000

采分点 31：证券公司经营证券承销与保荐、证券自营、证券资产管理、其他证券业务等业务之一的，其净资本不得低于人民币 5 000 万元。

——**易混淆点**：2 000；3 000

采分点 32：证券公司经营证券承销与保荐、证券自营、证券资产管理、其他证券业务中两项及两项以上的，其净资本不得低于人民币 2 亿元。（2010 年考试涉及）

——**易混淆点**：1；3

采分点 33：证券公司风险控制指标标准是净资本与负债的比例不得低于 8%。

——**易混淆点**：10%；20%

采分点 34：证券公司经营证券自营业务的，必须符合持有一种权益类证券的成本不得超过净资本的 30%。

——**易混淆点**：10%；20%

采分点 35：证券公司经营证券自营业务的，必须符合持有一种权益类证券的市值与其总市值的比例不得超过 <u>5%</u>，但因包销导致的情形和中国证监会另有规定的除外。

——**易混淆点**：10%；15%

采分点 36：证券公司为客户买卖证券提供融资融券服务的，必须符合的规定之一是接受单只担保股票的市值不得超过该股票总市值的 <u>20%</u>。

——**易混淆点**：5%；10%

采分点 37：证券公司经营证券经纪业务的，应当按托管的客户交易结算资金总额的 <u>3%</u> 计算经纪业务风险资本准备。

——**易混淆点**：5%；6%

采分点 38：证券公司违反规定超比例自营的，在整改完成前应当将超比例部分按投资成本的 <u>100%</u> 计算风险资本准备。

——**易混淆点**：50%；80%

采分点 39：证券公司<u>净资本</u>或其他风险控制指标不符合规定标准的，派出机构应当责令公司限期改正，在 5 个工作日内制定并报送整改计划，整改期限最长不超过 20 个工作日。（2010 年考试涉及）

——**易混淆点**：固定资产；总资产；负债

采分点 40：<u>证券服务机构</u>是指依法设立的从事证券服务业务的法人机构。（2009 年考试涉及）

——**易混淆点**：中国证券业协会；中国证监会；证券交易所

采分点 41：根据我国有关法规的规定，证券服务机构的设立需要按照工商管理法规的要求办理注册，从事证券服务业务必须得到<u>中国证监会</u>和有关主管部门批准。（2008 年考试涉及）

——**易混淆点**：国家发改委；中国证券业协会；国务院

采分点 42：证券投资咨询机构、财务顾问机构、资信评级机构从事证券服务业务的人员必须具备证券专业知识和从事证券业务或者证券服务业务 <u>2</u> 年以上的经验。

——**易混淆点**：1；3

采分点 43：会计师事务所申请证券资格，应当具备的条件之一是有限责任会计师事务所净资产不少于 <u>500</u> 万元，合伙会计师事务所净资产不少于 <u>300</u> 万元。

——易混淆点：50，100；100，200

采分点 44：申请证券评级业务许可的资信评级机构，应当具有中国法人资格，实收资本与净资产均不少于人民币 2 000 万元。

——易混淆点：1 000；3 000

采分点 45：证券评级机构从事证券评级业务，应当遵循一致性原则，对同一类评级对象评级，或者对同一评级对象跟踪评级，应当采用一致的评级标准和工作程序。

——易混淆点：客观性；公正性；独立性

采分点 46：证券评级机构应当自取得证券评级业务许可之日起 20 日内，将其信用等级划分及定义、评级方法、评级程序报中国证券业协会备案，并通过中国证券业协会网站、本机构网站及其他公众媒体向社会公告。

——易混淆点：10；15

采分点 47：资产评估机构申请证券评估资格，应具有不少于 30 名注册资产评估师，其中最近 3 年持有注册资产评估师证书且连续执业的不少于 20 人。

——易混淆点：20，10；30，30

第七章　证券市场法律制度

采分点 1：《中华人民共和国证券法》于 1998 年 12 月 29 日第九届全国人民代表大会常务委员会第六次会议通过，于 <u>1999 年 7 月 1 日</u>实施。

——**易混淆点**：1999 年 1 月 1 日；1999 年 7 月 6 日；1999 年 10 月 20 日

采分点 2：《中华人民共和国公司法》于 1993 年 12 月 29 日由第八届全国人民代表大会常务委员会第五次会议通过，于 <u>1994 年 7 月 1 日</u>起实施。

——**易混淆点**：1993 年 1 月 1 日；1994 年 7 月 30 日；1995 年 6 月 1 日

采分点 3：编造并且传播影响证券、期货交易的虚假信息，扰乱证券、期货交易市场，造成严重后果的，处 <u>5</u> 年以下有期徒刑或者拘役，并处或者单处 1 万元以上 10 万元以下罚金。

——**易混淆点**：2；3

采分点 4：操纵证券、期货市场，情节严重的，处 5 年以下有期徒刑或者拘役，并处或者单处罚金；情节特别严重的，处 <u>5 年以上 10 年以下</u>有期徒刑，并处罚金。

——**易混淆点**：2 年以上 5 年以下；3 年以上 10 年以下

采分点 5：商业银行、证券交易所、期货交易所、证券公司、期货经纪公司、保险公司或者其他金融机构，违背受托义务，擅自运用客户资金或者其他委托、信托的财产，情节严重的，对单位判处罚金，并对其直接负责的主管人员和其他直接责任人员，处 3 年以下有期徒刑或者拘役，并处 <u>3 万元以上 30 万元以下</u>罚金；情节特别严重的，处 3 年以上 10 年以下有期徒刑，并处 <u>5 万元以上 50 万元以下</u>罚金。

——**易混淆点**：1 万元以上 10 万元以下，5 万元以上 20 万元以下；5 万元以上 10 万元以下，10 万元以上 20 万元以下

采分点 6：当证券公司风险控制指标不符合规定，在规定期限内未能完成整改时，

<u>中国证监会</u>可以责令部分或者全部业务进行整顿。

——**易混淆点**：中国证券业协会；证券交易所

采分点 7：首次公开发行股票，应当通过向<u>询价</u>对象询价的方式确定股票发行价格。

——**易混淆点**：股票配售；定价

采分点 8：首次公开发行股票的公司发行规模在 <u>4</u> 亿股以上的，可以向战略投资者配售股票，可以采用超额配售选择权（绿鞋）机制。

——**易混淆点**：3；5

采分点 9：战略投资者不得参与首次公开发行股票的初步询价和累计投标询价，并应当承诺获得本次配售的股票持有期限不少于 <u>12</u> 个月。

——**易混淆点**：3；6

采分点 10：公开发行股票数量少于 4 亿股的，配售数量不超过本次发行总量的 <u>20%</u>；公开发行股票数量在 4 亿股以上的，配售数量不超过向战略投资者配售后剩余发行数量的 <u>50%</u>。

——**易混淆点**：10%；20%；30%；50%

采分点 11：证券公司申请融资融券业务试点的条件之一是经营证券经纪业务已满 <u>3</u> 年的创新试点类证券公司。

——**易混淆点**：1；2

采分点 12：证券公司申请融资融券业务资格，应当具备的条件之一是财务状况良好，最近 <u>2</u> 年各项风险控制指标持续符合规定，注册资本和净资本符合增加融资融券业务后的规定。

——**易混淆点**：3；5

采分点 13：证券公司向客户融资融券，应当向客户收取一定比例的<u>保证金</u>。

——**易混淆点**：佣金；手续费

采分点 14：证券登记结算机构依据证券公司客户信用交易担保证券账户内的记录，确认证券公司受托持有证券的事实，并以<u>证券公司</u>为名义持有人，登记于证券持有人名册。

——**易混淆点**：自己；合伙人

采分点 15：证券登记结算机构受证券发行人委托以证券或现金形式分派投资收益

的，应当将分派的证券记录在证券公司客户信用交易担保证券账户内，将分派的资金划入证券公司信用交易资金交收账户，并通知<u>商业银行</u>对客户信用资金账户的明细数据进行变更。

——**易混淆点**：中国人民银行；信托投资公司；基金公司

采分点 16：招股说明书的有效期为 <u>6</u> 个月，自中国证监会核准前招股说明书最后一次签署之日起计算。

——**易混淆点**：2；3

采分点 17：招股说明书引用的财务报表在其最近 1 期截止日后 6 个月内有效，特别情况下发行人可申请延长，但至多不超过 <u>1</u> 个月。

——**易混淆点**：2；3

采分点 18：违反法律、行政法规或者中国证监会有关规定，情节严重的，可以对有关责任人员采取 <u>3～5</u> 年的证券市场禁入措施。

——**易混淆点**：1～2；2～3

采分点 19：严重扰乱证券市场秩序、行为恶劣、严重损害投资者利益或者在重大违法活动中起主要作用等情节较为严重的，可以对有关责任人员采取 <u>5～10</u> 年的证券市场禁入措施。

——**易混淆点**：3～5；5～7

采分点 20：被采取证券市场禁入措施的人员，应当在收到<u>中国证监会</u>作出的证券市场禁入决定后，立即停止从事证券业务或者停止履行上市公司董事、监事、高级管理人员职务，并由其所在机构按规定的程序解除其被禁止担任的职务。

——**易混淆点**：中国证券业协会；证券交易所

第八章 证券市场监督管理

采分点 1：我国及时总结证券市场发展的经验教训，确立了指导证券市场健康发展的<u>法制、监管、自律、规范</u>八字方针，初步形成了有中国特色的集中统一的监管体系。

——**易混淆点**：公开、公平、公正、诚信；公开、公平、公正、守信；法律、监管、规范、发展

采分点 2：证券市场监管部门的主要手段是<u>法律</u>手段，具有较强的威慑力和约束力。

——**易混淆点**：经济；行政

采分点 3：国务院证券监督管理机构由<u>中国证券监督管理委员会及其派出机构</u>组成。

——**易混淆点**：中国证券监督管理委员会和证券交易所；中国银行监督管理委员会及期派出机构

采分点 4：中国证监会成立于<u>1992 年 10 月</u>。

——**易混淆点**：1992 年 2 月；1993 年 6 月；1993 年 10 月

采分点 5：中国证监会在调查操纵证券市场、内幕交易等重大证券违法行为时，经国务院证券监督管理机构主要负责人批准，可以限制被调查事件当事人的证券买卖，但限制的期限不得超过 <u>15</u> 个交易日。

——**易混淆点**：5；10

采分点 6：证券发行上市监管的核心是发行决定权的归属，我国目前对证券发行实行的是<u>核准制</u>。（2011 年考试涉及）

——**易混淆点**：注册制；审批制

采分点 7：《证券法》规定，对上市公司和公司债券上市交易的公司，年度报告应当在每一会计年度结束之日起 <u>4</u> 个月内，向证券监督管理机构和证券交易所报送，并予公告。

——易混淆点：2；3

采分点 8：《证券法》规定，对上市公司和公司债券上市交易的公司，中期报告应当在每一会计年度的上半年结束之日起 2 个月内，向证券监督管理机构和证券交易所报送并予公告。

——易混淆点：1；3

采分点 9：《证券法》第一百九十一条规定，证券公司在承销证券过程中，进行虚假的或者误导投资者的广告或者其他宣传推介活动，责令改正，给予警告，没收违法所得，可以并处 30 万元以上 60 万元以下的罚款；情节严重的，暂停或者撤销相关业务许可。

——易混淆点：5 万元以上 10 万元以下；10 万元以上 20 万元以下；30 万元以上 50 万元以下

采分点 10：我国《证券法》第一百九十二条规定，保荐人出具有虚假记载、误导性陈述或者重大遗漏的保荐书，或者不履行其他法定职责的，责令改正，给予警告，没收业务收入，并处以业务收入 1 倍以上 5 倍以下的罚款；情节严重的，暂停或者撤销相关业务许可。

——易混淆点：1 倍以上 3 倍以下；3 倍以上 5 倍以下；5 倍以上 10 倍以下

采分点 11：《证券法》规定，证券交易所对出现重大异常交易情况的证券账户限制交易，并报国务院证券监督管理机构备案。

——易混淆点：暂停交易；终止交易；予以警告

采分点 12：我国《证券法》第二百条规定，对涉及证券交易的相关工作人员，故意提供虚假资料，隐匿、伪造、篡改或者毁损交易记录，诱骗投资者买卖证券的，撤销证券从业资格，并处以 3 万元以上 10 万元以下的罚款；属于国家工作人员的，还应当依法给予行政处分。

——易混淆点：1 万元以上 5 万元以下；5 万元以上 10 万元以下

采分点 13：公司必须依照法律规定或证券监管机构和证券交易所的指令将有关信息予以公开，不得有重大遗漏的，称为完整原则。

——易混淆点：真实；准确；及时

采分点 14：上市公司应当在每一会计年度结束之日起 4 个月内披露年度报告。

——易混淆点：2；3

采分点 15：上市公司应当在每一会计年度的上半年结束之日起 <u>2</u> 个月内披露半年度报告。

——易混淆点：1；3

采分点 16：证券公司设立、收购或者撤销分支机构，变更业务范围或者注册资本，变更公司章程中的重要条款，变更持有 <u>5%</u> 以上股权的股东、实际控制人等，需要经证券监管部门批准。

——易混淆点：3%；10%

采分点 17：对证券公司从事的创新业务，监管部门依据审慎监管的原则予以<u>核准</u>。（2010 年考试涉及）

——易混淆点：注册；备案；关注

采分点 18：上海、深圳证券交易所在风险基金分别达到规定的上限后，交易经手费的 <u>20%</u> 纳入基金。

——易混淆点：10%；30%

采分点 19：所有在中国境内注册的证券公司，按其营业收入的 <u>0.5% ～ 5%</u> 缴纳基金，经营管理和运作水平较差、风险较高的证券公司，应当按较高比例缴纳基金。

——易混淆点：1% ～ 2%；3% ～ 5%

采分点 20：证券公司应当缴纳的基金，按照证券公司佣金收入的一定比例预先提取，并由<u>中国证券登记结算有限责任公司</u>代扣代收。

——易混淆点：中国证监会；中国证券业协会；证券交易所

采分点 21：不从事证券经纪业务的证券公司，应在每季后 <u>10</u> 个工作日内按该季营业收入和事先核定的比例预缴。

——易混淆点：5；7

采分点 22：2005 年 8 月 30 日注册成立了<u>中国证券投资者保护基金有限责任公司</u>，是负责保护基金筹集、管理和使用，不以营利为目的的国有独资公司。（2011 年、2010 年考试涉及）

——易混淆点：中国证券登记结算机构；证券投资基金；社保基金理事会

采分点 23：证券交易所的主要职责之一是对证券交易实行实时监控，并按照<u>中国证监会</u>的要求，对异常的交易情况提出报告。

——**易混淆点**：证券交易所；中国证券业协会

采分点 24：在业务规则中，交易所应对证券交易合同的生效和废止条件作出详细的规定，维护在证券交易所达成的证券交易合同的<u>有效性</u>。

——**易混淆点**：准确性；完整性

采分点 25：证券交易所<u>每年</u>应当对会员的财务状况、内部风险控制制度以及遵守国家有关法规和证券交易所业务规则等情况进行抽查或者全面检查，并将检查结果上报中国证监会。

——**易混淆点**：每月；每季

采分点 26：1991 年 8 月 28 日<u>中国证券业协会</u>正式成立，它是依法注册的具有独立法人地位的、由经营证券业务的金融机构自愿组成的行业性自律组织。（2009 年考试涉及）

——**易混淆点**：国务院证券管理委员会；中国证监会；证券交易所

采分点 27：中国证券业协会采取<u>会员制</u>的组织形式，证券公司应当加入中国证券业协会。

——**易混淆点**：公司制；核准制；注册制

采分点 28：中国证券业协会章程由<u>会员大会</u>制定，并报中国证监会备案。

——**易混淆点**：国务院证券监督管理机构；理事会；股东大会

采分点 29：自 1991 年成立以来，中国证券业协会召开了 <u>4</u> 次会员大会。

——**易混淆点**：1；2

采分点 30：<u>证券公司</u>依据合同，对股份转让公司信息披露行为进行监管、指导和督促，中国证券业协会委托证券交易所对股份转让行为进行实时监控，并对异常转让情况提出报告。（2011 年考试涉及）

——**易混淆点**：中国证券业协会；证券交易所；中国证监会

采分点 31：<u>中国证券业协会</u>负责从业人员从业资格考试、执业证书发放以及执业注册登记等工作。（2009 年考试涉及）

——**易混淆点**：中国证监会；证券交易所；证券登记结算机构

采分点 32：从业申请人符合《证券业从业人员资格管理办法》规定条件的，中国证券业协会应当自收到申请之日起 <u>30</u> 日内，向中国证监会备案，颁发执业证书。

——易混淆点：10；20

采分点 33：取得证券业执业证书的人员，连续 <u>3</u> 年不在证券经营机构从业的，由中国证券业协会注销其执业证书。

——易混淆点：2；5

采分点 34：证券从业人员在执业过程中违反有关证券法律、行政法规以及中国证监会有关规定，受到聘用机构处分的，该机构应当在处分后 <u>10</u> 日内向中国证券业协会报告。

——易混淆点：5；15

采分点 35：证券从业人员拒绝中国证券业协会调查或者检查的，或者所聘用机构拒绝配合调查的，由中国证券业协会责令改正；拒不改正的，给予纪律处分；情节严重的，由中国证监会给予从业人员暂停执业 <u>3 ~ 12</u> 个月，或者吊销其执业证书的处罚；对机构单处或者并处警告、3 万元以下罚款。

——易混淆点：3 ~ 5；5 ~ 10

采分点 36：被中国证监会依法吊销执业证书或者因违反《证券业从业人员资格管理办法》被中国证券业协会注销执业证书的人员，中国证券业协会可在 <u>3</u> 年内不受理其执业证书申请。（2009 年考试涉及）

——易混淆点：1；2

采分点 37：设立证券登记结算公司应当具备的条件之一是自有资金不少于人民币 <u>2</u> 亿元。

——易混淆点：3；5

采分点 38：证券公司直接为投资者开立<u>资金</u>结算账户。（2010 年考试涉及）

——易混淆点：证券；银行；清算

采分点 39：证券交易所上市证券的清算和交收由<u>证券登记结算公司</u>集中完成，主要模式为：证券登记结算公司作为中央对手方，与证券公司之间完成证券和资金的净额结算。（2010 年考试涉及）

——易混淆点：上市公司；证券营业部；证券公司

采分点 40：证券结算的一项基本原则是<u>货银对付</u>原则，可以将证券结算中的违约交收风险降低到最低程度。

——**易混淆点**：价格优先；时间优先；实质管理

采分点 41：我国上市证券的集中交易主要采用<u>净额</u>结算方式，结算参与人必须按照货银对付原则的要求，根据清算结果，向证券登记结算公司足额交付其应付的证券和资金，并为交易行为提供交收担保。

——**易混淆点**：银行；转账；支票

采分点 42：目前，我国对证券交易所达成的多数证券交易均采取<u>多边净额</u>结算方式。

——**易混淆点**：全额；现金

采分点 43：《证券业从业人员执业行为准则》第十七条规定，<u>中国证券业协会自律监察专业委员会</u>按照有关规定对机构和从业人员进行纪律惩戒。

——**易混淆点**：证券从业人员所在机构；中国证监会；人民法院

采分点 44：《证券业从业人员执业行为准则》第二十条规定，从业人员受到所在机构处分，或者因违法违规被国家有关部门依法查处的，机构应在作出处分决定、知悉该从业人员违法违规被查处事项之日起<u>10</u>个工作日内向中国证券业协会报告。

——**易混淆点**：5；20

第二篇
模拟测试

模拟试卷（一）

一、单项选择题（本大题共 60 小题，每小题 0.5 分，共 30 分。以下各小题所给出的 4 个选项中，只有一项最符合题目要求。）

1. 有价证券按募集方式分类可以分为（　　）。

　A．股票、债券和其他证券　　　　　B．公募证券和私募证券

　C．上市证券与非上市证券　　　　　D．政府证券、政府机构证券和公司证券

2. 有价证券按（　　）分类，可以分为上市证券与非上市证券。

　A．证券所代表的权利性质　　　　　B．募集方式

　C．是否在证券交易所挂牌交易　　　D．证券发行主体的不同

3. 下列选项中，不属于证券服务机构的是（　　）。

　A．证券投资咨询机构　　　　　　　B．财务顾问机构

　C．资信评级机构　　　　　　　　　D．证券登记结算机构

4. 能够反映证券市场容量的重要指标是（　　）。

　A．证券市场价值　　　　　　　　　B．证券市场指数

　C．证券化率（证券市值／GDP）　　D．股票市值占 GDP 的比率

5. 1918 年夏天成立的（　　），是中国人自己创办的第一家证券交易所。

　A．北平证券交易所　　　　　　　　B．天津市企业交易所

　C．青岛物品交易所　　　　　　　　D．上海证券物品交易所

6. 2007 年 8 月，国家外汇管理局批复同意（　　）进行境内个人直接投资境外证券市场的试点，标志着资本项下外汇管制开始松动。

　A．上海浦东新区　　　　　　　　　B．天津滨海新区

　C．深圳光明新区　　　　　　　　　D．青岛四方新区

7．股票能证明股东权利可以表明股票是（　　）。

A．要式证券

B．有价证券

C．证权证券

D．资本证券

8．股票的永久性特征反映了（　　）之间比较稳定的经济关系。

A．股东与董事会

B．股东与股东

C．股东与股份公司

D．股东与股票市场

9．股票实际上代表了股东对股份公司的（　　）。

A．债权

B．产权

C．物权

D．所有权

10．下列国家中，最先通过法律允许发行无面额股票的国家是（　　）。

A．美国

B．英国

C．德国

D．荷兰

11．下列选项中，关于无记名股票特点的说法，不正确的是（　　）。

A．股东权利归属股票的持有人

B．无记名股票转让相对简便

C．无记名股票认购股票时可以分次缴纳出资

D．无记名股票安全性较差

12．在股票票面上标明的余额，是股票的（　　）。

A．票面价值

B．账面价值

C．清算价值

D．内在价值

13．股票的理论价格是根据（　　）而来的。

A．现值理论

B．预期理论

C．流动性理论

D．合理收益理论

14．股票的未来股息收入、资本利得收入是股票的未来收益，亦可称之为（　　）。

A．现值

B．期值

C．复利值

D．贴现值

15．股票价格水平现在已成为经济周期变动的（　　）。

A．先导性指标

B．投资指标

C．滞后性指标   D．同步性指标

16．在没有优先股的条件下，以公司净资产除以发行在外的普通股票的股数求得的是（   ）。

A．每股账面价值   B．每股票面价值

C．每股内在价值   D．每股清算价值

17．公司的财务安全性通常用公司的负债与公司资产和资本金相联系来刻画，这类指标同时也反映了公司自有资本与总资产之间的关系，也称为（   ）。

A．周转率   B．净资产收益率

C．销售利润率   D．杠杆比率

18．国外学者认为股价变动要比经济景气循环早（   ）个月。

A．1 ～ 2   B．2 ～ 3

C．4 ～ 6   D．6 ～ 7

19．在发行后根据规定不能赎回的优先股为（   ）。

A．不可赎回优先股   B．累积优先股票

C．非累积优先股   D．不可转换优先股

20．下面选项中，关于境内上市外资股的叙述，错误的是（   ）。

A．境内上市外资股原来是指股份有限公司向境外投资者募集并在我国境内上市的股份

B．投资者为一切自然人、法人

C．以外币认购

D．采取记名股票形式

21．下列关于境外上市外资股的阐述，错误的是（   ）。

A．境外上市外资股是指股份有限公司向境外投资者募集并在境外上市的股份

B．境外上市外资股采取记名股票形式

C．以美元标明面值，以外币认购

D．在境外上市的外资股除了应符合我国的有关法规外，还须符合上市所在地国家或者地区证券交易所制定的上市条件

22．主要由 H 股、N 股、S 股等构成的是（   ）。

A．境外上市外资股   B．境内上市外资股

C．蓝筹股   D．红筹股

23．下列国债中，可以提前兑现的是（ ）。

A．赤字国债   B．凭证式国债

C．记账式债券   D．非流通国债

24．下列选项中，关于对债券的基本性质的描述，不正确的是（ ）。

A．债券本身有一定的面值，通常它是债券投资者投入资金的量化表现

B．债券与其代表的权利联系在一起，拥有债券也就拥有了债券所代表的权利，转让债券也就将债券代表的权利一并转移

C．债券的流动并不意味着它所代表的实际资本也同样流动，债券独立于实际资本之外

D．债券代表债券投资者的权利，这种权利是直接支配财产权

25．通过各银行储蓄网点和财政部门国债服务部面向社会发行，券面上不印制票面金额，而是根据认购者的认购额填写实际的缴款金额，是一种国家储蓄债，则此国债是（ ）。

A．凭证式国债   B．记账式国债

C．赤字国债   D．非流通国债

26．按偿还期限分类，偿还期在 1 年以上 10 年以下的国债被称为（ ）。

A．短期国债   B．中期国债

C．长期国债   D．无限期国债

27．按照（ ）分类，国债可以分为实物国债和货币国债。

A．发行本位   B．资金用途

C．流通与否   D．偿还期限

28．政府为了修建铁路和公路而发行的国债为（ ）。

A．特种国债   B．短期国债

C．建设国债   D．战争国债

29．储蓄债券是指以个人为发行对象的( )，一般以吸收个人的小额储蓄资金为主。

A．短期国债   B．流通国债

C．非流通国债   D．中期国债

30．附新股认购权公司债在行使新股认购权后，债券形态（　　）。

A．自动作废   B．自行消失

C．转为股票   D．依然存在

31．国际债券是一种跨国发行的债券，涉及（　　）的国家，具有特殊性。

A．两个或两个以上   B．三个或三个以上

C．两个   D．三个

32．我国发行国际债券始于 20 世纪（　　）。

A．60 年代初期   B．70 年代初期

C．80 年代初期   D．90 年代初期

33．龙债券利率的确定基准是（　　）。

A．美国联邦基金利率   B．新加坡银行同业拆放利率

C．伦敦银行同业拆放利率   D．香港银行同业拆放利率

34．欧洲债券是指（　　）。

A．借款人在本国境外市场发行的、不以发行市场所在国货币为面值的国际债券

B．某一国家借款人在本国以外的某一国家发行以该国货币为面值的债券

C．指在亚洲地区发行的一种以非亚洲国家和地区货币标价的债券

D．指在除日本以外的亚洲地区发行的一种以亚洲国家和地区货币标价的债券

35．1993 年,（　　）被批准首次在我国境内发行外币金融债券，发行对象为城乡居民。

A．中国投资银行   B．中国银行

C．中国人民银行   D．中国建设银行

36．指数基金出现时间为（　　）。

A．20 世纪 40 年代   B．20 世纪 50 年代

C．20 世纪 60 年代   D．20 世纪 70 年代

37．一般认为，在 18 世纪末、19 世纪初产业革命的推动下，基金起源于（　　）。

A．德国   B．美国

C．英国   D．法国

38．目前我国货币市场基金能够进行投资的金融工具包括（　　）。

A．剩余期限在 397 天以内（含 397 天）的证券

B．可转换债券

C．股票

D．流通受限的证券

39．下列选项中，对指数基金的认识，正确的是（　　）。

A．由于指数基金的投资非常分散，可以完全消除投资组合的非系统风险

B．投资组合模仿某一股价指数或债券指数，当价格指数上升时，基金收益减少

C．指数基金的管理费较高，但是交易费用较低

D．指数基金是 20 世纪 90 年代以来出现的新的基金品种

40．ETF 结合了（　　）的运作特点。

A．契约型基金与公司型基金　　　　B．封闭式基金与开放式基金

C．成长型基金、收入型基金　　　　D．股票基金与货币基金

41．货币市场基金的投资对象期限在（　　）。

A．1 年以内　　　　　　　　　　　B．1 年以上

C．3 年以上　　　　　　　　　　　D．5 年以上

42．股债平衡型基金对股票和债券的配置较为均衡，约为（　　）左右。

A．10% ～ 25%　　　　　　　　　B．25% ～ 35%

C．40% ～ 60%　　　　　　　　　D．30% ～ 60%

43．金融期货交易的对象是（　　）。

A．金融期货合约　　　　　　　　　B．其他金融工具

C．债券　　　　　　　　　　　　　D．股票

44．根据基础资产划分，下列不属于股权类资产远期合约的是（　　）。

A．单个股票　　　　　　　　　　　B．一揽子股票

C．股票价格指数　　　　　　　　　D．定期存款单

45．交易者买入看跌期权，是因为他预期基础金融工具的价格在近期内将会（　　）。

A．上涨　　　　　　　　　　　　　B．下跌

C．不变　　　　　　　　　　　　　D．难以判断

46．（　　）是英国最具权威性的股价指数。

A．道·琼斯指数   B．日经 225 股价指数

C．NASDAQ 指数   D．金融时报证券交易所指数

47．不同于其他股息，不是来自公司的盈利，而是对公司未来盈利的预分，实质上是一种负债分配，也是无盈利无股息原则的一个例外，则此股息形式为（   ）。

A．财产股息   B．负债股息

C．股票股息   D．建业股息

48．IB 制度目前在金融期货交易发达的国家和地区（美国、英国、韩国、我国台湾地区等）得到普遍推广并取得了巨大成功，其起源于（   ）。

A．法国   B．中国

C．美国   D．德国

49．证券公司违反规定超比例自营的，在整改完成前应当将超比例部分按投资成本的（   ）计算风险资本准备。

A．20%   B．30%

C．100%   D．150%

50．下列选项中，不属于证券公司内部控制目标的是（   ）。

A．提高证券公司经营效率和效果

B．防范经营风险和道德风险

C．保证客户及证券公司资产的最低获利水平

D．保证经营的合法合规及证券公司内部规章制度的贯彻执行

51．下列人员中，可以担任证券公司独立董事的为（   ）。

A．从事证券、金融、法律、会计工作 5 年以上，具有大学本科以上学历，并且具有学士以上学位，有履行职责所必需的时间和精力

B．持有或控制上市证券公司 1% 以上股权的自然人

C．上市证券公司前 10 名股东中的自然人股东

D．咨询服务的人员及其近亲属

52．现行《证券法》于 2006 年 1 月 1 日起生效，其调整对象为证券市场各类参与主体，其范围涵盖了证券发行、证券交易和监管，其核心旨在（   ）。

A．为证券市场融资功能和资源配置功能的发挥提供法律保障，提高上市公司质量

B．扩大市场规模，为国民经济和国有企业改革服务

C．打击各种金融犯罪，保证国有资产和公共财产不受损害

D．保护投资者的合法利益，维护社会经济秩序和社会公共利益

53．单独或者合谋，集中资金优势、持股或者持仓优势或者利用信息优势联合或者连续买卖，操纵证券、期货交易价格或者证券、期货交易量的行为属于（　　）。

A．欺诈发行股票、债券罪　　　　B．内幕交易罪

C．诱骗他人买卖证券罪　　　　　D．操纵证券市场罪

54．根据《证券发行与承销管理办法》，首次公开发行股票如果在初步询价阶段参与报价的询价对象不足20家，发行（　　）亿股以上的、参与报价的询价对象不足50家，发行人不得定价并应中止发行。

A．3　　　　　　　　　　　　　B．4

C．5　　　　　　　　　　　　　D．8

55．证券公司申请融资融券业务资格，应当具备经营证券经纪业务已满（　　）年。

A．1　　　　　　　　　　　　　B．3

C．5　　　　　　　　　　　　　D．7

56．根据《刑法》及修正案的规定，编造并且传播影响证券、期货交易的虚假信息，扰乱证券、期货交易市场，造成严重后果的，处（　　）年以下有期徒刑或者拘役，并处或者单处1万元以上10万元以下罚金。

A．3　　　　　　　　　　　　　B．5

C．10　　　　　　　　　　　　　D．20

57．证券市场监管的主要手段是（　　）。

A．经济手段　　　　　　　　　　B．法律手段

C．行政手段　　　　　　　　　　D．宏观调控

58．中国证监会在调查操纵证券市场、内幕交易等重大证券违法行为时，可以限制被调查事件当事人的证券买卖，但限制的期限一般不得超过（　　）。

A．10个交易日　　　　　　　　　B．15个交易日

C．20个交易日　　　　　　　　　D．30个交易日

59．《证券法》规定，上市公司和公司债券上市交易的公司，年度报告应当在每一

会计年度结束之日起（　）个月内，向证券监督管理机构和证券交易所报送并予公告。

A．3　　　　　　　　　　　　B．4

C．5　　　　　　　　　　　　D．6

60．下列选项中，关于有价证券的特征的说法正确的是（　）。

A．证券的收益性指证券投资一定能盈利

B．债券期限不具有法律约束力

C．各种证券的流动性是相同的

D．股票可视为无期证券

二、**多项选择题**（本大题共 40 小题，每小题 1 分，共 40 分。以下各小题所给出的 4 个选项中，至少有两项符合题目要求。）

1．银行证券是货币证券中的一种，它主要包括（　）。

A．银行本票　　　　　　　　B．银行汇票

C．定期存单　　　　　　　　D．银行支票

2．根据我国《证券法》规定，社会募集公司申请股票上市，向社会公开发行的股份应达到公司股份总数的（　）以上。

A．10%　　　　　　　　　　　B．15%

C．20%　　　　　　　　　　　D．25%

3．下列对股票定义的描述中，正确的是（　）。

A．股票是股份有限公司签发的证明股东所持股份的凭证

B．股票实质上代表了股东对股份公司的所有权

C．股票是一种有价证券

D．股票发行人定期支付利息并到期偿付本金

4．下列选项中，属于利率衍生工具的有（　）。

A．利率期货　　　　　　　　B．利率互换

C．利率期权　　　　　　　　D．远期利率协议

5．交易所通常会选取（　）的股票推出相应的期货合约。

A．流通盘较小　　　　　　　B．流通盘较大

C．交易比较稳定　　　　　　　D．交易比较活跃

6．金融期权的功能包括（　　）。

A．套期保值　　　　　　　　　B．发现价格

C．控制风险　　　　　　　　　D．投资组合

7．股权类期权通常包括（　　）。

A．股票组合期权　　　　　　　B．单只股票期权

C．股价指数期权　　　　　　　D．互换期权

8．下列选项中，关于代办股份转让系统的说法，正确的是（　　）。

A．以具有代办股份转让主办券商业务资格的证券公司为核心

B．代办股份转让系统又称三板

C．为上市股份有限公司提供规范股份转让服务的股份转让平台

D．代办股份转让系统由中国证券业协会负责自律性管理，以契约明确参与各方的权利、义务和责任

9．信息系统发布网络的组成部分包括（　　）。

A．交易通信网　　　　　　　　B．信息服务网

C．证券报刊　　　　　　　　　D．因特网

10．股票投资的收益由（　　）组成。

A．股息收入　　　　　　　　　B．资本利得

C．公积金转增收益　　　　　　D．利息

11．证券公司经营（　　），注册资本最低限额为人民币1亿元。

A．证券自营　　　　　　　　　B．证券资产管理

C．证券承销与保荐　　　　　　D．证券投资咨询

12．下列选项中，属于设立证券公司应具备的条件是（　　）。

A．主要股东具有持续盈利能力，信誉良好，最近3年无重大违法违规记录，净资产不低于人民币2亿元

B．有固定的经营场所和业务设施

C．董事、监事、高级管理人员具备任职资格，从业人员具有证券从业资格

D．法律、行政法规规定的和经国务院批准的国务院证券监督管理机构规定的其他

条件

13．证券公司设立子公司的，下列关于其监管要求的说法，正确的有（　　）。

A．禁止同业竞争的需求，即证券公司与其子公司、受同一证券公司控制的子公司之间不得经营存在利益冲突或者竞争关系的同类业务

B．子公司股东的股权与公司表决权和董事推荐权相适应

C．证券公司不得利用其控股地位损害子公司、子公司其他股东和子公司客户的合法权益

D．要求建立风险隔离制度，证券公司与其子公司、受同一证券公司控制的子公司之间应当建立合理必要的"隔离墙"制度，防止风险传递和利益冲突

14．股东出现（　　）的，应当及时通知证券公司。

A．所持股权被强制执行　　　　　　B．所持股权被采取诉讼保全措施

C．决定转让所持有的股权　　　　　D．质押所持有的股权

15．下列选项中，属于证券公司内部控制主要内容的是（　　）。

A．经纪业务内部控制　　　　　　　B．自营业务内部控制

C．投资银行业务内部控制　　　　　D．资产管理业务内部控制

16．证券公司内部控制应当贯彻（　　）原则。

A．健全性　　　　　　　　　　　　B．合理性

C．制衡性　　　　　　　　　　　　D．独立性

17．申请证券评级业务许可的资信评级机构，应当具备下列条件（　　）。

A．具有中国法人资格，实收资本与净资产均不少于人民币2 000万元

B．具有符合《证券市场资信评级业务管理暂行办法》规定的高级管理人员不少于3人；具有证券从业资格的评级从业人员不少于20人，其中包括具有3年以上资信评级业务经验的评级从业人员不少于10人，具有中国注册会计师资格的评级从业人员不少于3人

C．最近5年未受到刑事处罚，最近3年未因违法经营受到行政处罚，不存在因涉嫌违法经营、犯罪正在被调查的情形

D．最近3年在税务、工商、金融等行政管理机关以及自律组织、商业银行等机构无不良诚信记录

18.《公司法》的核心在于保护（　）的合法权益，维护社会经济秩序。

A．公司　　　　　　　　　　　B．股东

C．债权人　　　　　　　　　　D．经理

19．证券的发行与交易活动必须实行（　）的原则。

A．公开　　　　　　　　　　　B．公平

C．公正　　　　　　　　　　　D．时效

20．证券市场监管的经济手段是指通过运用（　）等经济手段对证券市场进行干预。

A．税收政策　　　　　　　　　B．利率政策

C．公开市场业务　　　　　　　D．信贷政策

21．证券、期货投资咨询人员在报刊上发表投资咨询文章时，必须注明（　）。

A．机构地址　　　　　　　　　B．个人真实姓名

C．机构联系电话　　　　　　　D．机构名称

22．根据基础资产划分，常见的金融远期合约包括（　）。

A．远期汇率协议　　　　　　　B．债权类资产的远期合约

C．远期利率协议　　　　　　　D．股权类资产的远期合约

23．衡量公司盈利性最常用的指标是（　）。

A．每股收益　　　　　　　　　B．杠杆比率

C．净资产收益率　　　　　　　D．资产周转率

24．中央银行的货币政策对股票价格有直接的影响，其手段包括（　）。

A．存款准备金制度　　　　　　B．发行国债

C．调节税率　　　　　　　　　D．再贴现政策、公开市场业务

25．下列选项中，属于财政政策手段的有（　）。

A．调节税率

B．存款准备金制度

C．干预资本市场各类交易适用的税率

D．公开市场业务

26．下列关于金融债券的说法，正确的是（　）。

A．发行主体是银行或非银行金融机构

B．金融债券往往有良好的信誉

C．对于金融机构来说，吸收存款和发行债券都是它的资金来源，都构成它的负债

D．发行债券是金融机构的主动负债，金融机构有更大的主动权和机动权

27．发行人在确定债券期限时，要考虑多种因素的影响，主要有（　　）。

A．资金使用方向　　　　　　　　B．市场利率变化

C．债券变现能力　　　　　　　　D．筹资者的资信

28．我国近年通过银行发行的凭证式国债具有的特点是（　　）。

A．不可上市流通　　　　　　　　B．可上市流通

C．可挂失　　　　　　　　　　　D．可记名

29．债券所规定的资金借贷双方的权责关系主要有（　　）。

A．所借贷货币资金的数额

B．回购时间

C．借贷的时间

D．在借贷时间内的资金成本或应有的补偿

30．下列选项中，关于流通国债的描述，正确的是（　　）。

A．投资者可以自由认购、自由转让

B．通常不记名，转让价格取决于对该国债的供给与需求

C．一般在证券市场上进行

D．一般以吸收个人的小额储蓄资金为主，故也称之为储蓄债券

31．下列选项中，属于我国允许财务公司在银行间债券市场发行财务公司债的目的是（　　）。

A．满足其调整资产负债期限结构和化解金融风险的需要

B．为解决财务公司资金来源单一的现状

C．为满足企业集团发展过程中财务公司充分发挥金融服务功能的需要

D．为了增加银行间债券市场的品种、扩大市场规模

32．下列选项中，对基金、股票与债券的认识，正确的有（　　）。

A．股票反映的是所有权关系，债券反映的是债权债务关系，而基金反映的则是信托关系，但公司型基金除外

B．债券筹集的资金主要投向实业，股票、基金所筹集的资金主要投向有价证券等金融工具

C．基金是间接投资工具，股票和债券是直接投资工具

D．基金的收益有可能高于债券，投资风险又可能小于股票

33．证券投资基金业务是基金管理公司最核心的一项业务，其主要包括（　　）。

A．基金的投资管理　　　　　　　B．基金募集与销售

C．基金营运服务　　　　　　　　D．基金回售

34．下列选项中，关于信用衍生工具的说法，正确的是（　　）。

A．主要包括信用互换、信用联结票据等

B．用于转移或防范系统风险

C．是 20 世纪 90 年代以来发展最为迅速的一类衍生产品

D．是以基础产品所蕴含的信用风险或违约风险为基础变量的金融衍生工具

35．资产证券化的有关当事人包括（　　）。

A．信用增级机构　　　　　　　　B．资金和资产存管机构

C．特定目的机构或特定目的受托人　D．原始权益人

36．根据交易合约的签订与实际交割之间的关系，将市场交易的组织形态划分为（　　）。

A．现货交易　　　　　　　　　　B．远期交易

C．期货交易　　　　　　　　　　D．互换交易

37．（　　）是最复杂而且种类较多的金融衍生产品，由于它们具有较好的结构特性，在风险管理和产品开发设计中得到广泛运用。

A．期权类衍生产品　　　　　　　B．期权

C．金融远期　　　　　　　　　　D．金融互换

38．发行人推销证券的方法有（　　）。

A．承销　　　　　　　　　　　　B．自销

C．招标发行　　　　　　　　　　D．定向发行

39．上海证券交易所的样本指数有（　　）。

A．上证成分股指数　　　　　　　B．上证红利指数

C．上证 50 指数　　　　　　　　D．新上证综指

40．下列选项中，属于上海证券交易所综合指数的是（　　）。

A．上证红利指数　　　　　　　B．上证综合指数

C．新上证综合指数　　　　　　D．分类指数类

三、判断题（本大题共 60 小题，每小题 0.5 分，共 30 分。判断以下各小题的对错，正确的填 A，错误的填 B。）

1．证券指数综合反映国民经济运行的各个维度，被称为国民经济的"晴雨表"，客观上为观察和监控经济运行提供了直观的指标。（　　）

2．中央银行以公开市场操作作为政策手段，通过买卖政府债券或金融债券，影响货币供应量进行宏观调控。（　　）

3．在证券市场上交易的任何证券，既是筹资的工具，也是投资的工具。（　　）

4．1993 年 9 月，财政部首次在日本发行了 300 亿日元债券，标志着我国主权外债发行的正式起步。（　　）

5．我国资本市场对外开放局面的形成，是我国经济发展和改革开放的客观需求。（　　）

6．我国政府对世贸组织承诺，我国证券业在 5 年过渡期对外开放，允许外国机构设立合营公司，从事国内证券投资基金管理业务，外资比例不超过 33%；加入后 3 年内，外资比例不超过 49%。（　　）

7．行使股票所代表的财产权，必须以持有股票为条件，股东权利的转让应与股票占有的转移同时进行，股票的转让就是股东权的转让。（　　）

8．我国《公司法》规定，设立股份有限公司的条件之一是全体发起人首次出资额不得低于注册资本的 30%，其余部分由发起人自公司成立之日起两年内缴足。（　　）

9．由于人们对高比例转增股本的公司未来利润增长前景通常具有较高期望，转增往往会带来股价上涨。（　　）

10．一个国家或地区的社会经济是否能持续稳定地保持一定的发展速度，是影响股票价格能否稳定上升的重要因素。（　　）

11．利率提高，其他投资工具收益相应增加，一部分资金会流向储蓄、债券等其他收益固定的金融工具，对股票需求减少，股价下降。（　　）

12．红筹股是指在中国境外注册，在我国香港、澳门和台湾地区上市但主要业务在中国内地或大部分股东权益来自中国内地的股票。（　）

13．我国的凭证式国债在持有期内，持券人如遇特殊情况需要提取现金，可以到原购买网点提前兑取。（　）

14．在实际经济活动中，债券收益可以表现为三种形式：利息收入、资本损益和再投资收益。（　）

15．金融债券的发行主体是银行或非银行的金融机构，金融机构一般有雄厚的资金实力，信用度较高。（　）

16．债券的票面价值、到期期限、票面利率、发行者名称是债券票面的四个基本要素，所以必须在债券票面上印制出来。（　）

17．短期国债的常见形式是国库券。（　）

18．我国金融债券的发行始于清政府时期。（　）

19．在国外，政府机构债券是由政府支持的公司或金融机构发行，并由政府提供担保。（　）

20．我国的公司债券是指公司依照法定程序发行、约定在 3 年以上期限内还本付息的有价证券。（　）

21．公司债券是公司依照法定程序发行的、约定在一定期限还本付息的有价证券，它反映发行债券的公司和债券投资者之间的债权债务关系。（　）

22．发行国内债券不存在汇率风险，但是发行国际债券却存在汇率风险。（　）

23．1998～2005 年 9 月是我国封闭式基金发展阶段，在此期间，我国证券市场只有封闭式基金。（　）

24．契约型基金是基于信托原理而组织起来的代理投资方式，没有基金章程，也没有公司董事会，而是通过基金契约来规范三方当事人的行为。（　）

25．开放式基金的基金份额持有人可以事先选择将所获分配的现金利润（收益）按照基金合同有关基金份额申购的约定转为基金份额。（　）

26．期货合约设计成标准化的合约是为了便于交易双方在合约到期前分别做一笔相反的交易进行对冲，从而避免实物交割。（　）

27．金融互换交易的主要用途是改变交易者资产或负债的风险结构，从而规避相应

的风险。（　）

28．期货市场上的投机者会利用对未来期货价格走势的预期进行投机交易，预计价格上涨的投机者会建立期货空头，反之则建立多头。（　）

29．目前，中国外汇交易中心人民币利率互换参考利率包括上海银行间同业拆放利率（Shibor，含隔夜、1周、3个月期等品种）、国债回购利率（7天）、1年期定期存款利率，互换期限从7天到3年，交易双方可协商确定付息频率、利率重置期限、计息方式等合约条款。（　）

30．可转换债券的回售是指公司股票价格在一段时间内连续低于转换价格达到某一幅度时，可转换债券的持有人按事先约定的价格将所持的可转债卖给发行人的行为。（　）

31．权证的标的证券发生除权的，行权比例应作相应调整，除息时则不作调整。（　）

32．144A私募存托凭证由于对发行人监管的要求最低而且发行手续简单，所以早期寻求境外上市的境内企业使用得较多，但由于投资者数量有限，而且在柜台市场交易不利于提高企业知名度，所以近年来较少使用。（　）

33．发行存托凭证公司的类型转变开始于1996年，传统制造业公司比重有所下降，取而代之的是以基础设施和公用事业为主的公司。（　）

34．存托凭证对发行人的优点包括市场容量大、筹资能力强，并避开直接发行股票与债券的法律要求、上市手续简单、发行成本低等。（　）

35．按收益保障性分类，结构化金融衍生产品可分为收益保证型产品和非收益保证型产品。（　）

36．证券交易所是证券交易的集中场所，投资者可直接在交易所内进行证券买卖。（　）

37．债券的发行价格可分为平价发行、折价发行和溢价发行。（　）

38．通信网络是连接证券商柜台终端、交易席位和撮合主机的通信线路及设备。（　）

39．目前的场外交易市场早已不再单纯采用集中报价、分散成交的做市商模式，而是掺杂自动竞价撮合，形成混合交易模式。（　）

40．目前，非上市股份有限公司的股份报价转让，主要是中关村科技园区高科技公司，其股票转让主要采取协商配对的方式进行成交。（ ）

41．选择样本股要考虑的标准之一是，样本股的市场总值要占在交易所上市的全部股票市价总值的大部分。（ ）

42．证券投资具有风险性，其风险主要源于未来收益的不确定性。（ ）

43．证券公司的自营业务必须以自身的名义，通过专用自营席位进行，并且要由非自营业务部门负责自营账户的管理。（ ）

44．2010 年 10 月 15 日，中国证监会公布了《证券投资顾问业务暂行规定》和《发布证券研究报告暂行规定》，进一步确立了证券投资咨询的两种基本业务形式。（ ）

45．证券公司的控股股东及其关联方应防止与其所控股的证券公司发生业务竞争。（ ）

46．证券公司经营融资融券业务的，应当分别按对客户融资业务规模、融券业务规模的 20% 计算融资融券业务风险资本准备。（ ）

47．《律师事务所从事证券法律业务管理办法》规定，鼓励内部管理规范、风险控制制度健全，执业水准高，社会信誉良好的律师事务所。（ ）

48．董事会、监事会、单独或合并持有证券公司 3% 以上股权的股东，可以向股东会提出议案。（ ）

49．证券公司对业务创新应重点防范违法违规、规模失控、决策失误等风险。（ ）

50．我国《证券法》规定，投资咨询机构及其从业人员可以买卖本咨询机构提供服务的上市公司股票。（ ）

51．证券交易所有权决定终止股票上市。（ ）

52．证券公司应当将收取的保证金以及客户融资买入的全部证券和融券卖出所得全部价款，分别存放在客户信用交易担保证券账户和客户信用交易担保资金账户，作为对该客户融资融券所生债权的担保物。（ ）

53．2005 年对《公司法》内容的修订，健全了董事会制度，突出董事会集体决策作用，强化对董事长权力的制约，细化董事会会议制度和工作程序。（ ）

54．《中华人民共和国刑法》于 1979 年 7 月 21 日第五届全国人民代表大会第二次会议通过并实施。（ ）

55．根据《刑法》及修正案关于证券犯罪或与证券有关的规定，证券交易所擅自运用客户资金或者其他委托，情节严重的，对单位判处罚金，并对其直接负责的主管人员和其他直接责任人员，处 3 年以下有期徒刑或者拘役，并处 3 万元以上 30 万元以下罚金。（ ）

56．中国证券业协会负责对证券从业人员的资格管理的工作进行指导和监督。（ ）

57．证券发行上市监管的核心是发行决定权的归属，我国目前对证券发行实行的是核准制。（ ）

58．资本市场运行机制的正常运转、市场交易秩序的有效维持都离不开诚信的支撑和维系，诚信是资本市场的本质要求。（ ）

59．证券交易所每年应当对会员的财务状况、内部风险控制制度以及遵守国家有关法规和证券交易所业务规则等情况进行抽查或者全面检查，并将检查结果上报中国证监会。（ ）

60．《证券交易所管理办法》规定证券交易所应当以适当方式及时公布证券行情，按日制作证券行情表，并就其市场内的成交情况编制日报表、周报表、月报表和年报表，及时向社会公布。（ ）

模拟试卷（一）参考答案与解析

一、单项选择题

1.【答案】B

【解析】按募集方式分类，有价证券可以分为公募证券和私募证券。公募证券是指发行人通过中介机构向不特定的社会公众投资者公开发行的证券，审核较严格并采取公示制度。私募证券是指向少数特定的投资者发行的证券，其审查条件相对宽松，投资者也较少，不采取公示制度。因此，本题的正确答案为B。

2.【答案】C

【解析】有价证券按是否在证券交易所挂牌交易，可分为上市证券与非上市证券。上市证券是指经证券主管机关核准发行，并经证券交易所依法审核同意，允许在证券交易所内公开买卖的证券。非上市证券是指未申请上市或不符合证券交易所挂牌交易条件的证券。非上市证券不允许在证券交易所内交易，但可以在其他证券交易市场发行和交易。因此，本题的正确答案为C。

3.【答案】D

【解析】证券服务机构是指依法设立的从事证券服务业务的法人机构，主要包括证券投资咨询机构、财务顾问机构、资信评级机构、资产评估机构、会计师事务所、律师事务所等。因此，本题的正确答案为D。

4.【答案】C

【解析】反映证券市场容量的重要指标是证券化率（证券市值／GDP）。从20世纪70年代开始，证券市场出现了高度繁荣的局面，不仅证券市场的规模更加扩大，而且证券交易日趋活跃，相应的证券化率也在提高。因此，本题的正确答案为C。

5.【答案】A

【解析】北平证券交易所是中国人自己创办的第一家证券交易所，成立于1918年夏天。上海证券物品交易所是当时规模最大的证券交易所，成立于1920年7月。上海华商证券交易所、青岛市物品证券交易所、天津市企业交易所等都是继上海证券物品交易所之后出现的，逐渐形成了旧中国的证券市场。因此，本题的正确答案为A。

6.【答案】B

【解析】2007年8月，国家外汇管理局批复同意天津滨海新区进行境内个人直接投资境外证券市场的试点，标志着资本项下外汇管制开始松动，个人投资者将有望在未来从事海外直接投资。因此，本题的正确答案为B。

7.【答案】C

【解析】证权证券是指证券是权利的一种物化的外在形式，它是权利的载体，权利是已经存在的。股票代表的是股东权利，它的发行是以股份的存在为条件的，股票只是把已存在的股东权利表现为证券的形式，它的作用不是创造股东的权利，而是证明股东的权利。所以说，股票是证权证券。因此，本题的正确答案为C。

8.【答案】C

【解析】永久性是指股票所载有权利的有效性是始终不变的，因为它是一种无期限的法律凭证。股票的有效期与股份公司的存续期间相联系，两者是并存的关系。这种关系实质上反映了股东与股份公司之间比较稳定的经济关系。因此，本题的正确答案为C。

9.【答案】D

【解析】股票实质上代表了股东对股份公司的所有权，股东凭借股票可以获得公司的股息和红利，参加股东大会并行使自己的权利，同时也承担相应的责任与风险。因此，本题的正确答案为D。

10.【答案】A

【解析】20世纪早期，美国纽约州最先通过法律，允许发行无面额股票，以后美国其他州和其他一些国家也相继仿效，但目前世界上很多国家（包括中国）的公司法规定不允许发行这种股票。因此，本题的正确答案为A。

11.【答案】C

【解析】无记名股票有如下特点：（1）股东权利归属股票的持有人。确认无记名股票的股东资格不以特定的姓名记载为根据，所以，为了防止假冒、舞弊等行为，无记名股票的印制特别精细，其印刷技术、颜色、纸张、水印、号码等均须符合严格的标准。(2)认购股票时要求一次缴纳出资。无记名股票上不记载股东姓名，若允许股东缴纳部分出资即发给股票，以后实际上无法催缴未缴纳的出资，所以认购者必须缴足出资后才能领取股票。(3)转让相对简便。我国《公司法》规定，无记名股票的转让，由股东将该股票交付给受让人后即发生转让的效力。(4)安全性较差。因无记载股东姓名的法律依据，无记名股票一旦遗失，原股票持有者便丧失股东权利，且无法挂失。因此，本题的正确答案为 C。

12.【答案】A

【解析】股票的票面价值即指在股票票面上标明的金额，该种股票被称为有面额股票。因此，本题的正确答案为 A。

13.【答案】A

【解析】股票及其他有价证券的理论价格是根据现值理论而来的。现值理论认为，人们之所以愿意购买股票和其他证券，是因为它能够为它的持有人带来预期收益，因此，它的价值取决于未来收益的大小。因此，本题的正确答案为 A。

14.【答案】B

【解析】股票的未来股息收入、资本利得收入是股票的未来收益，也可称为期值。因此，本题的正确答案为 B。

15.【答案】A

【解析】股票价格的变动通常比实际经济的繁荣或衰退领先一步，即在经济高涨后期，股价已率先下跌；在经济尚未全面复苏之际，股价已先行上涨。国外学者认为股价变动要比经济景气循环早 4～6 个月。因为股票价格是对未来收入的预期，所以先于经济周期的变动而变动。因此，股票价格水平已成为经济周期变动的灵敏信号或称为"先导性指标"。因此，本题的正确答案为 A。

16.【答案】A

【解析】股票的账面价值又称股票净值或每股净资产，在没有优先股的条件下，每股账面价值＝公司净资产÷发行在外的普通股票的股数。因此，本题的正确答案为 A。

17.【答案】D

【解析】公司的财务安全性主要是指公司偿还债务从而避免破产的特性，通常用公司的负债与公司资产和资本金相联系来刻画公司的财务稳健性或安全性。此类指标同时也反映了公司自有资本与总资产之间的杠杆关系，因此也称为杠杆比率。因此，本题的正确答案为D。

18.【答案】C

【解析】国外学者认为股价变动要比经济景气循环早4~6个月。这是因为股票价格是对未来收入的预期，所以先于经济周期的变动而变动。因此，股票价格水平已成为经济周期变动的灵敏信号或被称为"先导性指标"。因此，本题的正确答案为C。

19.【答案】A

【解析】不可赎回优先股票是指发行后根据规定不能赎回的优先股票。这种股票一经投资者认购，在任何条件下都不能由股份公司赎回，其目的是保证公司资本的长期稳定。因此，本题的正确答案为A。

20.【答案】B

【解析】境内上市外资股原来是指股份有限公司向境外投资者募集并在我国境内上市的股份，投资者限于：外国的自然人、法人和其他组织；我国香港、澳门、台湾地区的自然人、法人和其他组织；定居在国外的中国公民等，这类股票称为B股。B股采取记名股票形式，以人民币标明股票面值，以外币认购、买卖，在境内证券交易所上市交易。显然，选项B说法错误。因此，本题的正确答案为B。

21.【答案】C

【解析】境外上市外资股是指股份有限公司向境外投资者募集并在境外上市的股份，采取记名股票形式，以人民币标明面值，以外币认购。在境外上市时，可以采取境外存股凭证形式或者股票的其他派生形式。在境外上市的外资股除了应符合我国的有关法规外，还须符合上市所在地国家或者地区证券交易所制定的上市条件。依法持有境外上市外资股、其姓名或者名称登记在公司股东名册上的境外投资人，为公司的境外上市外资股股东。公司向境外上市外资股股东支付股利及其他款项，以人民币计价和宣布，以外币支付。所以，选项C说法错误。因此，本题的正确答案为C。

22.【答案】A

【解析】境外上市外资股主要由H股、N股、S股等构成。H股是指注册地在我国内地、上市地在我国香港的外资股。在香港上市的外资股就称为H股，是取香港的英文首字母。

依此类推，纽约的第一个英文字母是 N，新加坡的第一个英文字母是 S，伦敦的第一个英文字母是 L，因此，在纽约、新加坡、伦敦上市的外资股分别称为 N 股、S 股、L 股。因此，本题的正确答案为 A。

23.【答案】B

【解析】我国的凭证式国债在持有期内，持券人如遇特殊情况需要提取现金，可以到原购买网点提前兑取。提前兑取时，除偿还本金外，利息按实际持有天数及相应的利率档次计算，经办机构按兑付本金的 2‰ 收取手续费。因此，本题的正确答案为 B。

24.【答案】D

【解析】债券的基本性质如下：(1) 债券属于有价证券。债券反映和代表一定的价值，债券本身有一定的面值，通常它是债券投资者投入资金的量化表现，所以，选项 A 正确。另外，债券与其代表的权利联系在一起，拥有债券就拥有了债券所代表的权利，转让债券也就将债券代表的权利一并转移，所以选项 B 正确；(2) 债券是一种虚拟资本。债券尽管有面值，代表了一定的财产价值，但它也只是一种虚拟资本，而非真实资本。因为债券的本质是证明债权债务关系的证书，在债权债务关系建立时所投入的资金已被债务人占用，债券是实际运用的真实资本的证书。债券的流动并不意味着它所代表的实际资本也同样流动，债券独立于实际资本之外。所以选项 C 正确；(3) 债券是债权的表现。债券代表债券投资者的权利，这种权利不是直接支配财产权，也不以资产所有权表现，而是一种债权，所以选项 D 错误。因此，本题的正确答案为 D。

25.【答案】A

【解析】我国的凭证式国债通过各银行储蓄网点和财政部门国债服务部面向社会发行，券面上不印制票面金额，而是根据认购者的认购额填写实际的缴款金额，是一种国家储蓄债，可记名、挂失，以凭证式国债收款凭证记录债权，不能上市流通，从购买之日起计息。因此，本题的正确答案为 A。

26.【答案】B

【解析】按偿还期限分类，习惯上把国债分为短期国债、中期国债和长期国债。短期国债一般指偿还期限为 1 年或 1 年以内的国债；中期国债是指偿还期限在 1 年以上、10 年以下的国债；长期国债是指偿还期限在 10 年或 10 年以上的国债。因此，本题的正确答案为 B。

27.【答案】A

【解析】国债债券有一定的面值，有面值就需要有某种计量单位。依照不同的发行本位，国债可以分为实物国债和货币国债。因此，本题的正确答案为A。

28.【答案】C

【解析】政府在社会经济中往往要承担一些大型基础性项目和公共设施的投资，如修建铁路和公路，这些项目耗资十分巨大，因此，常由政府通过举借债务筹集专项资金来建设，建设国债就是指发债筹措的资金用于建设项目。因此，本题的正确答案为C。

29.【答案】C

【解析】非流通国债是指不允许在流通市场上交易的国债，其发行对象，有的是个人，有的是一些特殊的机构。以个人为发行对象的非流通国债，一般以吸收个人的小额储蓄资金为主，所以有时也称为储蓄债券。因此，本题的正确答案为C。

30.【答案】D

【解析】附认股权证的公司债券与可转换公司债券不同，在行使新股认购权之后，债券形态依然存在。因此，本题的正确答案为D。

31.【答案】A

【解析】国际债券是指一国借款人在国际证券市场上以外国货币为面值、向外国投资者发行的债券。国际债券的发行人主要是各国政府、政府所属机构、银行或其他金融机构、工商企业及一些国际组织等。国际债券的投资者主要是银行或其他金融机构、各种基金会、工商财团和自然人。国际债券是一种跨国发行的债券，涉及两个或两个以上的国家。因此，本题的正确答案为A。

32.【答案】C

【解析】我国发行国际债券始于20世纪80年代初期。当时，在改革开放的政策指导下，为利用国外资金，加快我国的建设步伐，我国开始利用国际债券市场筹集资金。因此，本题的正确答案为C。

33.【答案】C

【解析】龙债券是指在除日本以外的亚洲地区发行的一种以非亚洲国家和地区货币标价的债券。一般是一次到期还本、每年付息一次的长期固定利率债券，或者是以美元计价，以伦敦银行同业拆放利率为基准，每一季或每半年重新定一次利率的浮动利率债券。因此，本题的正确答案为 C。

34．【答案】A

【解析】欧洲债券是指借款人在本国境外市场发行的、不以发行市场所在国货币为面值的国际债券。因此，本题的正确答案为 A。

35．【答案】A

【解析】1993 年，中国投资银行被批准首次在境内发行外币金融债券，发行数量为 5 000 万美元，发行对象为城乡居民，期限为 1 年，采取浮动利率制，利率高于国内同期限美元存款利率 1 个百分点。因此，本题的正确答案为 A。

36．【答案】D

【解析】指数基金是 20 世纪 70 年代以来出现的新的基金品种。因此，本题的正确答案为 D。

37．【答案】C

【解析】一般认为，基金起源于英国，是在 18 世纪末、19 世纪初产业革命的推动下出现的。当时，产业革命的成功使英国生产力水平迅速提高，工商业都取得较大的发展，其殖民地和海外贸易遍及全球，大量的资金为追逐高额利润而涌向其他国家。因此，本题的正确答案为 C。

38．【答案】A

【解析】按照中国证监会发布的《货币市场基金管理暂行办法》以及其他有关规定，目前我国货币市场基金能够进行投资的金融工具主要包括：(1) 现金；(2) 1 年以内（含 1 年）的银行定期存款、大额存单；(3) 剩余期限在 397 天以内（含 397 天）的债券；(4) 期限在 1 年以内（含 1 年）的债券回购；(5) 期限在 1 年以内（含 1 年）的中央银行票据；(6) 剩余期限在 397 天以内（含 397 天）的资产支持证券；(7) 中国证监会、中国人民银行认可的其他具有良好流动性的货币市场工具。因此，本题的正确答案为 A。

39．【答案】A

【解析】指数基金的优势包括：(1) 指数基金的管理费较低，尤其交易费用较低。(2) 由于指数基金的投资非常分散，可以完全消除投资组合的非系统风险，而且可以避免由于基金持股集中带来的流动性风险。(3) 在以机构投资者为主的市场中，指数基金可获得市场平均收益率，可以为股票投资者提供比较稳定的投资回报。(4) 对于投资者尤其是机构投资者来说，指数基金是他们避险套利的重要工具。由于指数基金收益率的稳定性、投资的分散性以及高流动性，特别适于社保基金等数额较大、风险承受能力较低的资金投资。因此，本题的正确答案为 A。

40．【答案】B

【解析】ETF 是英文"Exchange Traded Funds"的简称，常被译为"交易所交易基金"，上海证券交易所则将其定名为"交易型开放式指数基金"。ETF 是一种在交易所上市交易的、基金份额可变的一种基金运作方式。ETF 结合了封闭式基金与开放式基金的运作特点，一方面可以像封闭式基金一样在交易所二级市场进行买卖，另一方面又可以像开放式基金一样申购、赎回。因此，本题的正确答案为 B。

41．【答案】A

【解析】货币市场基金是以货币市场工具为投资对象的一种基金，其投资对象期限较短，一般在 1 年以内，包括银行短期存款、国库券、公司短期债券、银行承兑票据及商业票据等货币市场工具。因此，本题的正确答案为 A。

42．【答案】C

【解析】股债平衡型基金对股票和债券的配置较为均衡，约为 40% ～ 60% 左右。因此，本题的正确答案为 C。

43．【答案】A

【解析】金融期货交易的对象是金融期货合约，是由期货交易所设计的一种对指定金融工具的种类、规格、数量、交收月份、交收地点都作出统一规定的标准化书面协议。因此，本题的正确答案为 A。

44．【答案】D

【解析】根据基础资产划分，常见的金融远期合约包括：(1) 股权类资产的远期合约。股权类资产的远期合约包括单个股票的远期合约、一揽子股票的远期合约和股票价格指数的远期合约 3 个子类。(2) 债权类资产的远期合约。债权类资产的远期合约主要包括定期存款单、短期债券、长期债券、商业票据等固定收益证券的远期合约。(3) 远期利率协议。远期利率协议是指按照约定的名义本金，交易双方在约定的未来日期交换支付浮动利率和固定利率的远期协议。(4) 远期汇率协议。远期汇率协议是指按照约定的汇率，交易双方在约定的未来日期买卖约定数量的某种外币的远期协议。因此，本题的正确答案为D。

45．【答案】B

【解析】看跌期权也称认沽权，指期权的买方具有在约定期限内按协定价格卖出一定数量基础金融工具的权利。交易者买入看跌期权，是因为他预期基础金融工具的价格在近期内将会下跌。如果判断正确，可从市场上以较低的价格买入该项金融工具，再按协定价格卖给期权的卖方，将赚取协定价与市价的差额；如果判断失误，将放弃行权，损失期权费。因此，本题的正确答案为B。

46．【答案】D

【解析】金融时报证券交易所指数（也译为"富时指数"）是英国最具权威性的股价指数，原由《金融时报》编制和公布，现由《金融时报》和伦敦证券交易所共同拥有的富时集团编制。因此，本题的正确答案为D。

47．【答案】D

【解析】建业股息又称建设股息，是指经营铁路、港口、水电、机场等业务的股份公司，由于其建设周期长，不可能在短期内开展业务并获得盈利，为了筹集所需资金，在公司章程中明确规定并获得批准后，公司可以将一部分股本作为股息派发给股东。建业股息不同于其他股息，它不是来自公司的盈利，而是对公司未来盈利的预分，实质上是一种负债分配，也是无盈利无股息原则的一个例外。建业股息的发放有严格的法律限制，在公司开业后，应在分配盈余前抵扣或逐年抵扣冲销，以补足资本金。因此，本题的正确答案为D。

48．【答案】C

【解析】介绍经纪商（IB）是指机构或者个人接受期货经纪商的委托，介绍客户给期货经纪商并收取一定佣金的业务模式。证券公司中间介绍IB业务是指证券公司接受期货经纪商的委托。为期货经纪商介绍客户的业务。IB制度起源于美国，目前在金融期货交易发达的国家和美国、英国、韩国、我国台湾等地区得到普遍推广，并取得了成功。因此，本题的正确答案为C。

49．【答案】C

【解析】证券公司经营证券自营业务的，应当按固定收益类证券投资规模的10%计算风险资本准备；对未进行风险对冲的证券衍生品和权益类证券分别按投资规模的30%

和 20% 计算风险资本准备；对已进行风险对冲的权益类证券和证券衍生产品投资按投资规模的 5% 计算风险资本准备。证券公司违反规定超比例自营的，在整改完成前应当将超比例部分按投资成本的 100% 计算风险资本准备。因此，本题的正确答案为 C。

50. 【答案】C

【解析】证券公司内部控制目标包括：（1）保证经营的合法合规及证券公司内部规章制度的贯彻执行；（2）防范经营风险和道德风险；（3）保障客户及证券公司资产的安全、完整；（4）保证证券公司业务记录、财务信息和其他信息的可靠、完整、及时；（5）提高证券公司经营效率和效果。因此，本题的正确答案为 C。

51. 【答案】A

【解析】不得担任证券公司独立董事的人员有：（1）在证券公司或其关联方任职的人员及其近亲属和主要社会关系人员；（2）在下列机构任职的人员及其近亲属和主要社会关系人员：持有或控制证券公司 5% 以上股权的单位、证券公司前 5 名股东单位、与证券公司存在业务联系或利益关系的机构；（3）持有或控制上市证券公司 1% 以上股权的自然人、上市证券公司前 10 名股东中的自然人股东、或者控制证券公司 5% 以上股权的自然人及其上述人员的近亲属；（4）为证券公司及其关联方提供财务、法律、咨询等服务的人员及其近亲属；（5）最近 1 年内曾经具有前 4 项所列举情形之一的人员；（6）在其他证券公司担任除独立董事以外职务的人员等。因此，本题的正确答案为 A。

52. 【答案】D

【解析】第十届全国人民代表大会常务委员会第十一次会议、第十八次会议先后对原《证券法》进行了修订。现行的《证券法》于 2006 年 1 月 1 日起生效，共分 12 章 240 条，其调整的范围涵盖了在中国境内的股票、公司债券和国务院依法认定的其他证券的发行、交易和监管，明确证券发行、交易活动的基本原则是公开、公平和公正，当事人遵守自愿、有偿和诚实信用的原则，其核心旨在保护投资者的合法权益，维护社会经济秩序和社会公共利益。因此，本题的正确答案为 D。

53. 【答案】D

【解析】根据《刑法》及修正案关于证券犯罪或与证券有关的主要规定，有下列情形之一，操纵证券、期货市场，情节严重的，处 5 年以下有期徒刑或者拘役，并处或者单处罚金；情节特别严重的，处 5 年以上 10 年以下有期徒刑，并处罚金；单独或者合谋，集中资金优势、持股或者持仓优势或者利用信息优势联合或者连续买卖，操纵证券、期货交易价格或者证券、期货交易量的；与他人串通，以事先约定的时间、价格和方式相互进行证券、期货交易，影响证券、期货交易价格或者证券、期货交易量的；在自己实际控制的账户之间进行证券交易，或者以自己为交易对象，自买自卖期货合约，影响证券、期货交易价格或者证券、期货交易量的；以其他方法操纵证券、期货市场的。因此，本题的正确答案为D。

54．【答案】B

【解析】根据《证券发行与承销管理办法》，所有询价对象均可自主选择是否参与初步询价，主承销商不得拒绝询价对象参与初步询价；只有参与初步询价的询价对象才能参与网下申购。如果在初步询价阶段参与报价的询价对象不足20家，发行4亿股以上的、参与报价的询价对象不足50家，发行人不得定价并应中止发行。这有利于增强定价的代表性，有利于加强市场对发行人的约束。首次公开发行股票的公司发行规模在4亿股以上的，可以向战略投资者配售股票，可以采用超额配售选择权（绿鞋）机制。因此，本题的正确答案为B。

55．【答案】B

【解析】证券公司申请融资融券业务资格，应当具备的条件包括：（1）经营证券经纪业务已满3年；（2）公司治理健全，内部控制有效，能有效识别、控制和防范业务经营风险和内部管理风险；（3）公司及其董事、监事、高级管理人员最近2年内未因违法违规经营受到行政处罚和刑事处罚，且不存在因涉嫌违法违规正被中国证监会立案调查或者正处于整改期间；（4）财务状况良好，最近2年各项风险控制指标持续符合规定，注册资本和净资本符合增加融资融券业务后的规定；（5）客户资产安全、完整，客户交易结算资金第三方存管有效实施，客户资料完整真实；（6）已建立完善的客户投诉处理机制，能够及时、妥善处理与客户之间的纠纷；（7）信息系统安全稳定运行，最近1年未发生因公司管理问题导致的重大事故，融资融券业务技术系统已通过证券交易所、证券登记结算机构组织的测试；（8）有拟负责融资融券业务的高级管理人员和适当数量的专业人员，融资融券业务方案和内部管理制度已通过中国证券业协会组织的专业评价；（9）证监会规定的其他条件。因此，本题的正确答案为B。

56．【答案】B

【解析】根据《刑法》及修正案关于证券犯罪或与证券有关的主要规定编造并传播影响证券交易虚假信息罪、诱骗他人买卖证券罪，编造并且传播影响证券、期货交易的虚假信息，扰乱证券、期货交易市场，造成严重后果的，处5年以下有期徒刑或者拘役，并处或者单处1万元以上10万元以下罚金。因此，本题的正确答案为B。

57.【答案】B

【解析】证券市场监管的手段包括法律手段、经济手段和行政手段,具体分析如下:(1)法律手段。这一手段是通过建立完善的证券法律、法规体系和严格执法来实现的。这是证券市场监管部门的主要手段，具有较强的威慑力和约束力。(2)经济手段。这一手段是通过运用利率政策、公开市场业务、信贷政策、税收政策等经济手段，对证券市场进行干预。这种手段相对比较灵活，但调节过程可能较慢，存在时滞。(3)行政手段。这一手段是通过制订计划、政策等对证券市场进行行政性的干预。这种手段比较直接，但运用不当可能违背市场规律，无法发挥作用甚至遭到惩罚。一般多在证券市场发展初期，法制尚不健全、市场机制尚未理顺或遇突发性事件时使用。由上述知，法律手段为主要手段。因此，本题的正确答案为B。

58.【答案】B

【解析】中国证监会在调查操纵证券市场、内幕交易等重大证券违法行为时，经国务院证券监督管理机构主要负责人批准，可以限制被调查事件当事人的证券买卖，但限制的期限不得超过15个交易日，如果案情复杂，可以延长15个交易日。因此，本题的正确答案为B。

59.【答案】B

【解析】《证券法》第六十五条、第六十六条对上市公司和公司债券上市交易的公司的中期报告和年度报告期限、报告内容作了明确规定。年度报告应当在每一会计年度结束之日起4个月内，向证券监督管理机构和证券交易所报送以下内容并予公告：(1)公司概况；(2)公司财务会计报告和经营情况；(3)董事、监事、高级管理人员简介及其持股情况；(4)已发行的股票、公司债券情况，包括持有公司股份最多的前10名股东名单和持股数额；(5)公司的实际控制人；(6)国务院证券监督管理机构规定的其他事项。因此，本题的正确答案为B。

60.【答案】D

【解析】有价证券的特征为：（1）收益性。证券的收益性是指持有证券本身可以获得一定数额的收益，这是投资者转让资本所有权或使用权的回报。证券代表的是对一定数额的某种特定资产的所有权或债权，投资者持有证券也就同时拥有取得这部分资产增值收益的权利，因而证券本身具有收益性。（2）流动性。证券的流动性是指证券变现的难易程度。证券具有极高的流动性必须满足三个条件：很容易变现、变现的交易成本极小、本金保持相对稳定。证券的流动性可通过到期兑付、承兑、贴现、转让等方式实现。不同证券的流动性是不同的。（3）风险性。证券的风险性是指实际收益与预期收益的背离，或者说是证券收益的不确定性。从整体上说，证券的风险与其收益成正比。（4）期限性。债券一般有明确的还本付息期限，以满足不同筹资者和投资者对融资期限以及与此相关的收益率需求。股票没有期限，可以视为无期证券。因此，本题的正确答案为D。

二、多项选择题

1.【答案】ABD

【解析】银行证券主要包括银行汇票、银行本票和支票。因此，本题的正确答案为ABD。

2.【答案】AD

【解析】我国《证券法》规定，社会募集公司申请股票上市的条件之一是：向社会公开发行的股份达到公司股份总数的25%以上；公司股本总额超过人民币4亿元的，向社会公开发行股份的比例为10%以上。因此，本题的正确答案为AD。

3.【答案】ABC

【解析】股票是一种有价证券，它是股份有限公司签发的证明股东所持股份的凭证。股票实质上代表了股东对股份公司的所有权，股东凭借股票可以获得公司的股息和红利，参加股东大会并行使自己的权利，同时也承担相应的责任与风险。因此，本题的正确答案为ABC。

4.【答案】ABCD

【解析】利率衍生工具是指以利率或利率的载体为基础工具的金融衍生工具。主要包括远期利率协议、利率期货、利率期权、利率互换以及上述合约的混合交易合约。因此，本题的正确答案为ABCD。

5.【答案】BD

【解析】为防止操纵市场行为，并不是所有上市交易的股票均有期货交易，交易所通常会选取流通盘较大、交易比较活跃的股票推出相应的期货合约，并且对投资者的持仓数量进行限制。因此，本题的正确答案为BD。

6.【答案】ABC

【解析】金融期权是金融期货功能的延伸和发展，具有与金融期货相同的套期保值和发现价格的功能，是一种行之有效的控制风险的工具。因此，本题的正确答案为ABC。

7.【答案】ABC

【解析】股权类期权也包括三种类型：单只股票期权、股票组合期权和股票指数期权。因此，本题的正确答案为ABC。

8.【答案】ABD

【解析】代办股份转让系统又称三板，是指以具有代办股份转让主办券商业务资格的证券公司为核心，为非上市股份有限公司提供规范股份转让服务的股份转让平台。代办股份转让系统由中国证券业协会负责自律性管理，以契约明确参与各方的权利、义务和责任。综上所述，选项C错误，应为非上市股份有限公司。因此，本题的正确答案为ABD。

9.【答案】ABCD

【解析】信息系统负责对每日证券交易的行情信息和市场信息进行实时发布。信息系统发布网络可由以下几部分组成：第一，交易通信网。通过卫星、地面通信线路等交易系统的通信网络发布证券交易的实时行情、股价指数和重大信息公告等。第二，信息服务网。向新闻媒介、会员、咨询机构等发布收市行情、成交统计和非实时信息公告等。第三，证券报刊。通过证券监管机构指定的信息披露报刊发布收市行情、成交统计及上市公司公告和信息等。第四，因特网。通过因特网向国内外提供证券市场信息、资料和数据等。因此，本题的正确答案为ABCD。

10.【答案】ABC

【解析】股票投资的收益是指投资者从购入股票开始到出售股票为止整个持有期间的收入，它由股息收入、资本利得和公积金转增收益组成。因此，本题的正确答案为

ABC。

11.【答案】ABC

【解析】证券公司经营证券承销与保荐、证券自营、证券资产管理和其他证券业务中的任何一项的，注册资本最低限额为人民币1亿元。因此，本题的正确答案为ABC。

12.【答案】ACD

【解析】根据《证券法》的要求，设立证券公司应具备的条件包括：(1) 有符合法律、行政法规规定的公司章程；(2) 主要股东具有持续盈利能力，信誉良好，最近3年无重大违法违规记录，净资产不低于人民币2亿元；(3) 有符合《证券法》规定的注册资本；(4) 董事、监事、高级管理人员具备任职资格，从业人员具有证券从业资格；(5) 有完善的风险管理与内部控制制度；(6) 有合格的经营场所和业务设施；(7) 法律、行政法规规定的和经国务院批准的国务院证券监督管理机构规定的其他条件。因此，本题的正确答案为ACD。

13.【答案】ABCD

【解析】证券公司设立子公司，对证券公司的监管要求为：(1) 禁止同业竞争的需求，即证券公司与其子公司、受同一证券公司控制的子公司之间不得经营存在利益冲突或者竞争关系的同类业务；(2) 子公司股东的股权与公司表决权和董事推荐权相适应，即子公司的股东应当按照出资比例或者持有股份的比例行使表决权和董事推荐权，禁止子公司及其股东通过协议或者其他安排约定不按出资比例或者持有股份的比例行使表决权和董事推荐权；(3) 禁止相互持股的情形，即子公司不得直接或者间接持有其控股股东、受同一证券公司控股的其他子公司的股权或股份，或者以其他方式向其控股股东、受同一证券公司控股的其他子公司投资；(4) 证券公司不得利用其控股地位损害子公司、子公司其他股东和子公司客户的合法权益；(5) 要求建立风险隔离制度，证券公司与其子公司、受同一证券公司控制的子公司之间应当建立合理必要的"隔离墙"制度，防止风险传递和利益冲突。因此，本题的正确答案为ABCD。

14.【答案】ABCD

【解析】股东在出现可能导致所持证券公司股权发生转移的情况时，如所持股权被采取诉讼保全措施或被强制执行、质押所持有的股权、决定转让所持有的股权等，应当及时通知证券公司。因此，本题的正确答案为ABCD。

15．【答案】ABCD

【解析】证券公司内部控制的主要内容包括：经纪业务内部控制，自营业务内部控制，投资银行业务内部控制，资产管理业务内部控制，研究、咨询业务内部控制，业务创新的内部控制，分支机构内部控制，财务管理内部控制，会计系统内部控制，信息系统内部控制，人力资源管理内部控制。因此，本题的正确答案为 ABCD。

16．【答案】ABCD

【解析】证券公司内部控制应当贯彻健全、合理、制衡、独立的原则，确保内部控制有效。（1）健全性。内部控制应当做到事前、事中、事后控制相统一，覆盖证券公司的所有业务、部门和人员，渗透到决策、执行、监督、反馈等各个环节，确保不存在内部控制的空白或漏洞。（2）合理性。内部控制应当符合国家有关法律法规和中国证监会的有关规定，与证券公司经营规模、业务范围、风险状况及证券公司所处的环境相适应，以合理的成本实现内部控制目标。（3）制衡性。证券公司部门和岗位的设置应当权责分明、相互牵制，前台业务运作与后台管理支持适当分离。（4）独立性。承担内部控制监督检查职能的部门应当独立于证券公司其他部门。因此，本题的正确答案为 ABCD。

17．【答案】ABCD

【解析】申请证券评级业务许可的资信评级机构，应当具备下列条件：（1）具有中国法人资格，实收资本与净资产均不少于人民币 2 000 万元；（2）具有符合《证券市场资信评级业务管理暂行办法》规定的高级管理人员不少于 3 人；具有证券从业资格的评级从业人员不少于 20 人，其中包括具有 3 年以上资信评级业务经验的评级从业人员不少于 10 人，具有中国注册会计师资格的评级从业人员不少于 3 人；（3）具有健全且运行良好的内部控制机制和管理制度；（4）具有完善的业务制度，包括信用等级划分及定义、评级标准、评级程序、评级委员会制度、评级结果公布制度、跟踪评级制度、信息保密制度、证券评级业务档案管理制度等；（5）最近 5 年未受到刑事处罚，最近 3 年未因违法经营受到行政处罚，不存在因涉嫌违法经营、犯罪正在被调查的情形；（6）最近 3 年在税务、工商、金融等行政管理机关以及自律组织、商业银行等机构无不良诚信记录；（7）中国证监会基于保护投资者、维护社会公共利益规定的其他条件。因此，本题的正确答案为 ABCD。

18．【答案】ABC

【解析】《公司法》的调整范围包括股份有限公司和有限责任公司，其核心旨在保护公司、股东和债权人的合法权益，维护社会经济秩序。因此，本题的正确答案为ABC。

19.【答案】ABC

【解析】证券的发行、交易活动必须实行公开、公平、公正的原则，必须遵守法律、行政法规；禁止欺诈、内幕交易和操纵证券市场的行为。因此，本题的正确答案为ABC。

20.【答案】ABCD

【解析】证券市场监管的经济手段是通过运用利率政策、公开市场业务、信贷政策、税收政策等经济手段，对证券市场进行干预。这种手段相对比较灵活，但调节过程可能较慢，存在时滞。因此，本题的正确答案为ABCD。

21.【答案】BD

【解析】《证券、期货投资咨询管理暂行办法》规定，证券、期货投资咨询人员在报刊、电台、电视台或者其他传播媒体上发表投资咨询文章、报告或者意见时，必须注明所在证券、期货投资咨询机构的名称和个人真实姓名，并对投资风险作充分说明。证券、期货投资咨询机构向投资人或者客户提供的证券、期货投资咨询传真件必须注明机构名称、地址、联系电话和联系人姓名。因此，本题的正确答案为BD。

22.【答案】ABCD

【解析】根据基础资产划分，常见的金融远期合约包括四个大类，即股权类资产的远期合约、债权类资产的远期合约、远期利率协议和远期汇率协议。因此，本题的正确答案为ABCD。

23.【答案】AC

【解析】衡量公司盈利性最常用的指标是每股收益和净资产收益率。每股收益等于公司净利润除以发行在外的总股数，其他条件不变，每股收益越高，股价就越高。净资产收益率也称为股本收益率，等于公司净利润除以净资产，反映了公司自有资本的获利水平。因此，本题的正确答案为AC。

24.【答案】AD

【解析】中央银行的货币政策对股票价格有直接的影响。货币政策是政府重要的宏观经济政策，中央银行通常采用存款准备金制度、再贴现政策、公开市场业务等货币政策手段调控货币供应量，从而实现发展经济、稳定货币等政策目标。因此，本题的正确答案为 AD。

25. 【答案】AC

【解析】财政政策对股票价格影响有下面几个方面：（1）通过扩大财政赤字、发行国债筹集资金，增加财政支出，刺激经济发展；或是通过增加财政盈余或降低赤字，减少财政支出，抑制经济增长，调整社会经济发展速度，改变企业生产的外部环境，进而影响企业利润水平和股息派发。（2）通过调节税率影响企业利润和股息。提高税率，企业税负增加，税后利润下降，股息减少；反之，企业税后利润和股息增加。（3）干预资本市场各类交易适用的税率，例如利息税、资本利得税、印花税等，直接影响市场交易和价格。（4）国债发行量会改变证券市场的证券供应和资金需求，从而间接影响股票价格。选项 B、D 排除。因此，本题的正确答案为 AC。

26. 【答案】ABCD

【解析】金融债券的发行主体是银行或非银行的金融机构，选项 A 正确。金融机构一般有雄厚的资金实力，信用度较高，所以金融债券往往也有良好的信誉，选项 B 正确。对于金融机构来说，吸收存款和发行债券都是它的资金来源，构成了它的负债，选项 C 正确。存款的主动性在存款户，金融机构只能通过提供服务条件来吸引存款，而不能完全控制存款，是被动负债，而发行债券则是金融机构的主动负债，金融机构有更大的主动权和灵活性，选项 D 正确。因此，本题的正确答案为 ABCD。

27. 【答案】ABC

【解析】各种债券有不同的偿还期限，短则几个月，长则几十年，习惯上有短期债券、中期债券和长期债券之分。发行人在确定债券期限时，要考虑的影响因素包括资金使用方向、市场利率变化和债券的变现能力，具体分析如下。（1）资金使用方向。债务人借入资金可能是为了弥补临时性资金周转之短缺，也可能是为了满足对长期资金的需求。在前者情况下可以发行短期债券，在后者情况下可以发行中长期债券。如此安排既能保证发行人的资金需要，又不因占用资金时间过长而增加利息负担。（2）市场利率变化。债券偿还期限的确定应根据对市场利率的预期，相应选择有助于减少发行者筹资成本的期限。一般来说，当未来市场利率趋于下降时，应选择发行期限较短的债券，可以避免市场利率下跌后仍须支付较高的利息；而当未来市场利率趋于上升时，应选择发行期限较长的债券，这样能在市场利率趋高的情况下保持较低的利息负担。（3）债券的变现能力。此因素与债券流通市场发育程度有关。若流通市场发达，则债券容易变现，长期债券较能被投资者接受；若流通市场不发达，则投资者买了长期债券而又急需资金时不易变现，长期债券的销售就可能不如短期债券。因此，本题的正确答案为 ABC。

28．【答案】ACD

【解析】我国的凭证式国债通过各银行储蓄网点和财政部门国债服务部面向社会发行，券面上不印制票面金额，而是根据认购者的认购额填写实际的缴款金额，是一种国家储蓄债，可记名、挂失，以凭证式国债收款凭证记录债权，不能上市流通，从购买之日起计息。因此，本题的正确答案为 ACD。

29．【答案】ACD

【解析】债券所规定的资金借贷双方的权责关系主要有：所借贷货币资金的数额、借贷的时间、在借贷时间内的资金成本或应有的补偿（即债券的利息）。因此，本题的正确答案为 ACD。

30．【答案】ABC

【解析】流通国债是指可以在流通市场上交易的国债。这种国债的特征是投资者可以自由认购、自由转让，通常不记名，转让价格取决于对该国债的供给与需求。流通国债的转让一般在证券市场上进行，如通过证券交易所或柜台市场交易。在不少国家，流通国债占国债发行量的大部分。因此，本题的正确答案为 ABC。

31．【答案】ABCD

【解析】为满足企业集团发展过程中财务公司充分发挥金融服务功能的需要，为改变财务公司资金来源单一的现状，满足其调整资产负债期限结构和化解金融风险的需要，同时也为了增加银行间债券市场的品种、扩大市场规模。2007年7月，中国银监会下发《企业集团财务公司发行金融债券有关问题的通知》，明确规定企业集团财务公司发行债券的条件和程序，并允许财务公司在银行间债券市场发行财务公司债券。因此，本题的正确答案为 ABCD。

32．【答案】ACD

【解析】股票反映的是所有权关系，债券反映的是债权债务关系，而基金反映的则是信托关系，但公司型基金除外，选项 A 正确。股票和债券是直接投资工具，筹集的资金主要投向实业，而基金是间接投资工具，所筹集的资金主要投向有价证券等金融工具，选项 B 错误，选项 C 正确。股票的直接收益取决于发行公司的经营效益，不确定性强，投资于股票有较大的风险。债券的直接收益取决于债券利率，而债券利率一般是事先确定的，投资风险较小。基金主要投资于有价证券，投资选择灵活多样，从而使基金的收益有可能高于债券，投资风险又可能小于股票，选项 D 正确。因此，本题的正确答案为 ACD。

33.【答案】ABC

【解析】证券投资基金业务是基金管理公司最核心的一项业务，主要包括基金募集与销售、基金的投资管理和基金营运服务。因此，本题的正确答案为 ABC。

34.【答案】ACD

【解析】信用衍生工具是指以基础产品所蕴含的信用风险或违约风险为基础变量的金融衍生工具，选项 C 正确。其用于转移或防范信用风险，选项 B 错误。它是 20 世纪 90 年代以来发展最为迅速的一类衍生产品，主要包括信用互换、信用联结票据等，选项 A 和 D 正确。因此，本题的正确答案为 ACD。

35.【答案】ABC

【解析】资产证券化交易比较复杂，涉及的当事人较多，一般而言，下列当事人在证券化过程中具有重要作用：（1）发起人。发起人也称原始权益人，是证券化基础资产的原始所有者，通常是金融机构或大型工商企业。（2）特定目的机构或特定目的受托人（SPV）。这是指接受发起人转让的资产，或受发起人委托持有资产，并以该资产为基础发行证券化产品的机构。选择特定目的机构或受托人时，通常要求满足所谓破产隔离条件，即发起人破产对其不产生影响。（3）资金和资产存管机构。为保证资金和基础资产的安全，特定目的机构通常聘请信誉良好的金融机构进行资金和资产的托管。（4）信用增级机构。此类机构负责提升证券化产品的信用等级，为此要向特定目的机构收取相应费用，并在证券违约时承担赔偿责任。有些证券化交易中，并不需要外部增级机构，而是采用超额抵押等方法进行内部增级。（5）信用评级机构。如果发行的证券化产品属于债券，发行前必须经过评级机构进行信用评级。（6）承销人。承销人是指负责证券设计和发行承销的投资银行。如果证券化交易涉及金额较大，可能会组成承销团。（7）证券化产品投资者，即证券化产品发行后的持有人。除上述当事人外，证券化交易还可能需要金融机构充当服务人，服务人负责对资产池中的现金流进行日常管理，通常可由发起人兼任。因此，本题的正确答案为 ABC。

36.【答案】ABC

【解析】可以根据交易合约的签订与实际交割之间的关系，可以将市场交易的组织形态划分现货交易、远期交易和期货交易。(1) 现货交易的特征是"一手交钱，一手交货"，即以现款买现货方式进行交易。(2) 远期交易是双方约定在未来某时刻（或时间段内）按照现在确定的价格进行交易。(3) 期货交易是在交易所进行的标准化的远期交易。因此，本题的正确答案为 ABC。

37.【答案】AB

【解析】期权和期权类衍生产品是最复杂而且种类较多的金融衍生产品，由于它们具有较好的结构特性，在风险管理和产品开发设计中得到广泛运用。因此，本题的正确答案为 AB。

38.【答案】AB

【解析】发行人推销证券的方法有两种：(1) 自己销售，称为自销；(2) 委托他人代为销售，称为承销。因此，本题的正确答案为 AB。

39.【答案】ABC

【解析】上海证券交易所的样本指数有:(1) 上证成分股指数,(2) 上证 50 指数,(3) 上证红利指数。因此，本题的正确答案为 ABC。

40.【答案】BCD

【解析】上海证券交易所的样本指数包括上证成分股指数、上证 50 指数和上证红利指数，上海证券交易所的综合指数有上证综合指数、新上证综合指数和分类指数类。选项 B、C、D 属于综合指数，而选项 A 属于样本指数。因此，本题的正确答案为 BCD。

三、判断题

1.【答案】B

【解析】被称为国民经济的"晴雨表"的为证券市场，其综合反映国民经济运行的各个维度,客观上为观察和监控经济运行提供了直观的指标。因此,本题的正确答案为 B。

2.【答案】A

【解析】中央银行以公开市场操作作为政策手段，通过买卖政府债券或金融债券，影响货币供应量进行宏观调控。因此，本题的正确答案为 A。

3．【答案】A

【解析】在证券市场上交易的任何证券，既是筹资的工具，也是投资的工具。在经济运行过程中，既有资金盈余者，又有资金短缺者。资金盈余者为使自己的资金价值增值，必须寻找投资对象；而资金短缺者为了发展自己的业务，就要向社会寻找资金。为了筹集资金，资金短缺者可以通过发行各种证券来达到筹资的目的，资金盈余者则可以通过买人证券而实现投资的目的。筹资和投资是证券市场基本功能不可分割的两个方面，忽视其中任何一个方面都会导致市场的严重缺陷。因此，本题的正确答案为 A。

4．【答案】A

【解析】我国机构在境外发行外币债券融资出现较早。1982 年 1 月，中国国际信托投资公司在日本债券市场发行了 100 亿日元的私募债券，这是我国国内机构首次在境外发行外币债券。1984 年 11 月，中国银行在东京公开发行 200 亿日元债券，标志着中国正式进入国际债券市场。1993 年 9 月，财政部首次在日本发行了 300 亿日元债券，标志着我国主权外债发行的正式起步。因此，本题的正确答案为 A。

5．【答案】A

【解析】我国资本市场对外开放局面的形成，是我国经济发展和改革开放的客观需求：（1）加快资本市场对外开放是当前国内外政治、经济形势对我国资本市场提出的迫切要求，是我国兑现加入世贸组织所做出的承诺；（2）加快资本市场对外开放是我国深化国有企业改革和加快推进金融体系改革的现实要求，是我国加快适应全球经济金融一体化挑战的重要手段；（3）加快对外开放步伐也是我国证券市场规范化、市场化建设推进到一定阶段的必然产物。因此，本题的正确答案为 A。

6．【答案】A

【解析】根据我国政府对世贸组织的承诺，我国证券业在 5 年过渡期对外开放的内容主要包括：（1）外国证券机构可以（不通过中方中介）直接从事 B 股交易；（2）外国证券机构驻华代表处可以成为所有中国证券交易所的特别会员；（3）允许外国机构设立合营公司，从事国内证券投资基金管理业务，外资比例不超过 33%；加入后 3 年内，外资比例不超过 49%；（4）加入后 3 年内，允许外国证券公司设立合营公司，外资比例不超过 1/3。合营公司可以（不通过中方中介）从事 A 股的承销，从事 B 股和 H 股、政府和公司债券的承销和交易，以及发起设立基金；（5）允许合资券商开展咨询服务及其他辅助性金融服务，包括信用查询与分析，投资与有价证券研究与咨询，公开收购及公司重组等；对所有新批准的证券业务给予国民待遇，允许在国内设立分支机构。因此，本题的正确答案为 A。

7．【答案】A

【解析】股票与它代表的财产权有不可分离的关系，换句话说，行使股票所代表的财产权，必须以持有股票为条件，股东权利的转让应与股票占有的转移同时进行，股票的转让就是股东权的转让。因此，本题的正确答案为 A。

8．【答案】B

【解析】根据我国《公司法》的规定，股份有限公司设立的发起人认购和募集的股本应达到法定资本最低限额。采取发起设立方式设立股份有限公司的，注册资本为在公司登记机关登记的全体发起人认购的股本总额。发起人应当书面认足公司章程规定其认购的股份；一次缴纳的，应当缴纳全部出资；分期缴纳的，应当缴纳首期出资。全体发起人首次出资额不得低于注册资本的 20%，其余部分由发起人自公司成立之日起两年内缴足。以募集方式设立股份有限公司的，发起人认购的股份不得少于公司股份总数的 35%。因此，本题的正确答案为 B。

9．【答案】A

【解析】转增股本是将原本属于股东权益的资本公积转为实收资本，股东权益总量和每位股东占公司的股份比例均未发生任何变化。从理论上说，转增之后每股价格相应向下调整。但是，在现实中。由于人们对高比例转增股本的公司未来利润增长前景通常具有较高期望，转增往往会带来股价上涨。因此，本题的正确答案为 A。

10．【答案】A

【解析】宏观经济发展水平和状况是影响股票价格的重要因素。一个国家或地区的社会经济是否能持续稳定地保持一定的发展速度，是影响股票价格能否稳定上升的重要因素。因此，本题的正确答案为 A。

11．【答案】A

【解析】市场利率变化可以通过一系列途径影响股票价格，其中，利率提高，其他投资工具收益相应增加，一部分资金会流向储蓄、债券等其他收益固定的金融工具，对股票需求减少，股价下降。若利率下降，对固定收益证券的需求减少，资金流向股票市场，对股票的需求增加，股票价格上升。因此，本题的正确答案为 A。

12.【答案】B

【解析】红筹股是指在中国境外注册、在香港上市但主要业务在中国内地或大部分股东权益来自中国内地的股票，题目说法错误。因此，本题的正确答案为 B。

13.【答案】A

【解析】凭证式债券在持有期内，持券人如遇特殊情况需要提取现金，可以到原购买网点提前兑取。因此，本题的正确答案为 A。

14.【答案】A

【解析】债券收益可以表现为三种形式：(1) 利息收入，即债权人在持有债券期间按约定的条件分期、分次取得利息或者到期一次取得利息。(2) 资本损益，即债权人到期收回的本金与买入债券或中途卖出债券与买入债券之间的价差收入。从理论上说，如果市场利率在持有债券期间一直不变，这一价差就是自买入债券或是自上次付息至卖出债券这段时间的利息收益表现形式。但是，由于市场利率会不断变化，债券在市场上的转让价格将随市场利率的升降而上下波动。债券持有者能否获得转让价差、转让价差的多少，要视市场情况而定。(3) 再投资收益，即投资债券所获现金流量再投资的利息收入，受市场收益率变化的影响。因此，本题的正确答案为 A。

15.【答案】A

【解析】金融债券的发行主体是银行或非银行的金融机构。金融机构一般有雄厚的资金实力，信用度较高，因此，金融债券往往也有良好的信誉。因此，本题的正确答案为 A。

16.【答案】B

【解析】债券作为证明债权债务关系的凭证，一般以有一定格式的票面形式来表现。通常，债券票面上有四个基本要素：债券的票面价值、债券的到期期限、债券的票面利率和债券发行者名称。以上四个要素虽然是债券票面的基本要素，但它们并非一定在债券票面上印制出来。在许多情况下，债券发行者是以公布条例或公告形式向社会公开宣布某债券的期限与利率，只要发行人具备良好的信誉，投资者也会认可接受。因此，本题的正确答案为 B。

17．【答案】A

【解析】在国际市场上，短期国债的常见形式是国库券，它是由政府发行用于弥补临时收支差额的一种债券。因此，本题的正确答案为 A。

18．【答案】B

【解析】我国金融债券的发行始于北洋政府时期，后来，国民党政府时期也曾多次发行过金融公债、金融长期公债和金融短期公债。新中国成立之后的金融债券发行始于1982 年。因此，本题的正确答案为 B。

19．【答案】A

【解析】在国外，政府机构债券是由政府支持的公司或金融机构发行，并由政府提供担保。因此，本题的正确答案为 A。

20．【答案】B

【解析】我国的公司债券是指公司依照法定程序发行、约定在 1 年以上期限内还本付息的有价证券。公司债券的发行人是依照《公司法》在中国境内设立的有限责任公司和股份有限公司。发行公司债券应当符合《证券法》《公司法》和《公司债券发行试点办法》规定的条件，经中国证监会核准。显然本题叙述错误，因此，本题的正确答案为 B。

21．【答案】A

【解析】公司债券是公司依照法定程序发行的、约定在一定期限还本付息的有价证券。公司债券属于债券体系中的一个品种，它反映发行债券的公司和债券投资者之间的债权债务关系。因此，本题的正确答案为 A。

22．【答案】A

【解析】发行国内债券，筹集和还本付息的资金都是本国货币，所以不存在汇率风险。发行国际债券，筹集到的资金是外国货币，汇率一旦发生波动，发行人和投资者都有可能蒙受意外损失或获取意外收益。因此，本题的正确答案为 A。

23．【答案】B

【解析】1998 ～ 2001 年 9 月是我国封闭式基金发展阶段，在此期间，我国证券市场只有封闭式基金，本题时间段叙述错误。因此，本题的正确答案为 B。

24．【答案】A

【解析】契约型基金是基于信托原理而组织起来的代理投资方式，没有基金章程，也没有公司董事会，而是通过基金契约来规范三方当事人的行为。因此，本题的正确答案为 A。

25．【答案】A

【解析】开放式基金的基金份额持有人可以事先选择将所获分配的现金利润（收益）按照基金合同有关基金份额申购的约定转为基金份额；基金份额持有人事先未作出选择的，基金管理人应当支付现金。因此，本题的正确答案为 A。

26．【答案】A

【解析】期货合约是由交易所设计、经主管机构批准后向市场公布的标准化合约。期货合约设计成标准化的合约是为了便于交易双方在合约到期前分别做一笔相反的交易进行对冲，从而避免实物交收。实际上绝大多数的期货合约并不进行实物交割，通常在到期日之前即已平仓。因此，本题的正确答案为 A。

27．【答案】A

【解析】互换交易的主要用途是改变交易者资产或负债的风险结构（比如利率或汇率结构），从而规避相应的风险。因此，本题的正确答案为 A。

28．【答案】B

【解析】期货市场上的投机者会利用对未来期货价格走势的预期进行投机交易，预计价格上涨的投机者会建立期货多头，反之则建立空头。投机者的存在对维持市场流动性具有重大意义，但过度的投机必会受到限制，显然本题说法错误。因此，本题的正确答案为 B。

29．【答案】A

【解析】目前，中国外汇交易中心人民币利率互换参考利率包括上海银行间同业拆放利率（Shibor，含隔夜、1 周、3 个月期等品种）、国债回购利率（7 天）、1 年期定期存款利率，互换期限从 7 天到 3 年，交易双方可协商确定付息频率、利率重置期限、计息方式等合约条款。因此，本题的正确答案为 A。

30．【答案】A

【解析】回售是指公司股票在一段时间内连续低于转换价格达到某一幅度时，可转换公司债券持有人按事先约定的价格将所持可转换债券卖给发行人的行为。因此，本题的正确答案为 A。

31．【答案】A

【解析】目前上海和深圳证券交易所规定，标的证券发生除权的，行权比例应作相应调整，除息时则不作调整。因此，本题的正确答案为 A。

32．【答案】A

【解析】144A 私募存托凭证由于对发行人监管的要求最低，而且发行手续简单，所以早期寻求境外上市的境内企业使用得较多，但由于投资者数量有限，而且在柜台市场交易不利于提高企业知名度，所以近年来较少使用。因此，本题的正确答案为 A。

33．【答案】A

【解析】从 1996 年开始，发行存托凭证公司的类型开始转变，传统制造业公司比重有所下降，取而代之的是以基础设施和公用事业为主的公司。这些公司涉及航空、铁路、公路、电力等领域，而且发行三级存托凭证的比重大大提高。这批存托凭证的购买者多为机构投资者，有利于提升中国企业在海外的知名度，并有利于保持证券价格的稳定。因此，本题的正确答案为 A。

34．【答案】A

【解析】对发行人而言，发行存托凭证的好处有：(1) 市场容量大，筹资能力强；(2) 避开直接发行股票与债券的法律要求，上市手续简单，发行成本低。因此，本题的正确答案为 A。

35．【答案】A

【解析】结构化金融衍生产品按收益保障性分类，可分为收益保证型产品和非收益保证型产品两大类，其中前者又可进一步细分为保本型产品和保证最低收益型产品。因此，本题的正确答案为 A。

36．【答案】B

【解析】证券交易所的特征之一就是参加交易者为具备会员资格的证券经营机构，交易采取经纪制，即一般投资者不能直接进入交易所买卖证券，只能委托会员作为经纪人间接进行交易，显然本题错误。因此，本题的正确答案为 B。

37．【答案】A

【解析】债券的发行价格是指投资者认购新发行的债券实际支付的价格。债券的发行价格可以分为：（1）平价发行，即债券的发行价格与面值相等；（2）折价发行，即债券以低于面值的价格发行；（3）溢价发行，即债券以高于面值的价格发行。因此，本题的正确答案为 A。

38.【答案】A

【解析】通信网络是连接证券商柜台终端、交易席位和撮合主机的通信线路及设备，如单向卫星、双向卫星和地面数据专线等，用于传递委托信息、成交信息及行情信息等。因此，本题的正确答案为 A。

39.【答案】A

【解析】近年来，随着计算机和网络通讯等电子技术的应用，场外交易市场和交易所市场在交易方式上日益趋同，场外交易市场也具备了计算机自动撮合的条件。目前的场外交易市场早已不再单纯采用集中报价、分散成交的做市商模式，而是掺杂自动竞价撮合，形成混合交易模式。因此，本题的正确答案为 A。

40.【答案】A

【解析】在代办股份转让系统挂牌的公司大致可分为两类：（1）原 STAQ、NET 系统挂牌公司和沪、深证券交易所退市公司。这类公司按其资质和信息披露履行情况，其股票采取每周集合竞价 1 次、3 次或 5 次的方式进行转让。（2）非上市股份有限公司的股份报价转让，目前主要是中关村科技园区高科技公司，其股票转让主要采取协商配对的方式进行成交。因此，本题的正确答案为 A。

41.【答案】A

【解析】样本股的选择主要考虑两条标准：（1）样本股的市价总值要占在交易所上市的全部股票市价总值的大部分；（2）样本股票价格变动趋势必须能反映股票市场价格变动的总趋势。因此，本题的正确答案为 A。

42.【答案】A

【解析】证券投资是一种风险性投资。一般来说，风险是指对投资者预期收益的背离，或者说是证券收益的不确定性。因此，本题的正确答案为 A。

43.【答案】A

【解析】证券公司的自营业务必须以自身的名义，通过专用自营席位进行，并由非自营业务部门负责自营账户的管理，包括开户、销户、使用登记等。因此，本题的正确答案为 A。

44.【答案】B

【解析】2010 年 10 月 19 日，中国证监会公布了《证券投资顾问业务暂行规定》和《发布证券研究报告暂行规定》，进一步确立了证券投资咨询的两种基本业务形式。因此，本题的正确答案为 B。

45.【答案】A

【解析】证券公司与其控股股东应在业务、人员、机构、资产、财务、办公场所等方面严格分开，各自独立经营、独立核算、独立承担责任和风险。证券公司的控股股东及其关联方应当采取有效措施，防止与其所控股的证券公司发生业务竞争。因此，本题的正确答案为 A。

46.【答案】B

【解析】证券公司经营融资融券业务的，应当分别按对客户融资业务规模、融券业务规模的 10% 计算融资融券业务风险资本准备。因此，本题的正确答案为 B。

47.【答案】A

【解析】中国证监会与司法部于 2007 年 3 月 9 日发布的《律师事务所从事证券法律业务管理办法》规定，鼓励具备下列条件的律师事务所从事证券法律业务：内部管理规范，风险控制制度健全，执业水准高，社会信誉良好；有 20 名以上执业律师，其中 5 名以上曾从事过证券法律业务；已经办理有效的执业责任保险；最近 2 年未因违法执业行为受到行政处罚。因此，本题的正确答案为 A。

48.【答案】B

【解析】董事会、监事会、单独或合并持有证券公司 5% 以上股权的股东，可以向股东会提出议案。单独或合并持有证券公司 5% 以上股权的股东，可以向股东会提名董事（包括独立董事）、监事候选人。因此，本题的正确答案为 B。

49.【答案】A

【解析】证券公司对业务创新应重点防范违法违规、规模失控、决策失误等风险。业务创新应当坚持合法合规、审慎经营的原则，加强集中管理和风险控制；应建立完整的业务创新工作程序，严格内部审批程序，对可行性研究、产品或业务设计、风险管理、运作与实施方案等作出明确的要求，并经董事会批准；应对创新业务设计科学合理的流程，制定风险控制措施及相应的财务核算、资金管理办法。因此，本题的正确答案为 A。

50.【答案】B

【解析】根据我国《证券法》规定，投资咨询机构及其从业人员从事证券服务业务的，不得代理委托人从事证券投资，不得与委托人约定分享证券投资收益或者分担证券投资损失，不得买卖本咨询机构提供服务的上市公司股票，不得利用传播媒介或者通过其他方式提供、传播虚假或者误导投资者的信息，不得法律、行政法规禁止的其他行为。因此，本题的正确答案为 B。

51.【答案】A

【解析】股份有限公司申请其股票上市交易，向证券交易所报送有关文件。证券交易所依法决定是否接受其股票上市交易。证券交易所有权决定暂停和终止股票上市。因此，本题的正确答案为 A。

52.【答案】A

【解析】证券公司向客户融资融券，应当向客户收取一定比例的保证金，证券公司应当将收取的保证金以及客户融资买入的全部证券和融券卖出所得全部价款，分别存放在客户信用交易担保证券账户和客户信用交易担保资金账户，作为对该客户融资融券所生债权的担保物。因此，本题的正确答案为 A。

53.【答案】A

【解析】2005 年对《公司法》修订的主要内容中，包括完善公司法人治理结构，健全内部监督制约机制，提高公司运作效率：（1）从总体要求公司应当建立权责规范、制度完善、各负其责、有效制衡的内部管理机制。（2）健全董事会制度，突出董事会集体决策作用，强化对董事长权力的制约，细化董事会会议制度和工作程序。（3）强化监事会作用。充实监事会的职权，规定监事会有权向股东会提出罢免董事、经理的建议，列席董事会会议并对董事会决议事项提出质询或者建议等；监事会或不设监事会的有限责任公司的监事发现公司经营情况异常，可以进行调查，必要时，聘请会计师事务所等协助其工作，费用由公司承担。有限责任公司设立监事会，其成员不得少于 3 人。有限责任公司的监事会会议每年至少召开 1 次，股份有限公司的监事会至少每 6 个月召开 1 次，监事可以提议召开临时监事会会议。监事会对所议事项的决定作成会议记录，出席会议的监事在会议记录上签字。因此，本题的正确答案为 A。

54．【答案】B

【解析】《中华人民共和国刑法》（简称《刑法》）于1979年7月1日第五届全国人民代表大会第二次会议通过并实施，1997年3月14日经第八届全国人民代表大会第五次会议修订。此后不断以修正案的形式做了修正，现行的《中华人民共和国刑法修正案（七）》经2009年2月28日第十一届全国人民代表大会常务委员会第七次会议通过。因此，本题的正确答案为B。

55．【答案】A

【解析】根据《刑法》及修正案关于证券犯罪或与证券有关的规定，商业银行、证券交易所、期货交易所、证券公司、期货经纪公司、保险公司或者其他金融机构，违背受托义务，擅自运用客户资金或者其他委托、信托的财产，情节严重的，对单位判处罚金，并对其直接负责的主管人员和其他直接责任人员，处3年以下有期徒刑或者拘役，并处3万元以上30万元以下罚金；情节特别严重的，处3年以上10年以下有期徒刑，并处5万元以上50万元以下罚金。因此，本题的正确答案为A。

56．【答案】B

【解析】中国证券业协会负责从业人员从业资格考试、执业证书发放以及执业注册登记等工作。中国证监会对中国证券业协会有关证券业从业人员资格管理的工作进行指导和监督。因此，本题的正确答案为B。

57．【答案】A

【解析】证券发行上市监管的核心是发行决定权的归属，我国目前对证券发行实行的是核准制。核准制是指发行人申请发行证券，不仅要公开披露与发行证券有关的信息，符合《公司法》和《证券法》所规定的条件，而且要求发行人将发行申请报请证券监管部门决定的审核制度。因此，本题的正确答案为A。

58．【答案】A

【解析】资本市场运行机制的正常运转、市场交易秩序的有效维持都离不开诚信的支撑和维系。诚信是资本市场的本质要求，加强诚信建设是推进资本市场改革发展的重要基础工作，有利于加大对违法失信行为的惩罚力度，保护投资者的合法权益，强化市场主体的权利义务观念，规范市场行为。因此，本题的正确答案为A。

59．【答案】A

【解析】《证券交易所管理办法》要求，证券交易所应当根据国家关于证券经营机构自营业务管理的规定和证券交易业务规则，对会员的证券自营业务实施监管。对会员代理客户买卖证券业务，应在业务规则中作出详细规定并实施监管。证券交易所每年应当对会员的财务状况、内部风险控制制度以及遵守国家有关法规和证券交易所业务规则等情况进行抽查或者全面检查，并将检查结果上报中国证监会。证券交易所有权要求会员提供有关业务的报表、账册、交易记录及其他文件、资料，同时可根据证券交易所章程和业务规则对会员的违规行为进行制裁。因此，本题的正确答案为 A。

60．【答案】A

【解析】根据《证券交易所管理办法》的规定，证券交易所应当以适当方式及时公布证券行情，按日制作证券行情表；并就其市场内的成交情况编制日报表、周报表、月报表和年报表，及时向社会公布，由此可知本题说法正确。因此，本题的正确答案为 A。

模拟试卷（二）

一、**单项选择题**（本大题共 60 小题，每小题 0.5 分，共 30 分。以下各小题所给出的 4 个选项中，只有一项最符合题目要求。）

1．下列选项中，不属于银行证券的是（   ）。

A．银行汇票　　　　　　　　　　B．支票

C．商业汇票　　　　　　　　　　D．银行本票

2．随着国际经济、金融形势的变化，目前不少国家尤其是发展中国家拥有了大量的官方外汇储备，为管理好这部分资金，成立了代表国家进行投资的（   ）。

A．保险公司及保险资产管理公司　　B．信托投资公司

C．主权财富基金　　　　　　　　　D．国家开发银行

3．我国历史上第一家股份制企业是（   ）。

A．上海众业公所　　　　　　　　B．上海真空电子

C．轮船招商局　　　　　　　　　D．上海飞乐音响

4．2000 年，阿姆斯特丹交易所、布鲁塞尔交易所、巴黎交易所签署协议，合并成立（   ）。

A．伦敦国际金融期权期货交易所　　B．纽交所—泛欧证交所公司

C．CME 集团有限公司　　　　　　D．泛欧交易所

5．1999 年 11 月 4 日，美国国会通过（   ），标志着金融业分业制度的终结。

A．《格拉斯—斯蒂格尔法案》　　　B．《金融服务现代化法案》

C．《证券交易所法》　　　　　　　D．《格林斯潘法》

6．B 股是指（   ）。

A．我国境内上市外资股　　　　　B．香港上市外资股

C. 纽约上市外资股   D. 境外上市外资股

7. 中国证监会截至 2011 年 12 月，已相继与（ ）个国家（或地区）的证券（期货）监管机构签署了 50 个监管合作备忘录。

A. 32   B. 33

C. 36   D. 46

8. 股票所载有权利的有效性是始终不变的，是基于股票的（ ）。

A. 收益性   B. 永久性

C. 流动性   D. 风险性

9. 我国《公司法》规定，记名股票被盗、遗失或者灭失，股东可以依法规定的公示催告程序，请求（ ）宣告该股票失效。

A. 中国证监会   B. 证券交易所

C. 上市公司   D. 人民法院

10. 下列选项中，关于股票性质的说法，不正确的是（ ）。

A. 股票是有价证券、要式证券   B. 股票是证权证券、资本证券

C. 股票是物权证券、债权证券   D. 股票是综合权利证券

11. 我国《公司法》规定，采取发起设立方式设立股份有限公司的，发起人应当书面认足公司章程规定其认购的股份，分期缴纳的，应当缴纳首期出资。全体发起人首次出资额不得低于注册资本的 20%，其余部分由发起人自公司成立之日起（ ）年内缴足。

A. 1   B. 2

C. 3   D. 5

12. （ ）是指优先股票股东除了按规定分得本期固定股息外，还有权与普通股票股东一起参与本期剩余盈利分配的优先股票。

A. 参与优先股票   B. 非参与优先股票

C. 累积优先股票   D. 可转换优先股票

13. 股东大会一般每年定期召开（ ）次。

A. 1   B. 2

C. 3   D. 5

14. 股东大会作出修改公司章程、增加或减少注册资本的决议，以及公司合并、分

立、解散或者变更公司形式的决议，必须经出席会议的股东所持表决权的（ ）以上通过。

　　A．2/3　　　　　　　　　　　　B．1/2

　　C．3/4　　　　　　　　　　　　D．1/3

15．债券根据发行主体的不同，可分为（ ）。

　　A．贴现债券、附息债券和息票累积债券

　　B．实物债券、凭证式债券和记账式债券

　　C．政府债券、金融债券和公司债券

　　D．国债和地方债券

16．偿还期限在10年或10年以上的国债被称为（ ）。

　　A．短期国债　　　　　　　　　　B．中期国债

　　C．长期国债　　　　　　　　　　D．无期国债

17．公司债券属于债券体系中的一个品种，它反映发行债券的公司和债券投资者之间的（ ）关系。

　　A．所有权　　　　　　　　　　　B．契约

　　C．债权债务　　　　　　　　　　D．权利义务

18．可交换债券与可转换债券的相同之处是（ ）相似。

　　A．发债主体和偿债主体　　　　　B．所换股份的来源

　　C．适用的法规　　　　　　　　　D．发行要素

19．国际债券的重要风险是（ ）。

　　A．通货膨胀风险　　　　　　　　B．利率风险

　　C．汇率风险　　　　　　　　　　D．信用风险

20．（ ）是指基金份额总额不固定，基金份额可以在基金合同约定的时间和场所申购或者赎回的基金。

　　A．封闭式基金　　　　　　　　　B．开放式基金

　　C．债券基金　　　　　　　　　　D．股票基金

21．下列选项中，对封闭式基金的认识，不正确的是（ ）。

　　A．经核准的基金份额总额在基金合同期限内固定不变

　　B．基金份额可以在依法设立的证券交易场所交易

C．投资者可以通过证券经纪商在一级市场和二级市场上进行基金的买卖

D．基金份额持有人不得申请赎回

22．偏股型基金对股票的配置比例较高，一般为（　　）。

A．20%～30%　　　　　　　　B．30%～50%

C．50%～70%　　　　　　　　D．70%～80%

23．我国基金的年管理费率最初为（　　），随着基金规模的扩大和竞争的加剧，管理费有逐步调低的倾向。

A．1%　　　　　　　　　　　B．1.5%

C．2%　　　　　　　　　　　D．2.5%

24．按照《证券投资基金管理办法》的规定，封闭式基金的收益分配每年不得少于一次，封闭式基金年度收益分配比例不得低于基金年度已实现收益的（　　）。

A．50%　　　　　　　　　　B．60%

C．70%　　　　　　　　　　D．90%

25．基础工具价格的变幻莫测决定了金融衍生工具交易盈亏的（　　），这是金融衍生工具高风险性的重要诱因。

A．高风险性　　　　　　　　B．跨期性

C．不稳定性　　　　　　　　D．联动性

26．1988年国际清算银行制定的《巴塞尔协议》规定，开展国际业务的银行必须将其资本对加权风险资产的比率维持在8%以上，其中核心资本至少为总资本的（　　）。

A．30%　　　　　　　　　　B．50%

C．60%　　　　　　　　　　D．70%

27．在期货市场中，出于规避风险目的而进行交易的是（　　）。

A．投机者　　　　　　　　　B．套期保值者

C．经纪商　　　　　　　　　D．期货交易所

28．股票价格指数期货的交易单位等于基础指数的数值与交易所规定的每点价值之乘积，采用（　　）。

A．股票交割方式结算　　　　B．现金结算

C．证券给付结算　　　　　　D．债券托管结算

29. 股指期货合约的涨跌停板幅度为上一交易日结算价的（　　）。

A．±10%　　　　　　　　　　B．±20%

C．±30%　　　　　　　　　　D．±35%

30. 先在期货市场买进期货，以便将来在现货市场买进时不致因价格上涨而造成经济损失的期货交易方式是（　　）。

A．交叉套期保值　　　　　　B．空头套期保值

C．多头套期保值　　　　　　D．平行套期保值

31. 当期货合约临近到期日时，现货价格与期货价格趋同，称为（　　）。

A．偏离性　　　　　　　　　B．等同性

C．收敛性　　　　　　　　　D．一致性

32. 1992 年 12 月 18 日，（　　）开办国债期货交易，并于 1993 年 10 月 25 日向社会公众开放。

A．中国证监会　　　　　　　B．深圳证券交易所

C．中国证券结算有限责任公司　　D．上海证券交易所

33. 目前，（　　）已经成为最大的衍生交易品种。

A．按实际金额计算的互换交易　　B．按名义金额计算的互换交易

C．远期利率协议　　　　　　D．金融期货合约

34. 下列选项中，关于金融期货的说法，不正确的是（　　）。

A．金融期货必须在有组织的交易所进行集中交易

B．在世界各国，金融期货交易至少要受到 1 家以上的监管机构监管，交易品种、交易者行为均须符合监管要求

C．金融期货交易是非标准化交易

D．金融期货交易实行保证金制度和每日结算制度

35. 下列选项中，关于利率期货的说法，不正确的是（　　）。

A．利率期货主要是为了规避利率风险而产生的

B．利率期货的基础资产是一定数量的与利率相关的某种金融工具，主要是各类浮动收益金融工具

C．1975 年 10 月，利率期货产生于美国芝加哥期货交易所（CBOT）

D．利率期货品种主要包括债券期货和主要参考利率期货

36．1975 年 10 月，利率期货产生于（   ），虽然比外汇期货晚了 3 年，但其发展速度与应用范围都远较外汇期货来得迅速和广泛。

A．美国证券交易所　　　　　　　B．美国芝加哥期货交易所

C．纽约证券交易所　　　　　　　D．中国香港交易所

37．金融期货与金融期权的区别在于（   ）。

A．收费不同　　　　　　　　　　B．收益不同

C．交易方式不同　　　　　　　　D．交易者权利和义务的对称性不同

38．目前我国证券市场推出的权证均为（   ）。

A．债权类权证　　　　　　　　　B．认股权证

C．股权类权证　　　　　　　　　D．认购权证

39．下列选项中，关于金融期货的说法，不正确的是（   ）。

A．金融期货交易双方都无权违约，但可以要求提前交割或推迟交割，也可以在到期前的任一时间通过反向交易实现对冲或到期进行实物交割

B．在对冲或到期交割前，价格的变动必然使其中一方盈利而另一方亏损

C．其盈利或亏损的程度决定于价格变动的幅度

D．从理论上说，金融期货交易中双方潜在的盈利和亏损都是无限的

40．非公开发行股票的发行对象不得超过（   ）名。

A．3　　　　　　　　　　　　　　B．5

C．10　　　　　　　　　　　　　　D．15

41．证券发行中最常见、最基本的发行方式是（   ）。

A．直接发行　　　　　　　　　　B．间接发行

C．公募发行　　　　　　　　　　D．私募发行

42．公募发行，又称（   ），是发行人向不特定的社会公众投资者发售证券的发行。

A．直接发行　　　　　　　　　　B．公开发行

C．招标发行　　　　　　　　　　D．承购包销

43．根据我国《证券法》和《证券交易所管理办法》的规定，证券交易所设立的理事会是证券交易所的决策机构，下列选项中是理事会主要职责的是（   ）。

A．制定和修改证券交易所章程

B．选举和罢免会员理事

C．制定、修改证券交易所的业务规则

D．审议和通过证券交易所的财务预算、决算报告

44．目前在国际上影响最大、历史最悠久的道·琼斯股价平均数采用修正股价平均数法来计算股价平均数，每当股票分割、送股或增发、配股数超过原股份（　　）时，就对除数作相应的修正。

A．10%

B．20%

C．30%

D．40%

45．下列选项中，关于现金股息的说法，不正确的是（　　）。

A．现金股息是以货币形式支付的股息和红利，是最普通、最基本的股息形式

B．现金股息分发的多少取决于股东大会对影响公司发展的诸多因素的权衡

C．分派现金股息，既可以满足股东预期的现金收益目的，又有助于提高股票的市场价格，以吸引更多的投资者

D．一般来说，股东更偏重于目前利益，希望得到比其他投资形式更高的投资收益

46．（　　）是指股票持有者依据所持股票从发行公司分取的盈利。

A．股票股息

B．股息

C．负债股息

D．财产股息

47．（　　）是股东权益账户中不同项目之间的转移，对公司的资产、负债、股东权益总额没有影响。

A．现金股息

B．财产股息

C．股票股息

D．负债股息

48．证券公司经营证券经纪、证券投资咨询、与证券交易以及投资咨询活动有关的财务顾问业务，注册资本最低限额为人民币（　　）。

A．5 000万元

B．1亿元

C．2亿元

D．3亿元

49．董事会、监事会、单独或合并持有证券公司（　　）以上股权的股东，可以向股东会提出议案。

A．5%   B．10%

C．15%   D．20%

50．证券公司经营融资融券业务的，应当分别按对客户融资业务规模、融券业务规模的（ ）计算融资融券业务风险资本准备。

A．5%   B．10%

C．15%   D．20%

51．按照《关于从事证券期货相关业务的资产评估机构有关管理问题的通知》的规定，资产评估机构申请证券评估资格，应当符合的条件是净资本不少于（ ）万元。

A．50   B．100

C．200   D．300

52．申请证券、期货投资咨询从业资格的机构，应当具备的条件之一是分别从事证券或者期货投资咨询业务的机构，有（ ）名以上取得证券、期货投资咨询从业资格的专职人员。

A．2   B．3

C．5   D．10

53．下列单位犯罪中，对其直接负责的主管人员和其他直接责任人员，处3年以下有期徒刑或者拘役，并处或者单处2万元以上20万元以下罚金的是（ ）。

A．欺诈发行股票、债券罪

B．提供虚假财务会计报告罪

C．编造并传播影响证券交易虚假信息罪、诱骗他人买卖证券罪

D．操纵证券市场罪

54．依据《证券公司风险处置条例》，在停业整顿、托管、接管过程中，符合条件的，证券公司也可以向（ ）申请行政重组。

A．中国证监会   B．证券登记结算机构

C．证券交易所   D．中国证券业协会

55．未经国家有关主管部门批准，非法发行股票或者公司、企业债券，数额巨大、后果严重或者有其他严重情节的，处（ ）年以下有期徒刑或者拘役。

A．2   B．3

C. 5   D. 10

56. 金融机构按照国务院反洗钱行政主管部门的要求，临时冻结资金不得超过（ ）小时。

A. 12   B. 24

C. 36   D. 48

57. 中国证监会在调查操纵证券市场、内幕交易等重大证券违法行为时，经国务院证券监督管理机构主要负责人批准，可以限制被调查事件当事人的证券买卖，但限制的期限不得超过（ ）个交易日。

A. 5   B. 10

C. 15   D. 20

58. 下列选项中，不属于证券投资者保护基金公司的职责的是（ ）。

A. 筹集、管理和运作基金

B. 依法制定从事证券业务人员的资格标准和行为准则，并监督实施

C. 监测证券公司风险，参与证券公司风险处置工作

D. 组织、参与被撤销、关闭或破产证券公司的清算工作

59. 中国证券业协会的权力机构是全体会员组成的（ ）。

A. 理事会   B. 会员大会

C. 股东大会   D. 董事会

60. 下列选项中，不属于证券业从业人员诚信信息记录的内容的是（ ）。

A. 基本信息   B. 奖励信息

C. 收入情况信息   D. 警示信息

二、**多项选择题**（本大题共 40 小题，每小题 1 分，共 40 分。以下各小题所给出的 4 个选项中，至少有两项符合题目要求。）

1. 优先股票不同于普通股票，它有（ ）的特征。

A. 股息率固定   B. 股息分派优先

C. 剩余资产分配优先   D. 一般无表决权

2. 契约型基金与公司型基金的区别包括（ ）。

A．资金的性质不同   B．投资者的地位不同

C．风险水平不同   D．基金的营运依据不同

3．金融期货的基本功能包括（   ）。

A．套利功能   B．套期保值功能

C．价格发现功能   D．投机功能

4．金融互换是指两个或两个以上的当事人按共同商定的条件，在约定的时间内定期交换现金流的金融交易，可分为（   ）。

A．货币互换   B．利率互换

C．股权互换   D．信用互换

5．权证的要素包括（   ）。

A．权证类别   B．行权价格

C．行权日期   D．行权比例

6．在美国，住房抵押贷款大致可以分为（   ）。

A．优级贷款   B．Alt－A 贷款

C．次级贷款   D．住房权益贷款和机构担保贷款

7．我国《证券法》规定，上市公司有下列情形之一的，由证券交易所决定暂停其股票上市交易（   ）。

A．公司不按照规定公开其财务状况，或者对财务会计报告作虚假记载，可能误导投资者

B．公司股本总额、股权分布等发生变化不再具备上市条件

C．公司有重大违法行为

D．公司最近 3 年连续亏损

8．深圳证券交易所的运作系统包括（   ）。

A．集中竞价交易系统   B．大宗交易系统

C．综合协议交易平台   D．固定收益证券综合电子平台

9．发放股票股息的目的是（   ）。

A．增加公司股东权益总额

B．增加公司资产总额

C．使公司保留现金，解决公司发展对现金的需要

D．使公司股票数量增加、股价下降，有利于股票的流通

10．债券的投资收益包括（　）。

A．债券的利息收益

B．公积金转增股本

C．资本损益

D．再投资收益

11．按照《证券法》的要求，设立证券公司应当具备的条件包括（　）。

A．主要股东具有持续盈利能力，信誉良好，最近3年无重大违法违规记录，净资产不低于人民币2亿元

B．董事、监事、高级管理人员具备任职资格，从业人员具有证券从业资格

C．有完善的风险管理与内部控制制度

D．有合格的经营场所和业务设施

12．根据《证券公司融资融券业务试点管理办法》，证券公司申请融资融券业务试点，应当具备的条件包括（　）。

A．经营经纪业务已满3年，且在分类评价中等级较高的公司

B．公司治理健全，内控有效，能有效识别、控制和防范业务经营风险和内部管理风险

C．公司信用良好，最近两年未有违法违规经营的情形

D．有完善和切实可行的业务实施方案和内部管理制度，具备开展业务所需的人员、技术、资金和证券

13．证券公司经纪业务内部控制的主要内容包括（　）。

A．重点防范挪用客户交易结算资金及其他客资产、非法融入融出资金以及结算风险等

B．加强经纪业务整体规划

C．加强营业网点布局、规模、选址等的统一规划和集中管理

D．应制定统一完善的经纪业务标准化服务规程、操作规范和相关管理制度

14．证券公司为客户买卖证券提供融资融券服务，必须符合的规定包括（　）。

A．为单一客户融资业务规模不得超过净资本的5%

B．对单一客户融券业务规模不得超过净资本的10%

C．接受单只担保股票的市值不得超过该股票总市值的 20%

D．按对客户融资规模的 5% 计算风险准备

15．中国证监会与中华人民共和国司法部发布的《律师事务所从事证券法律业务管理办法》规定，鼓励满足（　　）条件的律师事务所从事证券法律业务。

A．最近 2 年未因违法执业行为受到行政处罚

B．已经办理有效的执业责任保险

C．有 20 名以上执业律师，其中 5 名以上曾从事过证券法律业务

D．内部管理规范，风险控制制度健全，执业水准高，社会信誉良好

16．《中华人民共和国公司法》的调整范围包括（　　）。

A．股份有限公司　　　　　　　　B．有限责任公司

C．中外合资公司　　　　　　　　D．外资公司

17．证券有关责任人员出现下列（　　）行为的，可以对其采取终身的证券市场禁入措施。

A．严重违反法律、行政法规或者中国证监会有关规定，构成犯罪的

B．受他人指使、胁迫有违法行为，但能主动交代违法行为的

C．违反法律、行政法规或者中国证监会有关规定，行为特别恶劣，严重扰乱证券市场秩序并造成严重社会影响，或者致使投资者利益遭受特别严重损害的

D．组织、策划、领导或者实施重大违反法律、行政法规或者中国证监会有关规定的活动的

18．证券操纵市场行为包括（　　）。

A．单独或者通过合谋，集中资金优势、持股优势或者利用信息优势联合或者连续买卖，操纵证券交易价格或数量

B．与他人串通，以事先约定的时间、价格和方式相互进行证券交易，影响证券交易价格或者证券交易量

C．在自己实际控制的账户之间进行证券交易，影响证券交易价格或者证券交易量

D．利用传播媒介或者通过其他方式提供、传播虚假或者误导投资者的信息

19．证券业从业人员诚信信息的用途包括（　　）。

A．作为中国证监会对有关人员进行任职资格审核的依据

B．作为境内外其他金融监管机构对有关人员进行任职资格审核的参考

C．作为中国证券业协会审核证券业执业注册或变更申请的依据

D．作为中国证券业协会推荐有关人选或组织行业评比的依据

20．中国证券业协会对从业人员的管理主要包括（　　）。

A．从业人员的资格管理

B．后续职业培训

C．制定从业人员的行为准则和道德规范

D．从业人员诚信信息管理

21．证券市场的特征包括（　　）。

A．证券市场是价值直接交换的场所　　B．证券市场是财产权利直接交换的场所

C．证券市场是风险直接交换的场所　　D．证券市场是价值实现增值的场所

22．近年来，全球各主要市场均开设了（　　）交易，使开放式基金也可以在交易所市场挂牌交易。

A．衍生证券投资基金　　　　　　　B．交易所交易基金

C．指数基金　　　　　　　　　　　D．上市开放式基金

23．国际证监会组织公布的证券市场监督目标包括（　　）。

A．保证证券市场的公平、效率和透明

B．稳定市场价格

C．降低系统性风险

D．保护投资者

24．赋予股东优先认股权的主要目的是（　　）。

A．保证普通股票股东在股份公司中保持原有的持股比例

B．确保公司股份能足额认购

C．保护原普通股票股东的利益和持股价值

D．增加公司的募集资金

25．在我国，按投资主体的不同性质，将股票划分为（　　）等不同类型。

A．国家股　　　　　　　　　　　B．法人股

C．社会公众股　　　　　　　　　D．外资股

26．对于证券市场的产生，具有推动作用的因素有（　　）。

A．社会化大生产和商品经济的发展　　B．股份制的发展

C．信用制度的发展　　　　　　　　　D．国际贸易的发展

27．证券的流通是通过（　　）实现的。

A．承兑　　　　　　　　　　　　　　B．贴现

C．交易　　　　　　　　　　　　　　D．继承

28．2007 年开始，全球证券市场的发展也呈现出一些新的趋势，突出表现在（　　）。

A．金融监管的改革　　　　　　　　　B．金融机构的去杠杆化

C．国际金融合作的进一步加强　　　　D．金融市场竞争更加自由化

29．对证券投资基金进行限制的主要目的是（　　）。

A．引导基金分散投资，降低风险　　　B．避免基金操纵市场

C．督促基金改进投资策略　　　　　　D．发挥基金引导市场的积极作用

30．有价证券本身并没有价值，但它代表一定的财产权利，持有人可凭该证券取得一定量的（　　）。

A．商品　　　　　　　　　　　　　　B．货币

C．利息收入　　　　　　　　　　　　D．股息收入

31．除一、二级市场区分之外，证券市场的层次性还体现为（　　）。

A．区域分布　　　　　　　　　　　　B．覆盖公司类型

C．上市交易制度　　　　　　　　　　D．监管要求的多样性

32．按权证的内在价值，可以将权证分为（　　）。

A．平价权证　　　　　　　　　　　　B．虚值权证

C．价外权证　　　　　　　　　　　　D．价内权证

33．下列选项中，关于有面额股票的说法，正确的是（　　）。

A．股票票面上记载有一定金额

B．可以明确表示每一股票所代表的股权比例

C．为股票发行价格的确定提供依据

D．我国《公司法》规定，发行价不得低于票面金额

34．股票具有的特征包括（　　）。

A．收益性   B．风险性

C．流动性   D．永久性和参与性

35．公司发行记名股票的，应当置备股东名册，记载（   ）事项。

A．股东的姓名或者名称及住所   B．各股东所持股份数

C．各股东所持股票的编号   D．各股东取得股份的日期

36．我国主要的基金指数由（   ）组成。

A．中证基金指数系列   B．上证基金指数

C．深证基金指数   D．SAC 行业指数

37．深证系列综合指数包括（   ）。

A．深证综合指数   B．深证 A 股指数

C．行业分类指数   D．深证 B 股指数

38．恒生流通综合指数系列包括（   ）。

A．恒生综合指数   B．恒生流通综合指数

C．恒生香港流通指数   D．恒生中国内地流通指数

39．股价平均数的种类有（   ）。

A．指数平均数   B．加权股价平均数

C．修正股价平均数   D．简单算术股价平均数

40．中证规模指数包括（   ）。

A．中证 100 指数   B．中证 200 指数

C．中证 500 指数   D．中证 700 指数

三、**判断题**（本大题共 60 小题，每小题 0.5 分，共 30 分。判断以下各小题的对错，正确的填 A，错误的填 B。）

1．有价证券是指无票面金额，证明持有人有权按期取得一定收入并可自由转让和买卖的所有权或债权证券。（   ）

2．公募证券是指发行人通过中介机构向特定的社会公众投资者公开发行的证券。（   ）

3．证券是资本的表现形式，所以证券的价格实际上是证券所代表的资本的价格。（   ）

4．我国有关政策规定，各种社会公益基金可用于证券投资以保值增值。（ ）

5．在大多数国家，社保基金分为两个层次：其一是国家以社会保障税等形式征收的全国性基金，其二是由企业定期向员工支付并委托基金公司管理的企业年金。（ ）

6．费城证券交易所是美国成立的第一个证券交易所。（ ）

7．股票的参与性是指股票持有人有权参与公司重大决策的特性。（ ）

8．普通股票是风险最大的股票。（ ）

9．增发指公司因业务发展需要增加资本额而发行新股。（ ）

10．股票不属于物权证券，也不属于债权证券，而是一种综合权利证券。（ ）

11．我国对个人投资者获取上市公司现金分红适用的利息税率为30%，同前减半征收。（ ）

12．股票持有者作为股份公司的股东依法享有资产收益、重大决策、选择管理者等权利，所以股票也是一种物权证券。（ ）

13．股票的有效期与股份公司的存续期间相联系，二者是并存的关系。（ ）

14．中央银行的货币政策对股票价格有间接的影响。（ ）

15．非参与优先股票的优先权不是体现在股息多少上，而是在分配顺序上。（ ）

16．股东可以亲自出席股东大会，也可以委托代理人出席股东会议。代理人应当向公司提交股东授权委托书，并行使委托股东所有权力。（ ）

17．境外上市外资股采取记名股票形式，以人民币标明面值，以外币认购。（ ）

18．国家股由国务院授权的部门或机构持有，或根据国务院决定，由地方人民政府授权的部门或机构持有。（ ）

19．一般来说，公司债券的发行主体是股份公司，所以非股份公司不可发行企业债券。（ ）

20．我国1992年开始发行凭证式国债。（ ）

21．地方政府债券是地方政府根据本地区经济发展和资金需求状况，以承担还本付息责任为前提，向社会筹集资金的债务凭证。（ ）

22．以个人为目标的流通债券，一般是吸收个人小额储蓄资金，故有时称之为储蓄债券。（ ）

23．记账式国债二级市场交易价格是由市场决定的，到期前市场价格（净价）有可

能高于或低于发行面值。（　）

24．信用公司债券是一种不以公司任何资产作担保而发行的债券，属于担保证券范畴。（　）

25．信用公司债券的发行人实际上是将公司信誉作为担保。（　）

26．可转换公司债券是指发行人依照法定程序发行、在一定期限内依据约定的条件可以转换成股份的公司债券。（　）

27．外国债券的特点是债券发行人、债券的面值货币和发行市场同属于一个国家。（　）

28．国际债券是一种跨国发行的债券，涉及至少五个或五个以上的国家。（　）

29．债券基金的收益会受市场利率的影响，当市场利率下调时，其收益会也随之下降。（　）

30．设立基金管理公司，注册资本不低于 5 亿元人民币，且必须为实缴货币资本。（　）

31．基金托管人应该是完全独立于基金管理机构、具有一定的经济实力、实收资本达到一定规模、具有行业信誉的金融机构。（　）

32．金融远期合约主要包括远期利率协议、远期外汇合约和远期股票合约。（　）

33．金融衍生工具是交易双方通过对利率、汇率、股价等因素变动趋势的预测，约定在未来某一时间按照一定条件进行交易或选择是否交易的合约。（　）

34．期货合约是由交易所设计、经主管机构批准后向市场公布的标准化合约。（　）

35．金融远期合约由于采用了集中交易的方式，交易事项可协商确定，较为灵活，金融机构或大型工商企业通常利用远期交易作为风险管理手段。（　）

36．金融期货的交易价格是在交易过程中形成的，但这一交易价格是对金融现货未来价格的预期，这相当于在交易的同时发现了金融现货基础工具（或金融变量）的未来价格。（　）

37．从理论上说，期权出售者在交易中所取得的盈利是有限的，仅限于他所收取的期权费，而他可能遭受的损失却是无限的。（　）

38．欧式期权只能在期权到期日执行。（　）

39．股票组合期权是以一篮子股票为基础资产的期权，代表性品种是交易所交易基

金的期权。（ ）

40．金融期货交易双方在成交时不发生现金收付关系，但在成交后，由于实行逐日结算制度，交易双方将因价格的变动而发生现金流转。（ ）

41．欧美等国上市公司在发行公司债券时，为提高债券的吸引力，经常在债券上附认股权证，这些认股权证可以与主体债券相分离，单独交易。（ ）

42．资金和资产存管机构是指接受发起人转让的资产，或受发起人委托持有资产，并以该资产为基础发行证券化产品的机构。（ ）

43．公司制的证券交易所是以股份有限公司形式组织并以营利为目的的法人团体，一般由金融机构及各类民营公司组建。（ ）

44．证券的发行、交易活动必须实行公开、公平、公正的原则，必须遵守法律、行政法规；禁止欺诈、内幕交易和操纵证券市场的行为。（ ）

45．从交易的组织形式看，资本市场可以分为交易所场内市场和场外交易市场。（ ）

46．大宗交易在交易所正常交易日收盘后的限定时间进行，申报方式有意向申报和成交申报。（ ）

47．深证基金指数的选样范围为在深圳证券交易所上市的所有证券投资基金。（ ）

48．证券投资的风险是指证券预期收益变动的可能性及变动幅度。（ ）

49．系统风险是指只对某个行业或个别公司的证券产生影响的风险。（ ）

50．保荐机构负责证券发行的主承销工作，负有对发行人进行尽职调查的义务和包销义务，对公开发行募集文件的真实性、准确性、完整性进行核查，向中国证监会出具保荐意见。（ ）

51．证券公司与其控股股东应在业务、人员、机构、资产、财务、办公场所等方面严格分开，各自独立经营、独立核算、独立承担责任和风险。（ ）

52．证券公司应按照相关会计准则和会计制度的规定，结合实际情况，建立健全证券公司的会计核算办法，加强会计基础工作，提高会计信息质量。（ ）

53．证券公司应当采取公开、透明的方式，聘任专业人士为经理层人员。（ ）

54．证券公司经营证券自营业务的，应当按固定收益类证券投资规模的20%计算风险资本准备。（ ）

55．行政重组是出现重大风险，但财务信息真实、完整，省级人民政府或者有关方

面予以支持，有可行的重组计划的证券公司，向中国证监会申请进行行政重组。（　）

56．证券公司违法经营特别严重，不能清偿到期债务，需要动用证券投资者保护基金的，中国证监会可以直接撤销该证券公司。（　）

57．发行人及其主承销商通过累计投标询价确定发行价格的，当发行价格以上的有效申购总量大于网下配售数量时，应当对发行价格以上的全部有效申购进行同比例配售。（　）

58．我国证券市场监管机构是国务院证券监督管理机构。（　）

59．证券市场监管是一国宏观经济监督体系中不可缺少的组成部分，对证券市场的健康发展意义重大。（　）

60．中国证监会可以要求证券交易所之间建立以市场监管为目的的信息交换制度和联合监管制度，共同监管跨市场的不正当交易行为，控制市场风险。（　）

模拟试卷（二）参考答案与解析

一、单项选择题

1.【答案】C

【解析】货币证券是指本身能使持有人或第三者取得货币索取权的有价证券。货币证券主要包括两大类：一类是商业证券，主要是商业汇票和商业本票；另一类是银行证券，主要是银行汇票、银行本票和支票。因此，本题的正确答案为C。

2.【答案】C

【解析】随着国际经济、金融形势的变化，目前不少国家尤其是发展中国家拥有了大量的官方外汇储备，为管理好这部分资金，成立了代表国家进行投资的主权财富基金。因此，本题的正确答案为C。

3.【答案】C

【解析】从19世纪70年代开始，清政府洋务派在我国兴办工业，随着这些股份制企业的兴起，中国自己的股票、公司债券和证券市场便应运而生了。1872年设立的轮船招商局是我国第一家股份制企业。1914年北洋政府颁布的《证券交易所法》推动了证券交易所的建立。因此，本题的正确答案为C。

4.【答案】D

【解析】进入21世纪以来，全球证券交易所的重组不断发生。2000年，阿姆斯特丹交易所、布鲁塞尔交易所、巴黎交易所签署协议，合并为泛欧交易所；2002年又先后合并伦敦国际金融期权期货交易所和葡萄牙交易所。因此，本题的正确答案为D。

5.【答案】B

【解析】20世纪90年代以来，全球范围内的国际金融市场竞争愈演愈烈，金融创新使金融机构和金融业务的界限日益模糊，原来对金融业实行分业经营的国家，政府管制和法律限制被不断突破，混业经营趋势不断增强。1999 年 11 月 4 日，美国国会通过《金融服务现代化法案》，废除了 1933 年经济危机时代制定的《格拉斯－斯蒂格尔法案》，取消了银行、证券保险公司相互渗透业务的障碍，标志着金融业分业制度的终结。因此，本题的正确答案为 B。

6.【答案】A

【解析】我国股票市场融资国际化是以 B 股、H 股、N 股等股权融资作为突破口的。我国自 1992 年起开始在上海、深圳证券交易所发行境内上市外资股（B 股），截至 2011 年 12 月，共发行 B 股 111 只，募集资金 50.03 亿美元。因此，本题的正确答案为 A。

7.【答案】D

【解析】中国证监会一直重视与境外监管机构的交流与合作，截至 2011 年 12 月，已相继与 46 个国家（或地区）的证券（期货）监管机构签署了 50 个监管合作备忘录。中国证监会在 1995 年加入了证监会国际组织，并在 1998 年当选为该组织的执委会委员。因此，本题的正确答案为 D。

8.【答案】B

【解析】股票具有五个方面的特征，其中，永久性是指股票所载有权利的有效性是始终不变的，因为它是一种无期限的法律凭证。因此，本题的正确答案为 B。

9.【答案】D

【解析】记名股票与记名股东的关系是特定的，因此，如果股票遗失，记名股东的资格和权利并不消失，并可依据法定程序向股份公司挂失，要求公司补发新的股票。我国《公司法》对此的具体规定是：记名股票被盗、遗失或者灭失，股东可以依照《中华人民共和国民事诉讼法》规定的公示催告程序，请求人民法院宣告该股票失效。依照公示催告程序，人民法院宣告该股票失效后，股东可以向公司申请补发股票。因此，本题的正确答案为 D。

10.【答案】C

【解析】股票的性质包括：(1) 股票是有价证券，(2) 股票是要式证券，(3) 股票是证权证券，(4) 股票是资本证券，(5) 股票是综合权利证券。因此，本题的正确答案为 C。

11.【答案】B

【解析】我国《公司法》规定，股份有限公司设立的发起人认购和募集的股本应达到法定资本最低限额。采取发起设立方式设立股份有限公司的，注册资本为在公司登记机关登记的全体发起人认购的股本总额。发起人应当书面认足公司章程规定其认购的股份；一次缴纳的，应当缴纳全部出资；分期缴纳的，应当缴纳首期出资。全体发起人首次出资额不得低于注册资本的20%，其余部分由发起人自公司成立之日起两年内缴足。以募集方式设立股份有限公司的，发起人认购的股份不得少于公司股份总数的35%。因此，本题的正确答案为B。

12.【答案】A

【解析】优先股票根据不同的附加条件，可分为不同类别，其中，参与优先股票是指优先股票股东除了按规定分得本期固定股息外，还有权与普通股票股东一起参与本期剩余盈利分配的优先股票。因此，本题的正确答案为A。

13.【答案】A

【解析】股东大会一般每年定期召开一次，当出现董事会认为必要、监事会提议召开、单独或者合计持有公司10%以上股份的股东请求时等情形时，也可召开临时股东大会。股份公司召开股东大会，应当保证普通股票股东享有出席会议的平等权利。因此，本题的正确答案为A。

14.【答案】A

【解析】股东大会作出决议，必须经出席会议的股东所持表决权过半数通过。但是，股东大会作出修改公司章程、增加或减少注册资本的决议，以及公司合并、分立、解散或者变更公司形式的决议，必须经出席会议的股东所持表决权的2/3以上通过。股东大会选举董事、监事，可以依照公司章程的规定或者股东大会的决议，实行累积投票制。因此，本题的正确答案为A。

15.【答案】C

【解析】债券种类很多，在债券的历史发展过程中出现过许多不同品种的债券，各种债券共同构成了一个完整的债券体系。债券可以依据不同的标准进行分类。其中，根据发行主体的不同，债券可以分为政府债券、金融债券和公司债券。因此，本题的正确答案为C。

16.【答案】C

【解析】长期国债是指偿还期限在10年或10年以上的国债。长期国债由于期限长，政府短期内无偿还的负担，而且可以较长时间占用国债认购者的资金，所以常被用作政府投资的资金来源。长期国债在资本市场上有着重要地位。因此，本题的正确答案为C。

17.【答案】C

【解析】公司债券是公司依照法定程序发行的、约定在一定期限还本付息的有价证券。公司债券属于债券体系中的一个品种，它反映发行债券的公司和债券投资者之间的债权债务关系。因此，本题的正确答案为C。

18.【答案】D

【解析】可交换债券与可转换债券的相同之处是发行要素与可转换债券相似，也包括票面利率、期限、换股价格和换股比率、换股期限等；对投资者来说与持有标的上市公司的可转换债券相同，投资价值与上市公司价值相关，在约定期限内可以以约定的价格交换为标的股票。因此，本题的正确答案为D。

19.【答案】C

【解析】发行国内债券，筹集和还本付息的资金都是本国货币，所以不存在汇率风险。发行国际债券，筹集到的资金是外国货币，汇率一旦发生波动，发行人和投资者都有可能蒙受意外损失或获取意外收益。所以，汇率风险是国际债券的重要风险。因此，本题的正确答案为C。

20.【答案】B

【解析】开放式基金是指基金份额总额不固定，基金份额可以在基金合同约定的时间和场所申购或者赎回的基金。为了满足投资者赎回资金、实现变现的要求，开放式基金一般都从所筹资金中拨出一定比例，以现金形式保持这部分资产。这虽然会影响基金的盈利水平，但作为开放式基金来说是必需的。因此，本题的正确答案为B。

21.【答案】C

【解析】封闭式基金是指经核准的基金份额总额在基金合同期限内固定不变。基金份额可以在依法设立的证券交易场所交易，但基金份额持有人不得申请赎回的基金。由于封闭式基金在封闭期内不能追加认购或赎回，投资者只能通过证券经纪商在二级市场上进行基金的买卖。因此，本题的正确答案为C。

22.【答案】C

【解析】偏股型基金对股票的配置比例较高，一般为 50% ~ 70%，债券的配置比例为 20% ~ 40%。因此，本题的正确答案为 C。

23．【答案】D

【解析】我国基金的年管理费率最初为 2.5%，随着基金规模的扩大和竞争的加剧，管理费有逐步调低的倾向。目前，我国股票基金大部分按照 1.5% 的比例计提基金管理费，债券基金的管理费率一般低于 1%，货币基金的管理费率为 0.33%。管理费通常从基金的股息、利息收益中或从基金资产中扣除，不另向投资者收取。因此，本题的正确答案为 D。

24．【答案】D

【解析】按照《证券投资基金管理办法》的规定，封闭式基金的收益分配每年不得少于一次，封闭式基金年度收益分配比例不得低于基金年度已实现收益的 90%。因此，本题的正确答案为 D。

25．【答案】C

【解析】金融衍生工具的交易后果取决于交易者对基础工具（变量）未来价格（数值）的预测和判断的准确程度。基础工具价格的变幻莫测决定了金融衍生工具交易盈亏的不稳定性，这是金融衍生工具高风险性的重要诱因。因此，本题的正确答案为 C。

26．【答案】B

【解析】1988 年国际清算银行制定的《巴塞尔协议》规定：开展国际业务的银行必须将其资本对加权风险资产的比率维持在 8% 以上，其中核心资本至少为总资本的 50%。这一要求促使各国银行大力拓展表外业务，相继开发了既能增进收益、又不扩大资产规模的金融衍生工具；如期权、互换、远期利率协议等。因此，本题的正确答案为 B。

27．【答案】B

【解析】套期保值的基本做法是：在现货市场买进或卖出某种金融工具的同时，做一笔与现货交易品种、数量、期限相当但方向相反的期货交易，以期在未来某一时间通过期货合约的对冲，以一个市场的盈利来弥补另一个市场的亏损，从而规避现货价格变动带来的风险，实现保值的目的。因此，本题的正确答案为 B。

28．【答案】B

【解析】股票价格指数期货是以股票价格指数为基础变量的期货交易，是为适应人们控制股市风险，尤其是系统性风险的需要而产生的。股票价格指数期货的交易单位等于基础指数的数值与交易所规定的每点价值之乘积，采用现金结算。因此，本题的正确答案为B。

29．【答案】A

【解析】股指期货合约的涨跌停板幅度为上一交易日结算价的±10%。季月合约上市首日涨跌停板幅度为挂盘基准价的±20%。上市首日有成交的，于下一交易日恢复到合约规定的涨跌停板幅度；上市首日无成交的，下一交易日继续执行前一交易日的涨跌停板幅度。因此，本题的正确答案为A。

30．【答案】C

【解析】套期保值的基本类型有两种：（1）多头套期保值，是指持有现货空头（如持有股票空头者）的交易者担心将来现货价格上涨（如股市大盘上涨）而给自己造成经济损失，于是买入期货合约（建立期货多头）。若未来现货价格果真上涨，则持有期货头寸所获得的盈利正好可以弥补现货头寸的损失。（2）空头套期保值，是指持有现货多头（如持有股票多头）的交易者担心未来现货价格下跌，在期货市场卖出期货合约（建立期货空头），当现货价格下跌时以期货市场的盈利来弥补现货市场的损失。因此，本题的正确答案为C。

31．【答案】C

【解析】期货交易之所以能够套期保值，其基本原理在于某一特定商品或金融工具的期货价格和现货价格受相同经济因素的制约和影响，从而它们的变动趋势大致相同；而且，现货价格与期货价格在走势上具有收敛性，即当期货合约临近到期日时，现货价格与期货价格将逐渐趋同。因此，如果同时在现货市场和期货市场建立数量相同、方向相反的头寸，则到期时不论现货价格上涨或是下跌，两种头寸的盈亏恰好抵消，使套期保值者避免承担风险损失。因此，本题的正确答案为C。

32．【答案】D

【解析】1992年12月18日，上海证券交易所开办国债期货交易，并于1993年10月25日向社会公众开放，此后，深圳证券交易所、北京商品交易所也向社会推出了国债期货交易。因此，本题的正确答案为D。

33．【答案】B

【解析】互换是指两个或两个以上的当事人按共同商定的条件，在约定的时间内定期交换现金流的金融交易，可分为货币互换、利率互换、股权互换、信用互换等类别。自1981年美国所罗门兄弟公司为IBM公司和世界银行办理首笔美元与马克和瑞士法郎之间的货币互换业务以来，互换市场的发展非常迅猛，目前，按名义金额计算的互换交易已经成为最大的衍生交易品种。因此，本题的正确答案为B。

34.【答案】C

【解析】金融期货作为一种标准化的远期交易，与普通远期交易之间存在的区别包括：(1)交易场所和交易组织形式不同。金融期货必须在有组织的交易所进行集中交易，而远期交易在场外市场进行双边交易。(2)交易的监管程度不同。在世界各国，金融期货交易至少要受到1家以上的监管机构监管，交易品种、交易者行为均须符合监管要求，而远期交易则较少受到监管。(3)金融期货交易是标准化交易，远期交易的内容可协商确定。(4)保证金制度和每日结算制度导致违约风险不同。金融期货交易实行保证金制度和每日结算制度，交易者均以交易所（或期货清算公司）为交易对手，基本不用担心交易违约。而远期交易通常不存在上述安排，存在一定的交易对手违约风险。因此，本题的正确答案为C。

35.【答案】B

【解析】利率期货是继外汇期货之后产生的又一个金融期货类别，其基础资产是一定数量的与利率相关的某种金融工具，主要是各类固定收益金融工具。利率期货主要是为了规避利率风险而产生的。1975年10月，利率期货产生于美国芝加哥期货交易所，虽然比外汇期货晚了3年，但其发展速度与应用范围都远较外汇期货来得迅速和广泛。利率期货品种主要包括债券期货和主要参考利率期货。因此，本题的正确答案为B。

36.【答案】B

【解析】1975年10月，利率期货产生于美国芝加哥期货交易所，虽然比外汇期货晚了3年，但其发展速度与应用范围都远较外汇期货来得迅速和广泛。因此，本题的正确答案为B。

37.【答案】D

【解析】金融期货与金融期权的区别包括：(1)基础资产不同；(2)交易者权利与义务的对称性不同；(3)履约保证不同；(4)现金流转不同；(5)盈亏特点不同；(6)

套期保值的作用与效果不同。因此，本题的正确答案为D。

38. 【答案】C

【解析】权证根据权证行权的基础资产或标的资产，可分为股权类权证、债权类权证以及其他权证。目前我国证券市场推出的权证均为股权类权证，其标的资产可以是单只股票或股票组合。因此，本题的正确答案为C。

39. 【答案】A

【解析】金融期货交易双方都无权违约，也无权要求提前交割或推迟交割，而只能在到期前的任一时间通过反向交易实现对冲或到期进行实物交割。而在对冲或到期交割前，价格的变动必然使其中一方盈利而另一方亏损，其盈利或亏损的程度决定于价格变动的幅度。所以，从理论上说，金融期货交易中双方潜在的盈利和亏损都是无限的。因此，本题的正确答案为A。

40. 【答案】C

【解析】非公开发行股票的发行对象不得超过10名。发行对象为境外战略投资者的，应当经国务院相关部门事先批准。因此，本题的正确答案为C。

41. 【答案】C

【解析】公募发行是证券发行中最常见、最基本的发行方式，适合于证券发行数量多、筹资额大、准备申请证券上市的发行人。因此，本题的正确答案为C。

42. 【答案】B

【解析】公募发行，又称公开发行，是发行人向不特定的社会公众投资者发售证券的发行。在公募发行方式下，任何合法的投资者都可以认购拟发行的证券。因此，本题的正确答案为B。

43. 【答案】C

【解析】根据我国《证券法》和《证券交易所管理办法》的规定，证券交易所设理事会，理事会是证券交易所的决策机构，其主要职责是：(1) 执行会员大会的决议，(2) 制定、修改证券交易所的业务规则，(3) 审定总经理提出的工作计划，(4) 审定总经理提出的财务预算、决算方案，(5) 审定对会员的接纳，(6) 审定对会员的处分，(7) 根据需要决定专门委员会的设置，(8) 会员大会授予的其他职责。因此，本题的正确答案为C。

44. 【答案】A

【解析】目前在国际上影响最大、历史最悠久的道·琼斯股价平均数采用修正股价平均数法来计算股价平均数，每当股票分割、送股或增发、配股数超过原股份 10% 时，就对除数作相应的修正。因此，本题的正确答案为 A。

45.【答案】B

【解析】现金股息是以货币形式支付的股息和红利，是最普通、最基本的股息形式。分派现金股息，既可以满足股东预期的现金收益目的，又有助于提高股票的市场价格，以吸引更多的投资者。在公司留存收益和现金足够的情况下，现金股息分发的多少取决于董事会对影响公司发展的诸多因素的权衡，并要兼顾公司和股东二者的利益。一般来说，股东更偏重于目前利益，希望得到比其他投资形式更高的投资收益；董事会更偏重于公司的财务状况和长远发展，希望保留足够的现金扩大投资或用于其他用途。但是由于股息的高低会直接影响公司股票的市价，而股价的涨跌又关系到公司本身信誉的高低及筹资能力的大小，因此董事会在权衡公司的长远利益和股东的近期利益后，会制定出较为合理的现金股息发放政策。因此，本题的正确答案为 B。

46.【答案】B

【解析】股息是指股票持有者依据所持股票从发行公司分取的盈利。通常，股份有限公司在会计年度结算后，将一部分净利润作为股息分配给股东。其中，优先股股东按照规定的固定股息率优先取得固定股息，普通股票股东则根据余下的利润分取股息。因此，本题的正确答案为 B。

47.【答案】C

【解析】股票股息原则上是按公司现有股东持有股份的比例进行分配的，采用增发普通股票并发放给普通股票股东的形式，实际上是将当年的留存收益资本化。也就是说，股票股息是股东权益账户中不同项目之间的转移，对公司的资产、负债、股东权益总额没有影响，对得到股票股息的股东在公司中所占权益的份额也不会产生影响，仅仅是股东持有的股票数比原来多了。发放股票股息既可以使公司保留现金，解决公司发展对现金的需要，又使公司股票数量增加，股价下降，有利于股票的流通。因此，本题的正确答案为 C。

48.【答案】A

【解析】《证券法》将证券公司的注册资本最低限额与证券公司从事的业务种类直接

挂钩，分为5 000万元、1亿元和5亿元3个标准。(1)证券公司经营证券经纪、证券投资咨询和与证券交易、证券投资活动有关的财务顾问业务中的一项和数项的，注册资本最低限额为人民币5 000万元。(2)证券公司经营证券承销与保荐、证券自营、证券资产管理和其他证券业务中的任何一项的，注册资本最低限额为人民币1亿元。(3)证券公司经营证券承销与保荐、证券自营、证券资产管理和其他证券业务中的任何两项以上的，注册资本最低限额为人民币5亿元。因此，本题的正确答案为A。

49.【答案】A

【解析】董事会、监事会、单独或合并持有证券公司5%以上股权的股东，可以向股东会提出议案。单独或合并持有证券公司5%以上股权的股东，可以向股东会提名董事（包括独立董事）、监事候选人。因此，本题的正确答案为A。

50.【答案】B

【解析】证券公司风险资本准备基准计算标准之一是证券公司经营融资融券业务的，应当分别按对客户融资业务规模、融券业务规模的10%计算融资融券业务风险资本准备。因此，本题的正确答案为B。

51.【答案】C

【解析】按照《关于从事证券期货相关业务的资产评估机构有关管理问题的通知》的规定，资产评估机构申请证券评估资格，应当符合的条件包括：(1)资产评估机构依法设立并取得资产评估资格3年以上，发生过吸收合并的，还应当自完成工商变更登记之日起满1年。(2)质量控制制度和其他内部管理制度健全并有效执行，执业质量和职业道德良好。(3)具有不少于30名注册资产评估师，其中最近3年持有注册资产评估师证书且连续执业的不少于20人。(4)净资产不少于200万元。(5)按规定购买职业责任保险或者提取职业风险基金。(6)半数以上合伙人或者持有不少于50%股权的股东最近在本机构连续执业3年以上。(7)最近3年评估业务收入合计不少于2 000万元，且每年不少于500万元。因此，本题的正确答案为C。

52.【答案】C

【解析】申请证券、期货投资咨询从业资格的机构，应当具备的条件包括：(1)分别从事证券或者期货投资咨询业务的机构，有5名以上取得证券、期货投资咨询从业资格的专职人员；同时从事证券和期货投资咨询业务的机构，有10名以上取得证券、期货投资咨询从业资格的专职人员；其高级管理人员中，至少有 1 名取得证券或者期货投资咨询从业资格。(2) 有 100 万元人民币以上的注册资本。(3) 有固定的业务场所和与业务相适应的通讯及其他信息传递设施。(4) 有公司章程。(5) 有健全的内部管理制度。(6) 具备中国证监会要求的其他条件。因此，本题的正确答案为 C。

53.【答案】B

【解析】《中华人民共和国刑法》规定，提供虚假财务会计报告罪：依法负有信息披露义务的公司、企业向股东和社会公众提供虚假的或者隐瞒重要事实的财务会计报告，或者对依法应当披露的其他重要信息不按照规定披露，严重损害股东或者其他人利益，或者有其他严重情节的，对其直接负责的主管人员和其他直接责任人员，处 3 年以下有期徒刑或者拘役，并处或者单处 2 万元以上 20 万元以下罚金。因此，本题的正确答案为 B。

54.【答案】A

【解析】依据《证券公司风险处置条例》，行政重组是出现重大风险，但财务信息真实、完整，省级人民政府或者有关方面予以支持，有可行的重组计划的证券公司，向中国证监会申请进行行政重组。在停业整顿、托管、接管过程中，符合条件的，证券公司也可以向中国证监会申请行政重组。行政重组申请须经中国证监会批准。因此，本题的正确答案为 A。

55.【答案】C

【解析】未经国家有关主管部门批准，非法发行股票或者公司、企业债券，数额巨大、后果严重或者有其他严重情节的，处 5 年以下有期徒刑或者拘役，并处或者单处非法募集资金金额 1% 以上 5% 以下罚金。单位犯前款罪的，对单位判处罚金，并对其直接负责的主管人员和其他直接责任人员处 5 年以下有期徒刑或者拘役。因此，本题的正确答案为 C。

56.【答案】D

【解析】金融机构按照国务院反洗钱行政主管部门的要求，临时冻结资金不得超过 48 小时。因此，本题的正确答案为 D。

57.【答案】C

【解析】中国证监会在调查操纵证券市场、内幕交易等重大证券违法行为时，经国务院证券监督管理机构主要负责人批准，可以限制被调查事件当事人的证券买卖，但限制的期限不得超过 15 个交易日；案情复杂的，可以延长 15 个交易日。因此，本题的正确答案为 C。

58.【答案】B

【解析】证券投资者保护基金公司的职责包括：（1）筹集、管理和运作基金。（2）监测证券公司风险，参与证券公司风险处置工作。（3）证券公司被撤销、关闭和破产或被中国证监会实施行政接管、托管经营等强制性监管措施时，按照国家有关政策规定对债权人予以偿付。（4）组织、参与被撤销、关闭或破产证券公司的清算工作。（5）管理和处分受偿资产，维护基金权益。（6）发现证券公司经营管理中出现可能危及投资者利益和证券市场安全的重大风险时，向中国证监会提出监管、处置建议；对证券公司运营中存在的风险隐患会同有关部门建立纠正机制。（7）国务院批准的其他职责。因此，本题的正确答案为 B。

59.【答案】B

【解析】证券业协会是证券业的自律性组织，是社会团体法人。中国证券业协会正式成立于 1991 年 8 月 28 日，是依法注册的具有独立法人地位的、由经营证券业务的金融机构自愿组成的行业性自律组织。它的设立是为了加强证券业之间的联系、协调、合作和自我控制，以利于证券市场的健康发展。中国证券业协会采取会员制的组织形式，证券公司应当加入中国证券业协会。中国证券业协会的权力机构为全体会员组成的会员大会。中国证券业协会章程由会员大会制定，并报中国证监会备案。因此，本题的正确答案为 B。

60.【答案】C

【解析】证券业从业人员诚信信息记录的内容包括：基本信息、奖励信息、警示信息、处罚处分信息。因此，本题的正确答案为 C。

二、多项选择题

1.【答案】ABCD

【解析】优先股票的特征为：（1）股息率固定；（2）股息分派优先；（3）剩余资产分配优先；（4）一般无表决权。因此，本题的正确答案为 ABCD。

2.【答案】ABD

【解析】契约型基金与公司型基金的区别包括：（1）资金的性质不同；（2）投资者的地位不同；（3）基金的营运依据不同。因此，本题的正确答案为 ABD。

3．【答案】ABCD

【解析】金融期货包括四项基本功能：套期保值功能、价格发现功能、投机功能和套利功能。因此，本题的正确答案为 ABCD。

4．【答案】ABCD

【解析】金融互换是指两个或两个以上的当事人按共同商定的条件，在约定的时间内定期交换现金流的金融交易，可分为货币互换、利率互换、股权互换、信用互换等类别。从交易结构上看，可以将互换交易视为一系列远期交易的组合。因此，本题的正确答案为 ABCD。

5．【答案】ABCD

【解析】权证的要素包括权证类别、标的、行权价格、存续时间、行权日期、行权结算方式、行权比例等要素。因此，本题的正确答案为 ABCD。

6．【答案】ABCD

【解析】在美国，住房抵押贷款大致可以分为 5 类：（1）优级贷款；（2）Alt－A 贷款；（3）次级贷款；（4）住房权益贷款；（5）机构担保贷款。因此，本题的正确答案为 ABCD。

7．【答案】ABCD

【解析】我国《证券法》规定，上市公司有下列情形之一的，由证券交易所决定暂停其股票上市交易：（1）公司股本总额、股权分布等发生变化不再具备上市条件；（2）公司不按照规定公开其财务状况，或者对财务会计报告作虚假记载，可能误导投资者；（3）公司有重大违法行为；（4）公司最近 3 年连续亏损；（5）证券交易所上市规则规定的其他情形。因此，本题的正确答案为 ABCD。

8．【答案】AC

【解析】为适应市场发展的需要，我国上海、深圳证券交易所的运作系统在原有集中竞价交易系统的基础上有所发展。上海证券交易所的运作系统包括集中竞价交易系统、大宗交易系统、固定收益证券综合电子平台。深圳证券交易所的运作系统包括集中竞价交易系统、综合协议交易平台。因此，本题的正确答案为 AC。

9.【答案】CD

【解析】股票股息是以股票的方式派发的股息，通常由公司用新增发的股票或一部分库存股票作为股息代替现金分派给股东。发放股票股息既可以使公司保留现金，解决公司发展对现金的需要，又使公司股票数量增加，股价下降，有利于股票的流通。股东持有股票股息在大多数西方国家可免征所得税，出售增加的股票又可转化为现实的货币，有利于股东实现投资收益，所以是兼顾公司利益和股东利益的两全之策。因此，本题的正确答案为CD。

10.【答案】ACD

【解析】债券的投资收益来自三个方面：一是债券的利息收益。这是债券发行时就决定的，除了保值贴补债券和浮动利率债券，债券的利息收入不会改变，投资者在购买债券前就可得知。二是资本损益。资本损益受债券市场价格变动的影响。三是再投资收益。再投资收益受以周期性利息收入作再投资时市场收益率变化的影响。由于资本损益和再投资收益具有不确定性，投资者在作投资决策时计算的到期收益和到期收益率只是预期的收益和收益率，只有当投资期结束时才能计算实际收益和实际到期收益率。因此，本题的正确答案为ACD。

11.【答案】ABCD

【解析】按照《证券法》的要求，设立证券公司应当具备的条件包括：(1)有符合法律、行政法规规定的公司章程。(2)主要股东具有持续盈利能力，信誉良好，最近3年无重大违法违规记录，净资产不低于人民币2亿元。(3)有符合《证券法》规定的注册资本。(4)董事、监事、高级管理人员具备任职资格，从业人员具有证券从业资格。(5)有完善的风险管理与内部控制制度。(6)有合格的经营场所和业务设施。(7)法律、行政法规规定的和经国务院批准的国务院证券监督管理机构规定的其他条件。因此，本题的正确答案为ABCD。

12.【答案】ABCD

【解析】根据《证券公司融资融券业务试点管理办法》，证券公司申请融资融券业务试点，应当具备的条件包括：经营经纪业务已满3年，且在分类评价中等级较高的公司；公司治理健全，内控有效，能有效识别、控制和防范业务经营风险和内部管理风险；公司信用良好，最近两年未有违法违规经营的情形；财务状况良好；客户资产安全、完整，实现交易、清算以及客户账户和风险监控的集中管理；有完善和切实可行的业务实施方案和内部管理制度，具备开展业务所需的人员、技术、资金和证券。因此，本题的正确答案为ABCD。

13.【答案】ABCD

【解析】证券公司经纪业务内部控制应重点防范挪用客户交易结算资金及其他客户资产、非法融入融出资金以及结算风险等。应加强经纪业务整体规划，加强营业网点布局、规模、选址等的统一规划和集中管理；应制定统一完善的经纪业务标准化服务规程、操作规范和相关管理制度。因此，本题的正确答案为ABCD。

14.【答案】AC

【解析】证券公司为客户买卖证券提供融资融券服务的，必须符合的规定包括：（1）为单一客户融资业务规模不得超过净资本的5%。（2）为单一客户融券业务规模不得超过净资本的5%。（3）接受单只担保股票的市值不得超过该股票总市值的20%。因此，本题的正确答案为AC。

15.【答案】ABCD

【解析】中国证监会与司法部于2007年3月9日发布了《律师事务所从事证券法律业务管理办法》，此法规定，鼓励具备以下条件的律师事务所从事证券法律业务：内部管理规范，风险控制制度健全，执业水准高，社会信誉良好；有20名以上执业律师，其中5名以上曾从事过证券法律业务；已经办理有效的执业责任保险；最近2年未因违法执业行为受到行政处罚。因此，本题的正确答案为ABCD。

16.【答案】AB

【解析】《中华人民共和国公司法》的调整范围包括股份有限公司和有限责任公司，其核心旨在保护公司、股东和债权人的合法权益，维护社会经济秩序。《公司法》确立了我国公司的法律地位及其设立、组织、运行和终止等过程的基本法律准则。因此，本题的正确答案为AB。

17.【答案】ACD

【解析】证券有关责任人员出现以下情形之一的，可以对其采取终身的证券市场禁入措施：（1）严重违反法律、行政法规或者中国证监会有关规定，构成犯罪的；（2）违反法律、行政法规或者中国证监会有关规定，行为特别恶劣，严重扰乱证券市场秩序并造成严重社会影响，或者致使投资者利益遭受特别严重损害的；（3）组织、策划、领导或者实施重大违反法律、行政法规或者中国证监会有关规定的活动的;(4)其他违反法律、行政法规或者中国证监会有关规定，情节特别严重的。因此，本题的正确答案为ACD。

18.【答案】ABC

【解析】操纵市场行为包括：（1）单独或者通过合谋，集中资金优势、持股优势或者利用信息优势联合或者连续买卖，操纵证券交易价格或数量；（2）与他人串通，以事先约定的时间、价格和方式相互进行证券交易，影响证券交易价格或者证券交易量；（3）在自己实际控制的账户之间进行证券交易，影响证券交易价格或者证券交易量；（4）以其他手段操纵证券市场。因此，本题的正确答案为ABC。

19.【答案】ABCD

【解析】中国证券业协会诚信信息的用途主要包括：（1）作为中国证监会对有关人员进行任职资格审核的依据；（2）作为境外证券监管机构对有关人员进行胜任能力考核的依据；（3）作为境内外其他金融监管机构对有关人员进行任职资格审核的参考；（4）作为国家司法机关、有关部门或组织依法履行职责的参考；（5）作为中国证券业协会审核证券业执业注册或变更申请的依据；（6）作为中国证券业协会推荐有关人选或组织行业评比的依据；（7）作为证券从业机构招聘人员的参考；（8）作为证券从业机构客户选择专业服务人士的参考；（9）其他合法用途。因此，本题的正确答案为ABCD。

20.【答案】ABCD

【解析】中国证券业协会对从业人员的管理主要包括：（1）从业人员的资格管理。(2)后续职业培训。(3)制定从业人员的行为准则和道德规范。(4)从业人员诚信信息管理。因此，本题的正确答案为ABCD。

21.【答案】ABC

【解析】证券市场具有三个显著特征：（1）证券市场是价值直接交换的场所；（2）证券市场是财产权利直接交换的场所；（3）证券市场是风险直接交换的场所。因此，本题的正确答案为ABC。

22.【答案】BD

【解析】基金市场是基金份额发行和流通的市场。封闭式基金在证券交易所挂牌交易，开放式基金则通过投资者向基金管理公司申购和赎回实现流通转让。此外，近年来，全球各主要市场均开设了交易所交易基金（ETF）或上市开放式基金（LOF）交易，使开放式基金也可以在交易所市场挂牌交易。因此，本题的正确答案为 BD。

23.【答案】ACD

【解析】国际证监会组织公布的证券监管目标包括：（1）保护投资者；（2）保证证券市场的公平、效率和透明；（3）降低系统性风险。因此，本题的正确答案为 ACD。

24.【答案】AC

【解析】优先认股权是指当股份公司为增加公司资本而决定增加发行新的股票时，原普通股票股东享有的按其持股比例，以低于市价的某一特定价格优先认购一定数量新发行股票的权利。赋予股东这种权利有两个主要目的：一是能保证普通股票股东在股份公司中保持原有的持股比例；二是能保护原普通股票股东的利益和持股价值。因为当公司增资扩股后，在一段时间内，公司的每股税后净利会因此而摊薄，原普通股票股东以优惠价格优先购买一定数量的新股，可从中得到补偿或取得收益。因此，本题的正确答案为 AC。

25.【答案】ABCD

【解析】按股东的权利和义务关系，国外一般将股票分为普通股和优先股。在我国，按投资主体的不同性质，可将股票划分为国家股、法人股、社会公众股和外资股等不同类型。因此，本题的正确答案为 ABCD。

26.【答案】ABC

【解析】证券市场从无到有，主要归因于 3 点：（1）证券市场的形成得益于社会化大生产和商品经济的发展；（2）证券市场的形成得益于股份制的发展；（3）证券市场的形成得益于信用制度的发展。因此，本题的正确答案为 ABC。

27.【答案】ABC

【解析】证券的流动性是指证券变现的难易程度。证券具有极高的流动性必须满足三个条件：很容易变现、变现的交易成本极小、本金保持相对稳定。证券的流动性可通过到期兑付、承兑、贴现、转让等方式实现。不同证券的流动性是不同的。因此，本题的正确答案为 ABC。

28.【答案】ABC

【解析】2007 年开始的美国次级贷款危机，最终演变成了一场全球金融危机和经济危机。在此背景下，全球证券市场的发展也呈现出一些新的趋势，突出表现在金融机构的去杠杆化、金融监管的改革、国际金融合作的进一步加强。因此，本题的正确答案为ABC。

29.【答案】ABD

【解析】对基金投资进行限制的主要目的包括：（1）引导基金分散投资，降低风险；（2）避免基金操纵市场；（3）发挥基金引导市场的积极作用。因此，本题的正确答案为ABD。

30.【答案】ABCD

【解析】有价证券是指标有票面金额，用于证明持有人或该证券指定的特定主体对特定财产拥有所有权或债权的凭证。这类证券本身没有价值，但由于它代表着一定量的财产权利，持有人可凭该证券直接取得一定量的商品、货币，或是取得利息、股息等收入。因此，本题的正确答案为ABCD。

31.【答案】ABCD

【解析】证券市场的结构除一、二级市场区分之外，证券市场的层次性还体现为区域分布、覆盖公司类型、上市交易制度以及监管要求的多样性。因此，本题的正确答案为ABCD。

32.【答案】ACD

【解析】按权证的内在价值，可以将权证分为平价权证、价内权证和价外权证，其原理与期权相同。因此，本题的正确答案为ACD。

33.【答案】ABC

【解析】有面额股票是指在股票票面上记载一定金额的股票。有面额股票的特点包括：（1）可以明确表示每一股所代表的股权比例；（2）为股票发行价格的确定提供依据。因此，本题的正确答案为ABC。

34.【答案】ABCD

【解析】股票的特征包括收益性、风险性、流动性、永久性和参与性等。因此，本题的正确答案为ABCD。

35.【答案】ABCD

【解析】股票按是否记载股东姓名，可以分为记名股票和无记名股票。公司发行记名股票的，应当置备股东名册，记载下列事项：股东的姓名或者名称及住所、各股东所持股份数、各股东所持股票的编号、各股东取得股份的日期。因此，本题的正确答案为ABCD。

36．【答案】ABCD

【解析】我国主要的基金指数由中证基金指数系列、SAC 行业指数、上证基金指数和深证基金指数组成。因此，本题的正确答案为 ABCD。

37．【答案】ABCD

【解析】深证系列综合指数包括深证综合指数、深证 A 股指数、深证 B 股指数、行业分类指数、中小板综合指数、创业板综合指数、深证新指数、深市基金指数等全样本类指数。因此，本题的正确答案为 ABCD。

38．【答案】BCD

【解析】恒生流通综合指数系列包括恒生流通综合指数、恒生香港流通指数和恒生中国内地流通指数，于 2002 年 9 月 23 日推出，以恒生综合指数系列为编制基础，与恒生综合指数相同，有 200 只成分股，并对成分股流通量作出调整。各成分股占指数的比重均调整至不超过 15%。恒生流通综合指数系列以 2000 年 1 月 3 日为基期，并以 2 000 点为基值。因此，本题的正确答案为 BCD。

39．【答案】BCD

【解析】股价平均数采用股价平均法，用来度量所有样本股经调整后的价格水平的平均值，可分为简单算术股价平均数、加权股价平均数和修正股价平均数。因此，本题的正确答案为 BCD。

40．【答案】ABCD

【解析】中证规模指数包括中证100指数、中证200指数、中证500指数、中证700指数、中证 800 指数和中证流通指数。因此，本题的正确答案为 ABCD。

三、判断题

1．【答案】B

【解析】有价证券是指标有票面金额，用于证明持有人或该证券指定的特定主体对特定财产拥有所有权或债权的凭证。这类证券本身没有价值，但由于它代表着一定量的财产权利，持有人可凭该证券直接取得一定量的商品、货币，或是取得利息、股息等收入，所以可以在证券市场上买卖和流通，客观上具有了交易价格。因此，本题的正确答案为 B。

2．【答案】B

【解析】公募证券是指发行人通过中介机构向不特定的社会公众投资者公开发行的证券，审核较严格并采取公示制度。因此，本题的正确答案为 B。

3．【答案】A

【解析】证券市场的第二个基本功能是为资本决定价格。证券是资本的表现形式，所以证券的价格实际上是证券所代表的资本的价格。证券的价格是证券市场上证券供求双方共同作用的结果。因此，本题的正确答案为 A。

4．【答案】A

【解析】社会公益基金是指将收益用于指定的社会公益事业的基金，如福利基金、科技发展基金、教育发展基金、文学奖励基金等。我国有关政策规定，各种社会公益基金可用于证券投资，以求保值增值。因此，本题的正确答案为 A。

5．【答案】A

【解析】在大多数国家，社保基金分为两个层次：一是国家以社会保障税等形式征收的全国性基金，二是由企业定期向员工支付并委托基金公司管理的企业年金。由于资金来源不一样，且最终用途不一样，这两种形式的社保基金管理方式亦完全不同。因此，本题的正确答案为 A。

6．【答案】A

【解析】证券交易首先从费城、纽约开始，其后向芝加哥、波士顿等大城市蔓延，为美国证券市场的发展打下了基础。1790 年成立了美国第一个证券交易所——费城证券交易所。因此，本题的正确答案为 A。

7．【答案】A

【解析】股票的参与性是指股票持有人有权参与公司重大决策的特性。股票持有人作为股份公司的股东，有权出席股东大会，行使对公司经营决策的参与权。因此，本题的正确答案为 A。

8．【答案】A

【解析】普通股票是最基本、最常见的一种股票，其持有者享有股东的基本权利和义务。普通股票的股利完全随公司盈利的高低而变化。在公司盈利较多时，普通股票股东可获得较高的股利收益，但在公司盈利和剩余财产的分配顺序上列在债权人和优先股票股东之后，所以其承担的风险也较高。与优先股票相比，普通股票是标准的股票，也是风险较大的股票。因此，本题的正确答案为A。

9.【答案】A

【解析】增发指公司因业务发展需要增加资本额而发行新股。上市公司可以向公众公开增发，也可以向少数特定机构或个人增发。增发之后，公司注册资本相应增加。因此，本题的正确答案为A。

10.【答案】A

【解析】股票不属于物权证券，也不属于债权证券，而是一种综合权利证券。物权证券是指证券持有者对公司的财产有直接支配处理权的证券；债权证券是指证券持有者为公司债权人的证券。股票持有者作为股份公司的股东，享有独立的股东权利。因此，本题的正确答案为A。

11.【答案】B

【解析】派现也称现金股利，是指股份公司以现金分红方式将盈余公积和当期应付利润的部分或全部发放给股东，股东为此应支付利息税。我国对个人投资者获取上市公司现金分红适用的利息税率为20%，目前减半征收。因此，本题的正确答案为B。

12.【答案】B

【解析】股东权是一种综合权利，股东依法享有资产收益、重大决策、选择管理者等权利。股东虽然是公司财产的所有人，享有种种权利，但对于公司的财产不能直接支配处理，而对财产的直接支配处理是物权证券的特征，所以股票不是物权证券。因此，本题的正确答案为B。

13.【答案】A

【解析】股票的有效期与股份公司的存续期间相联系，二者是并存的关系。这种关系实质上反映了股东与股份公司之间比较稳定的经济关系。因此，本题的正确答案为A。

14.【答案】B

【解析】中央银行的货币政策对股票价格有直接的影响。因此，本题的正确答案为B。

15.【答案】A

【解析】非参与优先股票是指除了按规定分得本期固定股息外，无权再参与对本期剩余盈利分配的优先股票。非参与优先股票是一般意义上的优先股票，其优先权不是体现在股息多少上，而是在分配顺序上。因此，本题的正确答案为A。

16.【答案】B

【解析】累积投票制是指股东大会选举董事或者监事时每一股份拥有与应选董事或者监事人数相同的表决权，股东拥有的表决权可以集中使用。股东可以亲自出席股东大会，也可以委托代理人出席股东会议。代理人应当向公司提交股东授权委托书，并在授权范围内行使表决权。因此，本题的正确答案为B。

17.【答案】A

【解析】境外上市外资股是指股份有限公司向境外投资者募集并在境外上市的股份。它也采取记名股票形式，以人民币标明面值，以外币认购。在境外上市时，可以采取境外存股凭证形式或者股票的其他派生形式。因此，本题的正确答案为A。

18.【答案】A

【解析】在我国企业的股份制改造中，原来一些全民所有制企业改组为股份公司。从性质上讲，这些全民所有制企业的资产属于国家所有，因此在改组为股份公司时，就折成国家股。另外，国家对新组建的股份公司进行投资，也构成了国家股。国家股由国务院授权的部门或机构持有，或根据国务院决定，由地方人民政府授权的部门或机构持有。因此，本题的正确答案为A。

19.【答案】B

【解析】公司债券是公司依照法定程序发行、约定在一定期限还本付息的有价证券。公司债券的发行主体是股份公司，但有些国家也允许非股份制企业发行债券，所以，归类时，可将公司债券和企业发行的债券合在一起，称为公司（企业）债券。因此，本题的正确答案为B。

20.【答案】B

【解析】凭证式债券的形式是债权人认购债券的一种收款凭证，而不是债券发行人制定的标准格式的债券。我国1994年开始发行凭证式国债。因此，本题的正确答案为B。

21.【答案】A

【解析】地方政府债券是由地方政府发行并负责偿还的债券，简称地方债券，也可以称为地方公债或地方债。地方政府债券是地方政府根据本地区经济发展和资金需求状况，以承担还本付息责任为前提，向社会筹集资金的债务凭证。因此，本题的正确答案为 A。

22．【答案】B

【解析】非流通国债的发行对象，有的是个人，有的是一些特殊的机构。以个人为发行对象的非流通国债，一般以吸收个人的小额储蓄资金为主，故有时称为储蓄债券。因此，本题的正确答案为 B。

23．【答案】A

【解析】记账式国债二级市场交易价格是由市场决定的，到期前市场价格（净价）有可能高于或低于发行面值。当卖出价格高于买入价格时，表明卖出者不仅获得了持有期间的国债利息，同时还获得了部分价差收益；当卖出价格低于买入价格时，表明卖出者虽然获得了持有期间的国债利息，但同时也承担了部分价差损失。所以，投资者购买可流通记账式国债于到期前卖出，其收益是不能预知的，并要承担市场利率变动带来的价格风险。因此，本题的正确答案为 A。

24．【答案】B

【解析】信用公司债券是一种不以公司任何资产作担保而发行的债券，属于无担保证券范畴。一般来说，政府债券无须提供担保，因为政府掌握国家资源，可以征税，所以政府债券安全性最高。因此，本题的正确答案为 B。

25．【答案】A

【解析】信用公司债券的发行人实际上是将公司信誉作为担保。为了保护投资者的利益，可要求信用公司债券附有某些限制性条款，如公司债券不得随意增加、债券未清偿之前股东的分红要有限制等。因此，本题的正确答案为 A。

26．【答案】A

【解析】可转换公司债券是指发行人依照法定程序发行、在一定期限内依据约定的条件可以转换成股份的公司债券。这种债券附加转换选择权，在转换前是公司债券形式，转换后相当于增发了股票。可转换公司债券兼有债权投资和股权投资的双重优势。因此，本题的正确答案为 A。

27.【答案】B

【解析】外国债券是指某一国家借款人在本国以外的某一国家发行以该国货币为面值的债券。它的特点是债券发行人属于一个国家，债券的面值货币和发行市场则属于另一个国家。因此，本题的正确答案为B。

28.【答案】B

【解析】国际债券是一种跨国发行的债券，涉及两个或两个以上的国家。同国内债券相比，具有一定的特殊性。因此，本题的正确答案为B。

29.【答案】B

【解析】债券基金是一种以债券为主要投资对象的证券投资基金。由于债券的年利率固定，所以这类基金的风险较低，适合于稳健型投资者。债券基金的收益会受市场利率的影响，当市场利率下调时，其收益会上升；反之，若市场利率上调，其收益将下降。因此，本题的正确答案为B。

30.【答案】B

【解析】我国对基金管理公司实行市场准入管理，《证券投资基金法》规定："设立基金管理公司，应当具备下列条件，并经国务院证券监督管理机构批准：有符合本法和《中华人民共和国公司法》规定的章程；注册资本不低于1亿元人民币，且必须为实缴货币资本；主要股东具有从事证券经营、证券投资咨询、信托资产管理或者其他金融资产管理的较好的经营业绩和良好的社会信誉，最近三年没有违法记录，注册资本不低于3亿元人民币；取得基金从业资格的人员达到法定人数；有符合要求的营业场所、安全防范设施和与基金管理业务有关的其他设施；有完善的内部稽核监控制度和风险控制制度；法律、行政法规规定的和经国务院批准的国务院证券监督管理机构规定的其他条件。"因此，本题的正确答案为B。

31.【答案】A

【解析】基金托管人的作用决定了它对所托管的基金承担着重要的法律及行政责任，所以，有必要对托管人的资格作出明确规定。概括地说，基金托管人应该是完全独立于基金管理机构、具有一定的经济实力、实收资本达到一定规模、具有行业信誉的金融机构。因此，本题的正确答案为A。

32.【答案】A

【解析】金融远期合约规定了将来交割的资产、交割的日期、交割的价格和数量，合约条款根据双方需求协商确定。金融远期合约主要包括远期利率协议、远期外汇合约和远期股票合约。因此，本题的正确答案为A。

33.【答案】A

【解析】金融衍生工具是交易双方通过对利率、汇率、股价等因素变动趋势的预测，约定在未来某一时间按照一定条件进行交易或选择是否交易的合约。无论是哪一种金融衍生工具，都会影响交易者在未来一段时间内或未来某时点上的现金流，跨期交易的特点十分突出。这就要求交易双方对利率、汇率、股价等价格因素的未来变动趋势作出判断，而判断的准确与否直接决定了交易者的交易盈亏。因此，本题的正确答案为A。

34.【答案】A

【解析】期货合约是由交易所设计、经主管机构批准后向市场公布的标准化合约。期货合约设计成标准化的合约是为了便于交易双方在合约到期前分别做一笔相反的交易进行对冲，从而避免实物交收。实际上绝大多数的期货合约并不进行实物交割，通常在到期日之前即已平仓。因此，本题的正确答案为A。

35.【答案】B

【解析】金融远期合约是最基础的金融衍生产品。它是交易双方在场外市场上通过协商，按约定价格（称为"远期价格"）在约定的未来日期（交割日）买卖某种标的金融资产（或金融变量）的合约。由于采用了一对一交易的方式，交易事项可协商确定，较为灵活，金融机构或大型工商企业通常利用远期交易作为风险管理手段。因此，本题的正确答案为B。

36.【答案】A

【解析】金融现货的交易价格是在交易过程中通过公开竞价或协商议价形成的，这一价格是实时的成交价，代表在某一时点上供求双方均能接受的市场均衡价格。金融期货的交易价格也是在交易过程中形成的，但这一交易价格是对金融现货未来价格的预期，这相当于在交易的同时发现了金融现货基础工具（或金融变量）的未来价格。所以，从这个意义上看，期货交易过程也就是未来价格的发现过程。因此，本题的正确答案为A。

37.【答案】A

【解析】在金融期权交易中，由于期权购买者与出售者在权利和义务上的不对称性，他们在交易中的盈利和亏损也具有不对称性。从理论上说，期权购买者在交易中的潜在亏损是有限的，仅限于所支付的期权费，而可能取得的盈利却是无限的；相反，期权出售者在交易中所取得的盈利是有限的，仅限于所收取的期权费，而可能遭受的损失却是无限的。因此，本题的正确答案为A。

38．【答案】A

【解析】金融期权按照合约所规定的履约时间的不同，可以分为欧式期权、美式期权和修正的美式期权。欧式期权只能在期权到期日执行；美式期权则可在期权到期日或到期日之前的任何一个营业日执行；修正的美式期权也称为百慕大期权或大西洋期权，可以在期权到期日之前的一系列规定日期执行。因此，本题的正确答案为A。

39．【答案】A

【解析】股票组合期权是以一篮子股票为基础资产的期权，代表性品种是交易所交易基金的期权。股票指数期权是以股票指数为基础资产，买方在支付了期权费后，即取得在合约有效期内或到期时以协定指数与市场实际指数进行盈亏结算的权利。因此，本题的正确答案为A。

40．【答案】A

【解析】金融期货交易双方在成交时不发生现金收付关系，但在成交后，由于实行逐日结算制度，交易双方将因价格的变动而发生现金流转，即盈利一方的保证金账户余额将增加，而亏损一方的保证金账户余额将减少。当亏损方保证金账户余额低于规定的维持保证金时，亏损方必须按规定及时缴纳追加保证金。因此，本题的正确答案为A。

41．【答案】A

【解析】可转换债券实质上是一种含有嵌入式认股权的债券，从理论上说，将内嵌的权证从主体债券中分离出来，与主体债券分别进行独立交易是可行的。欧美等国上市公司在发行公司债券时，为提高债券的吸引力，经常在债券上附认股权证，这些认股权证可以与主体债券相分离，单独交易。因此，本题的正确答案为A。

42．【答案】B

【解析】特定目的机构或特定目的受托人是指接受发起人转让的资产，或受发起人委托持有资产，并以该资产为基础发行证券化产品的机构。选择特定目的机构或受托人时，通常要求满足所谓破产隔离条件，即发起人破产对其不产生影响。因此，本题的正确答案为 B。

43.【答案】A

【解析】证券交易所的组织形式大致可以分为两类，即公司制和会员制。公司制的证券交易所是以股份有限公司形式组织并以营利为目的的法人团体，一般由金融机构及各类民营公司组建。交易所章程中明确规定作为股东的证券经纪商和证券自营商的名额、资格和公司存续期限。会员制的证券交易所是一个由会员自愿组成的、不以营利为目的的社会法人团体。因此，本题的正确答案为 A。

44.【答案】A

【解析】证券的发行、交易活动必须实行公开、公平、公正的原则，必须遵守法律、行政法规；禁止欺诈、内幕交易和操纵证券市场的行为。证券发行、交易活动的当事人具有平等的法律地位，应当遵守自愿、有偿、诚实信用原则。因此，本题的正确答案为 A。

45.【答案】A

【解析】从交易的组织形式看，资本市场可以分为交易所场内市场和场外交易市场，场外交易市场是相对于交易所市场而言的，是在证券交易所之外进行证券买卖的市场。因此，本题的正确答案为 A。

46.【答案】A

【解析】大宗交易是指一笔数额较大的证券交易，通常在机构投资者之间进行。在交易所市场进行的证券单笔买卖达到交易所规定的最低限额，可以采用大宗交易方式。大宗交易在交易所正常交易日收盘后的限定时间进行，申报方式有意向申报和成交申报。因此，本题的正确答案为 A。

47.【答案】A

【解析】深证基金指数的选样范围为在深圳证券交易所上市的所有证券投资基金。深证基金指数以 2000 年 6 月 30 日为基日，以该日所有证券投资基金市价总值为基期，设基日指数为 1 000 点，2000 年 7 月 3 日开始发布。因此，本题的正确答案为 A。

48.【答案】A

【解析】证券投资是一种风险性投资。一般而言，风险是指对投资者预期收益的背离，或者说是证券收益的不确定性。证券投资的风险是指证券预期收益变动的可能性及变动幅度。在证券投资活动中，投资者投入一定数量的本金，目的是希望能得到预期的若干收益。因此，本题的正确答案为 A。

49.【答案】B

【解析】非系统风险是指只对某个行业或个别公司的证券产生影响的风险，它通常由某一特殊因素引起，与整个证券市场的价格不存在系统、全面的联系，而只对个别或少数证券的收益产生影响。这种因行业或企业自身因素改变而带来的证券价格变化与其他证券的价格、收益没有必然的内在联系，不会因此而影响其他证券的收益。系统风险是指由于某种全局性的共同因素引起的投资收益的可能变动，这种因素以同样的方式对所有证券的收益产生影响。在现实生活中，所有企业都受全局性因素的影响，这些因素包括社会、政治、经济等各个方面。因此，本题的正确答案为 B。

50.【答案】B

【解析】证券公司履行保荐职责，应按规定注册登记为保荐机构。保荐机构负责证券发行的主承销工作，负有对发行人进行尽职调查的义务，对公开发行募集文件的真实性、准确性、完整性进行核查，向中国证监会出具保荐意见，并根据市场情况与发行人协商确定发行价格。因此，本题的正确答案为 B。

51.【答案】A

【解析】证券公司与其控股股东应在业务、人员、机构、资产、财务、办公场所等方面严格分开，各自独立经营、独立核算、独立承担责任和风险。证券公司的控股股东及其关联方应当采取有效措施，防止与其所控股的证券公司发生业务竞争。因此，本题的正确答案为 A。

52.【答案】A

【解析】证券公司应按照相关会计准则和会计制度的规定，结合实际情况，建立健全证券公司的会计核算办法，加强会计基础工作，提高会计信息质量。会计核算应合规、及时、准确、完整；应强化会计监督职能；应完善会计信息报告体系，确保提供及时、可靠的财务信息。因此，本题的正确答案为 A。

53.【答案】A

【解析】证券公司章程应当明确经理层人员的构成、职责范围。证券公司应当采取公开、透明的方式，聘任专业人士为经理层人员。经理层人员不得经营与所任职公司相竞争的业务，也不得直接或间接投资于与所任职公司竞争的企业。因此，本题的正确答案为 A。

54.【答案】B

【解析】证券公司经营证券自营业务的，应当按固定收益类证券投资规模的 10% 计算风险资本准备；对未进行风险对冲的证券衍生品和权益类证券分别按投资规模的 30% 和 20% 计算风险资本准备；对已进行风险对冲的权益类证券和证券衍生产品投资按投资规模的 5% 计算风险资本准备。因此，本题的正确答案为 B。

55.【答案】A

【解析】行政重组是出现重大风险，但财务信息真实、完整，省级人民政府或者有关方面予以支持，有可行的重组计划的证券公司，向中国证监会申请进行行政重组。在停业整顿、托管、接管过程中，符合条件的，证券公司也可以向中国证监会申请行政重组。行政重组申请须经中国证监会批准。因此，本题的正确答案为 A。

56.【答案】A

【解析】撤销是对经停业整顿、托管、接管或者行政重组在规定期限内仍达不到正常经营条件的证券公司采取的市场退出措施。证券公司违法经营特别严重，不能清偿到期债务，需要动用证券投资者保护基金的，中国证监会可以直接撤销该证券公司。因此，本题的正确答案为 A。

57.【答案】A

【解析】首次公开发行股票时，发行人及其主承销商通过累计投标询价确定发行价格的，当发行价格以上的有效申购总量大于网下配售数量时，应当对发行价格以上的全部有效申购进行同比例配售。初步询价后定价发行的，当网下有效申购总量大于网下配售数量时，应当对全部有效申购进行同比例配售。因此，本题的正确答案为 A。

58.【答案】A

【解析】我国证券市场监管机构是国务院证券监督管理机构。国务院证券监督管理机构依法对证券市场实行监督管理，维护证券市场秩序，保障其合法运行。国务院证券监督管理机构由中国证券监督管理委员会及其派出机构组成。因此，本题的正确答案为 A。

59.【答案】A

【解析】证券市场监管是指证券管理机关运用法律的、经济的以及必要的行政手段，对证券的募集、发行、交易等行为以及证券投资中介机构的行为进行监督与管理。证券市场监管是一国宏观经济监督体系中不可缺少的组成部分，对证券市场的健康发展意义重大。因此，本题的正确答案为A。

60.【答案】A

【解析】《证券交易所管理办法》要求，证券交易所应当建立符合证券市场监管和实时监控要求的计算机系统，并设立负责证券市场监管工作的专门机构。中国证监会可以要求证券交易所之间建立以市场监管为目的的信息交换制度和联合监管制度，共同监管跨市场的不正当交易行为，控制市场风险。因此，本题的正确答案为A。

模拟试卷（三）

一、单项选择题（本大题共 60 小题，每小题 0.5 分，共 30 分。以下各小题所给出的 4 个选项中，只有一项最符合题目要求。）

1．商品证券是证明持有人有商品（　　）的凭证。

A．租赁权或转让权　　　　　　B．收益权或处分权

C．所有权或使用权　　　　　　D．使用权或转让权

2．（　　）的交易价格制约和影响着证券的发行价格，是证券发行时需要考虑的重要因素。

A．交易市场　　　　　　　　　B．发行市场

C．证券市场　　　　　　　　　D．货币市场

3．（　　）是相对独立于实际资本的一种资本存在形式。

A．资本证券　　　　　　　　　B．虚拟资本

C．商品资本　　　　　　　　　D．货币资本

4．社会保障基金投资于银行存款和国债的比例不得低于（　　）。

A．10%　　　　　　　　　　　B．20%

C．40%　　　　　　　　　　　D．50%

5．政府债券的最初功能是（　　）。

A．便于调控宏观经济　　　　　B．筹措建设资金

C．弥补财政赤字　　　　　　　D．便于金融调控

6．（　　）是代表一国政府发行法偿货币、制定和执行货币政策、实施金融监管的重要机构。

A．中国人民银行　　　　　　　B．中央银行

C．中国农业银行　　　　　　　　D．中国建设银行

7．1982 年 1 月，（　　）在日本债券市场发行了 100 亿日元的私募债券，这是我国国内机构首次在境外发行外币债券。

A．中国信托投资公司　　　　　　B．国民信托投资公司

C．中国国际信托投资公司　　　　D．中华信托投资公司

8．1984 年 11 月，（　　）在东京公开发行 200 亿日元债券，标志着中国正式进入国际债券市场。

A．中国银行　　　　　　　　　　B．中国工商银行

C．中国建设银行　　　　　　　　D．中国农业银行

9．股票按股东享有权利的不同，可以分为（　　）。

A．有面额股票和无面额股票　　　B．普通股票和优先股票

C．记名股票和无记名股票　　　　D．份额股票和比例股票

10．股票是把已存在的股东权利表现为证券的形式，它的作用不是创造股东的权利，而是证明股东的权利，所以说，股票是（　　）。

A．要式证券　　　　　　　　　　B．证权证券

C．设权证券　　　　　　　　　　D．资本证券

11．股票的理论价值是（　　）。

A．票面价值　　　　　　　　　　B．账面价值

C．内在价值　　　　　　　　　　D．清算价值

12．在大多数情况下，股份公司的转换股票是由优先股票转换成普通股票，或者由某种优先股票转换成（　　）。

A．国家股　　　　　　　　　　　B．流通股

C．另一种优先股票　　　　　　　D．公众股

13．普通股票股东要求分配公司资产的权利不是任意的，必须是在（　　）之时。

A．股东大会作出减少公司注册资本的决议

B．公司解散清算

C．公司连续 5 年亏损

D．出席股东大会的股东所持表决权的 2/3 以上通过

14．境外上市外资股以人民币标明面值，采取（　　）形式。

A．优先股票　　　　　　　　　B．不记名股票

C．记名股票　　　　　　　　　D．非流通股票

15．我国《证券法》规定，公司申请股票上市的条件之一是向社会公开发行的股份达到公司股份总数的（　　）以上；公司股本总额超过人民币4亿元的，向社会公开发行股份的比例为10%以上。

A．10%　　　　　　　　　　　B．20%

C．25%　　　　　　　　　　　D．30%

16．在债券的票面价值中，要规定票面价值的（　　）。

A．币种、利率　　　　　　　　B．币种、金额

C．利率、金额　　　　　　　　D．期限、利率

17．债券与股票的相同点在于（　　）。

A．风险一样　　　　　　　　　B．收益率一致

C．都是筹资手段　　　　　　　D．具有同样权利

18．凭证式债券持有人提前兑取现金时，除偿还本金外，利息按实际持有天数及相应的利率档次计算，经办机构按兑付本金的（　　）收取手续费。

A．2‰　　　　　　　　　　　B．3‰

C．4‰　　　　　　　　　　　D．5‰

19．下列选项中，不属于债券基本性质的是（　　）。

A．债券属于有价证券　　　　　B．债券是一种虚拟资本

C．债券是债权的表现　　　　　D．发行人必须在约定的时间付息还本

20．下列选项中，关于债券的说法，错误的是（　　）。

A．发行人是借入资金的经济主体

B．投资者是出借资金的经济主体

C．发行人必须在约定的时间付息还本

D．债券反映了发行者和投资者之间的委托、代理关系，而且是这一关系的法律凭证

21．下列选项中，关于债券与股票的区别，说法错误的是（　　）。

A．债券是债权凭证，股票是所有权凭证

B．发行债券是公司追加资金的需要，发行股票则是股份公司创立和增加资本的需要

C．债券一般有规定的偿还期，股票是一种无期投资

D．因为股票风险较大，债券风险相对较小，所以股票的收益必然高于债券

22．下列选项中，关于储蓄国债（电子式）特点的说法，不正确的是（　　）。

A．针对个人投资者，不向机构投资者发行

B．采用实名制，不可流通转让

C．采用电子方式记录债权

D．收益安全稳定，由人民银行负责还本付息，免缴利息税

23．在现代社会，绝大多数国债属于（　　），实物国债已非常少见。

A．短期国债　　　　　　　　　B．货币国债

C．长期国债　　　　　　　　　D．建设国债

24．下列选项中，不属于我国金融债券的是（　　）。

A．政策性金融债券　　　　　　B．证券公司债券

C．财务公司债券　　　　　　　D．信用公司债券

25．欧洲债券由于不以发行市场所在国的货币为面值，所以也称（　　）。

A．无国籍债券　　　　　　　　B．武士债券

C．扬基债券　　　　　　　　　D．熊猫债券

26．证券投资基金按基金的组织形式不同，可分为（　　）。

A．封闭式基金和开放式基金

B．契约型基金和公司型基金

C．国债基金、股票基金、货币市场基金

D．成长型基金、收入型基金和平衡型基金

27．目前，我国的基金全部是（　　）。

A．契约型基金　　　　　　　　B．公司型基金

C．封闭式基金　　　　　　　　D．开放式基金

28．下列选项中，关于股票基金的说法，正确的是（　　）。

A．股票基金是指以上市股票为唯一投资对象的证券投资基金

B．股票基金的投资目标侧重于追求资本利得和短期资本增值

C．按基金投资的标的划分，可将股票基金划分为一般股票基金和专门化股票基金

D．基金管理人拟定投资组合，将资金投放到一个或几个国家，甚至全球的股票市场，以达到分散投资、降低风险的目的

29．下列选项中，不属于衍生证券投资基金的是（　　）。

A．期货基金 　　　　　　　　　　B．期权基金

C．黄金基金 　　　　　　　　　　D．认股权证基金

30．基金管理公司申请开展特定客户资产管理业务需具备的条件之一是净资产不低于（　　）亿元人民币。

A．1 　　　　　　　　　　　　　B．2

C．3 　　　　　　　　　　　　　D．5

31．（　　）对债券的配置比例较高，对股票的配置比例相对较低。

A．债券型基金 　　　　　　　　　B．偏股型基金

C．股债平衡型基金 　　　　　　　D．主动型基金

32．基金持有人与托管人之间的关系是（　　）。

A．所有人与经营者的关系 　　　　B．经营与监管的关系

C．委托与受托的关系 　　　　　　D．持有与监管的关系

33．基金资产净值是指基金资产总值减去（　　）后的价值。

A．各类证券的价值 　　　　　　　B．银行存款本息

C．基金负债 　　　　　　　　　　D．基金应收的申购基金款

34．（　　）是衡量一个基金经营业绩的主要指标，也是基金份额交易价格的内在价值和计算依据。

A．基金资产净值 　　　　　　　　B．基金份额净值

C．基金资产总值 　　　　　　　　D．基金资产的估值

35．（　　）的价格受到现行利率和预期利率的影响，价格变化与利率变化一般呈反向关系。

A．浮动利率 　　　　　　　　　　B．固定利率

C．市场利率   D．固定利率有价证券

36．1982 年，（ ）开办世界上第一个股票价格指数期货。

A．纽约证券交易所   B．芝加哥期货交易所

C．芝加哥商业交易所   D．美国堪萨斯期货交易所

37．从交易结构上看，可以将互换交易视为一系列（ ）的组合。

A．远期交易   B．期权交易

C．期货交易   D．现货交易

38．下列选项中，不属于金融期货交易制度的是（ ）。

A．大户报告制度   B．限仓制度

C．连续交易制度   D．集中交易制度

39．股指期货交割结算价为最后交易日标的指数最后（ ）小时的算术平均价。

A．1   B．2

C．3   D．4

40．2006 年 1 月 24 日，（ ）发布了《关于开展人民币利率互换交易试点有关事宜的通知》，批准在全国银行间同业拆借中心开展人民币利率互换交易试点。

A．中国证券业协会   B．中国证监会

C．中国人民银行   D．国家开发银行

41．外汇期货交易自 1972 年在（ ）所属的国际货币市场率先推出后得到了迅速发展。

A．伦敦国际金融期权期货交易所   B．芝加哥商业交易所

C．纽约交易所   D．欧洲交易所

42．在 2007 年以来发生的全球性金融危机当中，导致大量金融机构陷入危机的最重要一类衍生金融产品是（ ）。

A．信用违约互换   B．货币互换

C．利率互换   D．股权互换

43．股票价格指数期货的交易单位等于基础指数的数值与交易所规定的每点价值之乘积，采用（ ）。

A．证券给付结算   B．自动结算

C．现金结算　　　　　　　　　　　D．对冲方式结算

44．我国《证券法》规定，向不特定对象发行的证券票面总值超过人民币（　）万元，应当由承销团承销。

A．2 000　　　　　　　　　　　　　B．3 000

C．4 000　　　　　　　　　　　　　D．5 000

45．场外交易市场的交易制度通常采用（　）。

A．备案制度　　　　　　　　　　　B．公司制度

C．做市商制度　　　　　　　　　　D．会员制度

46．（　）是最普通、最基本的股息形式。

A．股票股息　　　　　　　　　　　B．现金股息

C．财产股息　　　　　　　　　　　D．负债股息

47．证券公司从事自营业务、资产管理业务等两种以上的业务，注册资本最低限额为 5 亿元，净资本最低限额为（　）亿元。

A．2　　　　　　　　　　　　　　　B．3

C．5　　　　　　　　　　　　　　　D．10

48．投资于权益类证券以及股票型证券投资基金的资产，不得超过该计划资产净值的（　）。

A．10%　　　　　　　　　　　　　B．20%

C．30%　　　　　　　　　　　　　D．40%

49．证券公司风险控制指标标准之一是净资本与净资产的比例不得低于（　）。

A．10%　　　　　　　　　　　　　B．20%

C．30%　　　　　　　　　　　　　D．40%

50．证券公司经营证券承销业务的，应当分别按包销再融资项目股票、公司债券金额的（　）计算承销业务风险资本准备。

A．30%、15%　　　　　　　　　　B．30%、8%

C．15%、8%　　　　　　　　　　　D．10%、4%

51．证券公司应当（　）计算客户交存的担保物价值与其所欠债务的比例。

A．逐日　　　　　　　　　　　　　B．隔日

C．每周　　　　　　　　　　　D．每季

52．公开发行股票数量在 4 亿股以上的，配售数量不超过向战略投资者配售后剩余发行数量的（　）。

A．10%　　　　　　　　　　　B．20%

C．30%　　　　　　　　　　　D．50%

53．首次公开发行股票数量在（　）亿股以上的，可以向战略投资者配售股票。

A．1　　　　　　　　　　　　B．2

C．3　　　　　　　　　　　　D．4

54．依法负有信息披露义务的公司、企业向股东和社会公众提供虚假的或者隐瞒重要事实的报告，或者对依法应当披露的其他重要信息不按照规定披露，严重损害股东或者其他人利益，或者有其他严重情节的，对公司直接负责的主管人员和其他直接责任人员，处（　）有期徒刑或者拘役。

A．3 年　　　　　　　　　　　B．3 年以上

C．3 年以下　　　　　　　　　D．5 年以上

55．为了规范证券公司向客户出借资金供其买入上市证券或者出借上市证券供其卖出，（　）根据审慎监管的原则，制定了《证券公司融资融券业务试点管理办法》和相应的业务指引。

A．中国证监会　　　　　　　　B．中国证券业协会

C．证券登记结算机构　　　　　D．国务院

56．违反法律、行政法规或者中国证监会有关规定，情节严重的，可以对有关责任人员采取（　）年的证券市场禁入措施。

A．1～2　　　　　　　　　　　B．3～5

C．5～7　　　　　　　　　　　D．7～10

57．证券、期货交易内幕信息的知情人员在涉及证券、期货交易或者其他对证券、期货交易价格有重大影响的信息尚未公开前泄露该信息，或者明示、暗示他人从事上述交易活动，情节严重的，处（　）年以下有期徒刑或者拘役，并处或者单处违法所得 1 倍以上 5 倍以下罚金。

A．3　　　　　　　　　　　　B．5

C．7   D．10

58．证券市场监管的手段不包括（   ）。

A．政治手段   B．法律手段

C．经济手段   D．行政手段

59．上海、深圳证券交易所在风险基金分别达到规定的上限后，交易经手费的（   ）纳入证券投资者保护基金。

A．20%   B．25%

C．30%   D．35%

60．国际证监会组织公布的证券监管目标不包括（   ）。

A．保护投资者   B．保证证券市场的公平、效率和透明

C．降低非系统风险   D．降低系统风险

二、多项选择题（本大题共 40 小题，每小题 1 分，共 40 分。以下各小题所给出的 4 个选项中，至少有两项符合题目要求。）

1．证券监管机构的主要职责包括（   ）。

A．依法制定有关证券市场监督管理的规章、规则

B．负责监督有关法律法规的执行

C．负责保护投资者的合法权益

D．对全国的证券发行、证券交易、中介机构的行为等依法实施全面监管，维持公平而有序的证券市场

2．基金性质的机构投资者包括（   ）。

A．证券投资基金   B．社保基金

C．企业年金   D．社会公益基金

3．根据我国政府对世贸组织的承诺，我国证券业在 5 年过渡期对外开放的内容主要包括（   ）。

A．外国证券机构可以（不通过中方中介）直接从事 B 股交易

B．外国证券机构驻华代表处可以成为所有中国证券交易所的特别会员

C．允许合资券商开展咨询服务及其他辅助性金融服务

D．允许外国机构设立合营公司，从事国内证券投资基金管理业务，外资比例不超过 33%；加入后 3 年内，外资比例不超过 49%

4．我国资本市场对外开放局面的形成，是我国经济发展和改革开放的客观需求，主要是由于（　）。

A．加快资本市场对外开放是当前国内外政治、经济形势对我国资本市场提出的迫切要求，是我国兑现加入世贸组织所作出的承诺

B．加快资本市场对外开放是我国深化国有企业改革和加快推进金融体系改革的现实要求，是我国加快适应全球经济金融一体化挑战的重要手段

C．加快对外开放步伐也是我国证券市场规范化、市场化建设推进到一定阶段的必然产物

D．加快资本市场对外开放是我国完善资本市场规章制度，进一步强化资本市场管理的必要阶段

5．我国《公司法》规定，公司不得收购本公司股份，但出现以下（　）情形的除外。

A．减少公司注册资本

B．与持有本公司股份的其他公司合并

C．将股份奖励给本公司职工

D．股东因对股东大会作出的公司合并、分立决议持异议，要求公司收购其股份的

6．非流通国债（　）。

A．不能自由转让

B．可以自由认购

C．可以不记名

D．可以记名

7．可转换公司债券（　）。

A．与一般的债券一样，在转换前可以定期得到利息收入，并且不具备股东的权利

B．当发行公司的经营业绩取得显著增长时，可转换公司债在约定期限内可以按预定转换价格由投资者选择转换成公司的股票

C．投资者拥有的转换权可以确保其分享公司未来的增长利益

D．一般要经股东大会或董事会的决议通过才能发行，而且在发行时，应在契约中规定转换期限和转换价格

8．决定基金期限长短的因素主要有（　）。

A．发行规模　　　　　　　　　B．基金份额交易方式

C．基金本身投资期限的长短　　　D．宏观经济形势

9．根据我国《证券法》和《证券交易所管理办法》的规定，证券交易所设理事会，理事会是证券交易所的决策机构，其主要职责包括（　　）。

A．审议和通过证券交易所的财务预算、决算报告

B．执行会员大会的决议

C．审定对会员的接纳

D．制定、修改证券交易所的业务规则

10．目前，在代办股份转让系统挂牌的公司大致可分为两类：其中一类是原STAQ（全国证券交易自动报价系统）、NET（全国证券交易系统）挂牌公司和沪、深证券交易所退市公司，这类公司按其资质和信息披露履行情况，其股票可以采取每周集合竞价（　　）次的方式进行转让。

A．1　　　　　　　　　　　　　B．3

C．5　　　　　　　　　　　　　D．7

11．证券发行制度包括（　　）。

A．注册制　　　　　　　　　　B．登记制

C．核准制　　　　　　　　　　D．审批制

12．集中竞价交易系统通常包括（　　）。

A．交易系统　　　　　　　　　B．结算系统

C．信息系统　　　　　　　　　D．监察系统

13．我国《上市公司证券发行管理办法》规定，上市公司增资的方式包括（　　）。

A．向原股东配售股份　　　　　B．向不特定对象公开募集股份

C．发行可转换公司债券　　　　D．非公开发行股票

14．金融时报证券交易所指数包括（　　）。

A．金融时报工业股票指数　　　B．100种股票交易指数

C．综合精算股票指数　　　　　D．FT-200指数

15．在短期国库券无风险利率的基础上，我们可以发现的规律包括（　　）。

A．同一种类型的债券，长期债券利率比短期债券高

B．不同债券的利率不同，这是对信用风险的补偿

C．在通货膨胀严重的情况下，债券的票面利率会提高或是会发行浮动利率债券

D．股票的收益率一般高于债券

16．2006 年 1 月 1 日新修订的《证券法》实施，对证券公司进行了较为全面的规定，其中包括（   ）。

A．完善了证券公司设立制度，对股东特别是大股东的资格作出规定

B．对证券公司实行按业务分类监管，不再将证券公司分为综合类和经纪类

C．建立以净资本为核心的监管指标体系

D．确立证券公司高级管理人员任职资格管理制度

17．证券公司净资本或其他风险控制指标达到预警标准的，派出机构应当区别情形，对其采取的措施包括（   ）。

A．向其出具监管关注函并抄送公司主要股东，要求公司说明潜在风险和控制措施

B．要求公司采取措施调整业务规模和资产负债结构，提高净资本水平

C．要求公司进行重大业务决策时至少提前 5 个工作日报送专门报告，说明有关业务对公司财务状况和净资本等风险控制指标的影响

D．责令公司合规部门增加对风险控制指标检查的频率，并提交有关风险控制措标水平的报告

18．我国《证券法》规定，投资咨询机构及其从业人员从事证券服务业务不得有以下（   ）行为。

A．代理委托人从事证券投资

B．与委托人约定分享证券投资收益或者分担证券投资损失

C．买卖本咨询机构提供服务的上市公司股票

D．利用传播媒介或者通过其他方式提供、传播虚假或者误导投资者的信息

19．证券、期货投资咨询人员申请取得证券、期货投资咨询从业资格，必须具备的条件包括（   ）。

A．具有完全民事行为能力

B．品行良好、正直诚实，具有良好的职业道德

C．未受过刑事处罚或者与证券、期货业务有关的严重行政处罚

D．证券投资咨询人员具有从事证券业务两年以上的经历，期货投资咨询人员具有从事期货业务两年以上的经历

20．证券市场监管的目标包括（ ）。

A．运用和发挥证券市场机制的积极作用，限制其消极作用

B．保护投资者利益，保障合法的证券交易活动，监督证券中介机构依法经营

C．防止人为操纵、欺诈等不法行为，维护证券市场的正常秩序

D．保护证券交易、登记结算机构利益，维持证券交易正常运转

21．证券服务机构主要包括（ ）。

A．证券投资咨询机构　　　　　　B．财务顾问机构

C．资产评估机构　　　　　　　　D．证券交易所

22．普通股票股东行使资产收益权的限制条件包括（ ）。

A．法律上的限制　　　　　　　　B．公司对现金的需要

C．股东所处的地位　　　　　　　D．公司的经营环境

23．期货价格克服了分散、局部的市场价格在（ ）的局限性。

A．时间上　　　　　　　　　　　B．空间上

C．数量上　　　　　　　　　　　D．质量上

24．下列选项中，关于债券发行主体的说法，正确的是（ ）。

A．政府债券的发行主体是政府

B．公司债券的发行主体是股份公司

C．凭证式债券的发行主体是非股份制企业

D．金融债券的发行主体是银行或非银行的金融机构

25．固定收益证券综合电子平台所交易的固定收益证券包括（ ）。

A．ETF

B．公司债券

C．分离交易的可转换公司债券中的公司债券

D．国债

26．下列选项中，关于欧洲债券的说法，正确的是（ ）。

A．债券发行者、债券发行地点和债券面值所使用的货币可以分别属于不同的国家

B．由于它不以发行市场所在国的货币为面值，故也称无国籍债券

C．欧洲债券票面使用的货币一般是可自由兑换的货币

D．欧洲债券在法律上所受的限制比外国债券宽松得多，它不需要官方主管机构的批准

27．外国债券一般是由发行地所在国的（　　）承销。

A．证券公司　　　　　　　　　　B．几家大银行

C．金融机构　　　　　　　　　　D．中央银行

28．股权类产品的衍生工具的种类包括（　　）。

A．股票指数期权　　　　　　　　B．股票指数期货

C．股票期权　　　　　　　　　　D．股票期货

29．下列选项中，属于公司型基金的特点的是（　　）。

A．基金的设立程序类似于一般股份公司，基金本身为独立法人机构

B．公司型基金是依据基金公司章程设立，在法律上具有独立法人地位的股份投资公司

C．投资者既是基金的委托人，又是基金的受益人

D．基金的组织结构与一般股份公司类似，设有董事会和股东大会，基金资产归公司所有

30．我国《证券投资基金法》规定，设立基金管理公司，应当具备的条件包括（　　）。

A．注册资本不低于 2 万元人民币，且必须为实缴货币资本

B．主要股东最近 3 年没有违法记录，注册资本不低于 3 亿元人民币

C．取得基金从业资格的人员达到法定人数

D．有完善的内部稽核监控制度和风险控制制度

31．固定收入型基金的主要投资对象是（　　）。

A．债券　　　　　　　　　　　　B．普通股

C．优先股　　　　　　　　　　　D．期权

32．下列选项中，属于建构模块工具的是（　　）。

A．金融期权　　　　　　　　　　B．金融期货

C．结构化金融衍生工具　　　　　D．金融远期合约

33. 金融衍生工具按照基础工具种类分类，可以划分为（　　）。

A. 股权类产品的衍生工具　　　　B. 债券类产品的衍生工具

C. 货币衍生工具　　　　　　　　D. 利率衍生工具

34. 证券投资基金具有（　　）特点。

A. 定向投资　　　　　　　　　　B. 集合投资

C. 专业理财　　　　　　　　　　D. 分散风险

35. 在国际金融市场上，存在若干重要的参考利率，它们是市场利率水平的重要指标，同时也是金融机构制定利率政策和设计金融工具的主要依据，除国债利率外，常见的参考利率包括（　　）。

A. 伦敦银行间同业拆放利率　　　B. 香港银行间同业拆放利率

C. 欧洲美元定期存款单利率　　　D. 联邦基金利率

36. 下列选项中，属于参与美国存托凭证发行与交易的中介机构的是（　　）。

A. 存券银行　　　　　　　　　　B. 托管银行

C. 评级公司　　　　　　　　　　D. 中央存托公司

37. 债券发行方式包括（　　）。

A. 对一般投资者上网发行和对法人配售相结合的发行方式

B. 承购包销

C. 招标发行

D. 定向发行

38. 影响股票价格的宏观经济与政策因素包括（　　）。

A. 货币政策　　　　　　　　　　B. 市场利率

C. 通货膨胀　　　　　　　　　　D. 经济周期循环

39. 债券按照其券面形态可分为（　　）。

A. 凭证式债券　　　　　　　　　B. 记账式债券

C. 附息债券　　　　　　　　　　D. 实物债券

40. 随着信用制度的发展，（　　）等融资方式不断出现，越来越多的信用工具随之涌现。

A. 银行信用　　　　　　　　　　B. 国家信用

C. 私人信用　　　　　　　　　　D. 商业信用

三．**判断题**（本大题共 60 小题，每小题 0.5 分，共 30 分。判断以下各小题的对错，正确的填 A，错误的填 B。）

1．货币证券是指本身能使持有人或第三者取得货币索取权的有价证券。（ ）

2．凭证式国债和封闭式基金交易凭证属于非上市证券。（ ）

3．公募证券是指发行人通过中介机构向特定的社会公众投资者公开发行的证券。（ ）

4．证券市场实际上是财产权利的直接交换场所。（ ）

5．有价证券都是价值的直接代表，它们本质上是价值的一种直接表现形式。（ ）

6．证券市场根据上市公司规模、监管要求等差异，可分为全球性市场、全国性市场、区域性市场等类型。（ ）

7．中央银行作为证券发行主体，主要涉及两类证券：第一类是国债；第二类是中央银行出于调控货币供给量目的而发行的特殊债券。（ ）

8．《中华人民共和国证券投资基金法》规定我国的证券投资基金可投资于股票、债券和国务院证券监督管理机构规定的其他证券品种。（ ）

9．我国《公司法》规定，股票采用纸面形式或国务院证券监督管理机构规定的其他形式。（ ）

10．股票是投入股份公司的资本份额的证券化，属于资本证券。（ ）

11．股票合并又称并股，是将若干股股票合并为 1 股。（ ）

12．设权证券是指证券所代表的权利本来不存在，而是随着证券的制作而产生，股票就是一种设权证券。（ ）

13．我国《公司法》规定，记名股票由股东以背书方式或者法律、行政法规规定的其他方式转让；转让后由公司将受让人的姓名或名称及住所记载于股东名册。（ ）

14．我国《证券法》规定，证券交易所依照证券法律、行政法规制定上市规则、交易规则、会员管理规则，并经国务院证券监督管理机构批准。（ ）

15．股票的市场价格主要由股票的内在价值所决定，同时也受许多其他因素的影响，其中最直接的影响因素是心理因素。（ ）

16．股票的供求关系是股价的基石。（ ）

17．在股份公司盈利分配顺序上，优先股票排在普通股票之后。

18．发行股息率固定优先股票，可以保护股票持有者的利益，同时对股份公司来说，有利于扩大股票发行量。（　）

19．具有法人资格的国有企业、事业单位及其他单位以其依法占用的法人资产向独立于自己的股份公司出资形成或依法定程序取得的股份，称为国有法人股，国有法人股属于社会公众股。（　）

20．红筹股作为外资股，已经成为内地企业进入国际资本市场筹资的一条重要渠道。（　）

21．外资股按上市地域，可以分为境内上市外资股和境外上市外资股。（　）

22．实物债券是一般意义上的债券，我国发行的无记名国债即属此类。（　）

23．实物债券是专指具有实物票券的债券，它与无实物票券的债券(如记账式债券)相对应，而实物国债是指以某种商品实物为本位而发行的国债。（　）

24．我国从 1995 年起实施的《中华人民共和国预算法》规定，地方政府不得发行地方政府债券（除法律和国务院另有规定外）。（　）

25．可转换公司债券兼有债权投资和股权投资的双重优势。（　）

26．按照现行规定，我国的混合资本债券到期前，如果发行人的核心资本充足率低于10%，发行人可以延期支付利息。（　）

27．1982 年 1 月，中国国际信托投资公司在日本发行的债券，采用公募方式发行。（　）

28．发行国际债券的目的之一就是要利用国际证券市场资金来源的广泛性和充足性。（　）

29．截至 2011 年年底，我国共有证券投资基金 914 只，其中有 857 只开放式基金，有 57 只封闭式基金。（　）

30．1868 年由政府出面组建了海外和殖民地政府信托组织，公开向社会发售受益凭证。（　）

31．公司型基金的投资者对基金运作的影响比契约型基金的投资者小。（　）

32．杠杆效应使期货交易者在收益可能成倍放大的同时，所承担的风险与损失也成倍放大。（　）

33．股票价格指数期货是为适应人们控制股市风险，尤其是非系统性风险的需要而

产生的。（　　）

34．与金融期货相比，金融期权的主要特征在于它仅仅是买卖权利的交换。（　　）

35．备兑权证通常由投资银行发行，备兑权证所认兑的股票不包括新发行的股票和已在市场上流通的股票，所以会增加股份公司的股本。（　　）

36．金融互换期权是以金融互换合约为交易对象的选择权。（　　）

37．国内融资方通过在国外的特殊目的机构或结构化投资机构在国际市场上以资产证券化的方式向国外投资者融资称为离岸资产证券化。（　　）

38．首次公开发行股票的公司及其保荐机构应通过向询价对象询价的方式确定股票发行价格。（　　）

39．场外交易市场的建设和发展拓展了资本市场积聚和配置资源的范围，为中小企业提供了与其风险状况相匹配的融资工具。（　　）

40．我国上海、深圳证券交易所的价格决定采取集合竞价和连续竞价方式。（　　）

41．上网公开发行方式是指利用证券交易所的交易系统，主承销商在证券交易所开设股票发行专户并作为唯一的卖方，投资者在指定时间内，按现行委托买入股票的方式进行申购的发行方式。（　　）

42．上证国债指数采用派许法计算加权综合价格指数，以样本国债的发行量为权数。（　　）

43．债券投资的资本损益是指债券买入价与卖出价或买入价与到期偿还额之间的差额。（　　）

44．系统风险又称可分散风险或可回避风险。（　　）

45．1986年，沈阳信托投资公司和工商银行上海信托投资公司率先开始办理柜台交易业务。（　　）

46．目前，我国证券公司监管制度包括证券公司业务许可制度、分类监管制度、合规管理制度、以净资本为核心的风险监控与预警制度、客户交易结算资金第三方存管制度、信息报送与披露制度等。（　　）

47．证券公司经营证券承销与保荐、证券自营、证券资产管理和其他证券业务中的任何一项的，注册资本最低限额为人民币1亿元。（　　）

48．由于证券公司在交易成本、资金实力、获取信息以及交易的便利条件等方面都比投资大众占有优势，因此，在自营活动中要防范操纵市场和内幕交易等不正当行为。
（　）

49．证券公司未按期完成整改，风险控制指标情况继续恶化，严重危及该证券公司稳健运行的，中国证监会可以暂停其有关业务许可。（　）

50．证券公司经营证券资产管理业务的，应当分别按专项、集合、定向资产管理业务规模的 8%、8%、5% 计算资产管理业务风险资本准备。（　）

51．证券、期货投资咨询机构及其投资咨询人员，不得以虚假信息、市场传言或者内幕信息为依据向投资人或者客户提供投资分析、预测或建议。（　）

52．从事证券、期货投资咨询业务的人员，必须取得证券、期货投资咨询从业资格并加入一家有从业资格的证券、期货投资咨询机构后，方可从事证券、期货投资咨询业务。（　）

53．融资融券交易活动出现异常，已经或者可能危及市场稳定，有必要暂停交易的，证券交易所应当按照业务规则的规定，暂停全部或者部分证券的融资融券交易并公告。（　）

54．新《证券法》的调整范围涵盖了在中国境内的股票、公司债券和国务院依法认定的其他证券的发行、交易和监管，其核心旨在促进证券公司发展，维护社会经济秩序和社会公共利益。（　）

55．证券公司应当按照证券交易所的规定，在次日开市前向其报告上一交易日客户融资融券交易的有关信息。（　）

56．信息披露的主体不仅包括证券发行人、证券交易者，还包括证券监管者。（　）

57．证券监管机构对证券公司的日常监管，分为现场监管和非现场监管两种方式。（　）

58．中国证券业协会采取会员制的组织形式，证券公司无须加入中国证券业协会。（　）

59．证券交易所应当保证投资者有平等机会获取证券市场的交易情况和其他公开披露的信息，并有平等的交易机会。（　）

60．证券经营机构聘用未取得执业证书的人员对外开展证券业务的，由中国证监会责令改正；拒不改正的，给予纪律处分；情节严重的，由中国证监会单处或者并处警告、3 万元以下罚款。（　）

模拟试卷（三）参考答案与解析

一、单项选择题

1.【答案】C

【解析】商品证券是证明持有人有商品所有权或使用权的凭证，取得这种证券就等于取得这种商品的所有权或使用权，持有人对这种证券所代表的商品所有权受法律保护。因此，本题的正确答案为 C。

2.【答案】A

【解析】证券发行市场和交易市场相互依存、相互制约，是一个不可分割的整体。证券发行市场是交易市场的基础和前提，有了发行市场的证券供应，才有交易市场的证券交易，证券发行的种类、数量和发行方式决定着交易市场的规模和运行。交易市场是证券得以持续扩大发行的必要条件，为证券的转让提供市场条件，使发行市场充满活力。此外，交易市场的交易价格制约和影响着证券的发行价格，是证券发行时需要考虑的重要因素。因此，本题的正确答案为 A。

3.【答案】B

【解析】有价证券是虚拟资本的一种形式。所谓虚拟资本，是指以有价证券形式存在，并能给持有者带来一定收益的资本。虚拟资本是相对独立于实际资本的一种资本存在形式。通常，虚拟资本的价格总额并不等于所代表的真实资本的账面价格，甚至与真实资本的重置价格也不一定相等，其变化并不完全反映实际资本额的变化。因此，本题的正确答案为 B。

4.【答案】D

【解析】社会保障基金的投资范围包括银行存款、国债、证券投资基金、股票、信用等级在投资级以上的企业债、金融债等有价证券，其中银行存款和国债投资的比例不

194

低于50%，企业债、金融债不高于10%，证券投资基金、股票投资的比例不高于40%。因此，本题的正确答案为D。

5.【答案】C

【解析】政府发行债券所筹集的资金既可以用于协调财政资金短期周转、弥补财政赤字、兴建政府投资的大型基础性的建设项目，也可以用于实施某种特殊的政策，在战争期间还可以用于弥补战争费用的开支。因此，本题的正确答案为C。

6.【答案】B

【解析】中央银行是代表一国政府发行法偿货币、制定和执行货币政策、实施金融监管的重要机构。中央银行作为证券发行主体，主要涉及两类证券。第一类是中央银行股票。在一些国家(例如美国)，中央银行采取了股份制组织结构，通过发行股票募集资金，但是，中央银行的股东并不享有决定中央银行政策的权利，只能按期收取固定的红利，其股票类似于优先股。第二类是中央银行出于调控货币供给量目的而发行的特殊债券。中国人民银行从2003年起开始发行中央银行票据，期限从3个月到3年不等，主要用于对冲金融体系中过多的流动性。因此，本题的正确答案为B。

7.【答案】C

【解析】我国机构在境外发行外币债券融资出现较早，1982年1月，中国国际信托投资公司在日本债券市场发行了100亿日元的私募债券，这是我国国内机构首次在境外发行外币债券。因此，本题的正确答案为C。

8.【答案】A

【解析】我国机构在境外发行外币债券融资出现较早，1984年11月，中国银行在东京公开发行200亿日元债券，标志着中国正式进入国际债券市场。因此，本题的正确答案为A。

9.【答案】B

【解析】股票的种类很多，分类方法也有差异，其中，股票按股东享有权利的不同，可以分为普通股票和优先股票。因此，本题的正确答案为B。

10.【答案】B

【解析】股票代表的是股东权利，它的发行是以股份的存在为条件的，股票只是把已存在的股东权利表现为证券的形式，它的作用不是创造股东的权利，而是证明股东的权利，所以说，股票是证权证券。因此，本题的正确答案为B。

11．【答案】C

【解析】股票的内在价值即理论价值，是股票未来收益的现值，股票的内在价值决定股票的市场价格，股票的市场价格总是围绕其内在价值波动。因此，本题的正确答案为C。

12．【答案】C

【解析】可转换优先股票是指发行后在一定条件下允许持有者将它转换成其他种类股票的优先股票。在大多数情况下，股份公司的转换股票是由优先股票转换成普通股票，或者由某种优先股票转换成另一种优先股票。因此，本题的正确答案为C。

13．【答案】B

【解析】普通股票股东行使剩余资产分配权也有一定的先决条件：(1)普通股票股东要求分配公司资产的权利不是任意的，必须是在公司解散清算之时。(2)公司的剩余资产在分配给股东之前，一般应按以下顺序支付：支付清算费用，支付公司员工工资和劳动保险费用，缴付所欠税款，清偿公司债务；如还有剩余资产，再按照股东持股比例分配给各股东。因此，本题的正确答案为B。

14．【答案】C

【解析】境外上市外资股是指股份有限公司向境外投资者募集并在境外上市的股份。它也采取记名股票形式，以人民币标明面值，以外币认购。因此，本题的正确答案为C。

15．【答案】C

【解析】在社会募集方式下，股份公司发行的股份，除了由发起人认购一部分外，其余部分应该向社会公众公开发行。我国《证券法》规定，公司申请股票上市的条件之一是：向社会公开发行的股份达到公司股份总数的25%以上；公司股本总额超过人民币4亿元的，向社会公开发行股份的比例为10%以上。因此，本题的正确答案为C。

16．【答案】B

【解析】债券的票面价值是债券票面标明的货币价值，是债券发行人承诺在债券到期日偿还给债券持有人的金额。在债券的票面价值中，首先要规定票面价值的币种，即以何种货币作为债券价值的计量标准。币种确定后，则要规定债券的票面金额，票面金额大小不同，可以适应不同的投资对象，同时也会产生不同的发行成本。因此，本题的正确答案为 B。

17.【答案】C

【解析】债券和股票都是有关经济主体为筹资需要而发行的有价证券。经济主体在社会经济活动中必然会产生对资金的需求，从资金融通角度看，债券和股票都是筹资手段。与向银行贷款间接融资相比，发行债券和股票筹资的数额大，时间长，成本低，且不受贷款银行的条件限制。因此，本题的正确答案为 C。

18.【答案】A

【解析】我国的凭证式国债通过各银行储蓄网点和财政部门国债服务部面向社会发行，券面上不印制票面金额，而是根据认购者的认购额填写实际的缴款金额，是一种国家储蓄债，可记名、挂失，以凭证式国债收款凭证记录债权，不能上市流通，从购买之日起计息。在持有期内，持券人如遇特殊情况需要提取现金，可以到原购买网点提前兑取。提前兑取时，除偿还本金外，利息按实际持有天数及相应的利率档次计算，经办机构按兑付本金的 2‰收取手续费。因此，本题的正确答案为 A。

19.【答案】D

【解析】债券是一种有价证券，是社会各类经济主体为筹集资金而向债券投资者出具的、承诺按一定利率定期支付利息并到期偿还本金的债权债务凭证。债券的基本性质包括：(1)债券属于有价证券。(2)债券是一种虚拟资本。(3)债券是债权的表现。因此，本题的正确答案为 D。

20.【答案】D

【解析】债券所规定的借贷双方的权利义务关系包含以下四个方面的含义：(1)发行人是借入资金的经济主体。(2)投资者是出借资金的经济主体。(3)发行人必须在约定的时间付息还本。(4)债券反映了发行者和投资者之间的债权债务关系，而且是这一关系的法律凭证。因此，本题的正确答案为 D。

21.【答案】D

【解析】债券与股票的区别包括：(1)权利不同：债券是债权凭证，债券持有者与债券发行人之间的经济关系是债权债务关系，债券持有者只可按期获取利息及到期收回本金，无权参与公司的经营决策。股票则不同，股票是所有权凭证，股票所有者是发行股票公司的股东，股东一般拥有表决权，可以通过参加股东大会选举董事，参与公司重大事项的审议和表决，行使对公司的经营决策权和监督权。（2）目的不同：发行债券是公司追加资金的需要，它属于公司的负债，不是资本金；发行股票则是股份公司创立和增加资本的需要，筹措的资金列入公司资本。发行债券的经济主体很多，中央政府、地方政府、金融机构、公司企业等一般都可以发行债券，但能发行股票的经济主体只有股份有限公司。（3）期限不同：债券一般有规定的偿还期，期满时债务人必须按时归还本金，因此，债券是一种有期证券。股票通常是无须偿还的，一旦投资入股，股东便不能从股份公司抽回本金，因此，股票是一种无期证券，或称永久证券。但是，股票持有者可以通过市场转让收回投资资金。（4）收益不同：债券通常有规定的票面利率，可获得固定的利息。股票的股息红利不固定，一般视公司经营情况而定。（5）风险不同：股票风险较大，债券风险相对较小。这是因为：①债券利息是公司的固定支出，属于费用范围；股票的股息红利是公司利润的一部分，公司有盈利才能支付，而且支付顺序列在债券利息支付和纳税之后。②倘若公司破产，清理资产有余额偿还时，债券偿付在前，股票偿付在后。③在二级市场上，债券因其利率固定、期限固定，市场价格也较稳定；而股票无固定期限和利率，受各种宏观因素和微观因素的影响，市场价格波动频繁，涨跌幅度较大，所以，选项D不正确。因此，本题的正确答案为D。

22．【答案】D

【解析】储蓄国债（电子式）是2006年推出的国债新品种，具有的特点包括：（1）针对个人投资者，不向机构投资者发行。（2）采用实名制，不可流通转让。（3）采用电子方式记录债权。（4）收益安全稳定，由财政部负责还本付息，免缴利息税。（5）鼓励持有到期。（6）手续简化。（7）付息方式较为多样。因此，本题的正确答案为D。

23．【答案】B

【解析】货币国债是指以某种货币为本位而发行的国债。货币国债又可以进一步分为本币国债和外币国债。本币国债以本国货币为面值发行，外币国债以外国货币为面值发行。在现代社会，绝大多数国债属于货币国债，实物国债已非常少见。因此，本题的正确答案为B。

24．【答案】D

【解析】近年来，我国金融债券市场发展较快，金融债券品种不断增加，主要包括：（1）政策性金融债券。（2）商业银行债券。（3）证券公司债券。（4）保险公司次级债券。

（5）财务公司债券。因此，本题的正确答案为 D。

25.【答案】A

【解析】欧洲债券的特点是债券发行者、债券发行地点和债券面值所使用的货币可以分别属于不同的国家，由于它不以发行市场所在国的货币为面值，故也称无国籍债券。因此，本题的正确答案为 A。

26.【答案】B

【解析】证券投资基金是指通过公开发售基金份额募集资金，由基金托管人托管，由基金管理人管理和运用资金，为基金份额持有人的利益，以资产组合方式进行证券投资的一种利益共享、风险共担的集合投资方式。证券投资基金按基金的组织形式不同，可分为契约型基金和公司型基金。因此，本题的正确答案为 B。

27.【答案】A

【解析】契约型基金和公司型基金在法律依据、组织形式以及有关当事人的地位等方面是不同的，但它们都是把投资者的资金集中起来，按照基金设立时所规定的投资目标和策略，将基金资产分散投资于众多的金融产品上，获取收益后再分配给投资者的投资方式，目前我国的基金全部是契约型基金。因此，本题的正确答案为 A。

28.【答案】D

【解析】股票基金是指以上市股票为主要投资对象的证券投资基金，所以选项 A 错误；股票基金的投资目标侧重于追求资本利得和长期资本增值，所以选项 B 错误；证券投资基金按投资标的划分，可分为国债基金、股票基金、货币市场基金等，所以选项 C 错误。因此，本题的正确答案为 D。

29.【答案】C

【解析】衍生证券投资基金是一种以衍生证券为投资对象的基金，包括期货基金、期权基金、认股权证基金等。因此，本题的正确答案为 C。

30.【答案】B

【解析】基金管理公司申请开展特定客户资产管理业务需具备的条件包括：（1）净资产不低于 2 亿元人民币。（2）在最近一个季度末资产管理规模不低于 200 亿元人民币或等值外汇资产。（3）经营行为规范，管理证券投资基金 2 年以上且最近 1 年内没有因违法违规行为受到行政处罚或被监管机构责令整改，没有因违法违规行为正在被监管机构调查等。因此，本题的正确答案为B。

31.【答案】A

【解析】债券型基金对债券的配置比例较高，对股票的配置比例相对较低。因此，本题的正确答案为A。

32.【答案】C

【解析】基金份额持有人与托管人的关系是委托与受托的关系，也就是说，基金份额持有人将基金资产委托给基金托管人保管。因此，本题的正确答案为C。

33.【答案】C

【解析】基金资产总值是指基金所拥有的各类证券的价值、银行存款本息、基金应收的申购基金款以及其他投资所形成的价值总和。基金资产净值是指基金资产总值减去负债后的价值。基金份额净值是指某一时点上某一投资基金每份基金份额实际代表的价值。因此，本题的正确答案为C。

34.【答案】A

【解析】基金资产净值是衡量一个基金经营业绩的主要指标，也是基金份额交易价格的内在价值和计算依据。一般情况下，基金份额价格与资产净值趋于一致，即资产净值增长，基金份额价格也随之提高。因此，本题的正确答案为A。

35.【答案】D

【解析】利率期货是继外汇期货之后产生的又一个金融期货类别，其基础资产是一定数量的与利率相关的某种金融工具，主要是各类固定收益金融工具。利率期货主要是为了规避利率风险而产生的。固定利率有价证券的价格受到现行利率和预期利率的影响，价格变化与利率变化一般呈反向关系。因此，本题的正确答案为D。

36.【答案】D

【解析】1982年，美国堪萨斯期货交易所首先推出价值线指数期货，此后全球股票价格指数期货品种不断涌现，几乎覆盖了所有的基准指数。因此，本题的正确答案为D。

37.【答案】A

【解析】互换是指两个或两个以上的当事人按共同商定的条件，在约定的时间内定期交换现金流的金融交易，可分为货币互换、利率互换、股权互换、信用互换等类别。从交易结构上看，可以将互换交易视为一系列远期交易的组合。因此，本题的正确答案为 A。

38.【答案】C

【解析】金融期货交易有一定的交易规则，这些规则是期货交易正常进行的制度保证，也是期货市场运行机制的外在体现，这些制度主要包括：集中交易制度、标准化的期货合约和对冲机制、保证金制度、结算所和无负债结算制度、限仓制度、大户报告制度、每日价格波动限制及断路器规则。因此，本题的正确答案为 C。

39.【答案】B

【解析】当日结算价是指某一期货合约最后 1 小时成交价格按照成交量的加权平均价，股指期货交割结算价为最后交易日标的指数最后 2 小时的算术平均价。因此，本题的正确答案为 B。

40.【答案】C

【解析】2006 年 1 月 24 日，中国人民银行发布了《关于开展人民币利率互换交易试点有关事宜的通知》，批准在全国银行间同业拆借中心开展人民币利率互换交易试点。2008 年 1 月 18 日，中国人民银行发布《关于开展人民币利率互换业务有关事宜的通知》，同时废止《关于开展人民币利率互换交易试点有关事宜的通知》。因此，本题的正确答案为 C。

41.【答案】B

【解析】外汇期货交易自 1972 年在芝加哥商业交易所所属的国际货币市场率先推出后得到了迅速发展。因此，本题的正确答案为 B。

42.【答案】A

【解析】在 2007 年以来发生的全球性金融危机当中，导致大量金融机构陷入危机的最重要一类衍生金融产品是信用违约互换。最基本的信用违约互换涉及两个当事人，双方约定以某一信用工具为参考，一方向另一方出售信用保护，若参考工具发生规定的信用违约事件，则信用保护出售方必须向购买方支付赔偿。因此，本题的正确答案为 A。

43.【答案】C

【解析】股票价格指数期货即是以股票价格指数为基础变量的期货交易，是为适应人们控制股市风险，尤其是系统性风险的需要而产生的。股票价格指数期货的交易单位等于基础指数的数值与交易所规定的每点价值之乘积，采用现金结算。因此，本题的正确答案为C。

44．【答案】D

【解析】我国《证券法》规定，发行人向不特定对象发行的证券，法律、行政法规规定应当由证券公司承销的，发行人应当同证券公司签订承销协议；向不特定对象发行的证券票面总值超过人民币5 000万元，应当由承销团承销。因此，本题的正确答案为D。

45．【答案】C

【解析】场外交易市场的特征之一是：交易制度通常采用做市商制度。因此，本题的正确答案为C。

46．【答案】B

【解析】现金股息是以货币形式支付的股息和红利，是最普通、最基本的股息形式。因此，本题的正确答案为B。

47．【答案】A

【解析】证券公司从事自营业务、资产管理业务等两种以上的业务，注册资本最低限额为5亿元，净资本最低限额为2亿元。同时，要求证券公司治理结构健全，内部管理有效，能够有效控制业务风险；公司有合格的高级管理人员及适当数量的从业人员、安全平稳运行的信息系统；建立完备的业务管理制度、投资决策机制、操作流程和风险监控体系。因此，本题的正确答案为A。

48．【答案】B

【解析】证券公司办理集合资产管理业务，可以设立限定性集合资产管理计划和非限定性集合资产管理计划。限定性集合资产管理计划的资产主要用于投资国债、国家重点建设债券、债券型证券投资基金、在证券交易所上市的企业债券、其他信用度高且流动性强的固定收益类金融产品。投资于权益类证券以及股票型证券投资基金的资产，不得超过该计划资产净值的20%。非限定性集合资产管理计划的投资范围由管理合同约定，不受上述规定限制。因此，本题的正确答案为B。

49．【答案】D

【解析】证券公司风险控制指标标准包括：（1）净资本与各项风险资本准备之和的比例不得低于100%。（2）净资本与净资产的比例不得低于40%。（3）净资本与负债的比例不得低于8%。（4）净资产与负债的比例不得低于20%。因此，本题的正确答案为D。

50．【答案】B

【解析】证券公司经营证券承销业务的，应当分别按包销再融资项目股票、IPO项目股票、公司债券、政府债券金额的30%、15%、8%、4%计算承销业务风险资本准备。因此，本题的正确答案为B。

51．【答案】A

【解析】证券公司应当逐日计算客户交存的担保物价值与其所欠债务的比例，当该比例低于最低维持担保比例时，应当通知客户在一定的期限内补缴差额，客户未能按期缴足差额或者到期未偿还债务的，证券公司应当立即按照约定处分其担保物。因此，本题的正确答案为A。

52．【答案】D

【解析】发行人及其主承销商应当向参与网下配售的询价对象配售股票，公开发行股票数量少于4亿股的，配售数量不超过本次发行总量的20%；公开发行股票数量在4亿股以上的，配售数量不超过向战略投资者配售后剩余发行数量的50%。因此，本题的正确答案为D。

53．【答案】D

【解析】首次公开发行股票数量在4亿股以上的，可以向战略投资者配售股票。发行人及其主承销商应当在发行公告中披露战略投资者的选择标准、向战略投资者配售的股票总量、占本次发行股票的比例，以及持有期限制等。因此，本题的正确答案为D。

54．【答案】C

【解析】依法负有信息披露义务的公司、企业向股东和社会公众提供虚假的或者隐瞒重要事实的财务会计报告，或者对依法应当披露的其他重要信息不按照规定披露，严重损害股东或者其他人利益，或者有其他严重情节的，对其直接负责的主管人员和其他直接责任人员，处3年以下有期徒刑或者拘役，并处或者单处2万元以上20万元以下罚金。因此，本题的正确答案为C。

55．【答案】A

【解析】为了规范证券公司向客户出借资金供其买入上市证券或者出借上市证券供其卖出，中国证监会根据审慎监管的原则，制定了《证券公司融资融券业务试点管理办法》和相应的业务指引。《证券公司融资融券业务试点管理办法》分总则、业务许可、业务规则、债权担保、权益处理、监督管理和附则共 7 章 48 条。因此，本题的正确答案为 A。

56.【答案】B

【解析】违反法律、行政法规或者中国证监会有关规定，情节严重的，可以对有关责任人员采取 3 ～ 5 年的证券市场禁入措施；行为恶劣、严重扰乱证券市场秩序、严重损害投资者利益或者在重大违法活动中起主要作用等情节较为严重的，可以对有关责任人员采取 5 ～ 10 年的证券市场禁入措施。因此，本题的正确答案为 B。

57.【答案】B

【解析】证券、期货交易内幕信息的知情人员或者非法获取证券、期货交易内幕信息的人员，在涉及证券的发行，证券、期货交易或者其他对证券、期货交易价格有重大影响的信息尚未公开前，买入或者卖出该证券，或者从事与该内幕信息有关的期货交易，或者泄露该信息，或者明示、暗示他人从事上述交易活动，情节严重的，处 5 年以下有期徒刑或者拘役，并处或者单处违法所得 1 倍以上 5 倍以下罚金；情节特别严重的，处 5 年以上 10 年以下有期徒刑，并处违法所得 1 倍以上 5 倍以下罚金。因此，本题的正确答案为 B。

58.【答案】A

【解析】证券市场监管的手段包括法律手段、经济手段和行政手段。因此，本题的正确答案为 A。

59.【答案】A

【解析】证券投资者保护基金的来源之一是上海、深圳证券交易所在风险基金分别达到规定的上限后，交易经手费的 20% 纳入基金。因此，本题的正确答案为 A。

60.【答案】C

【解析】国际证监会组织公布了证券监管的三个目标：(1) 保护投资者。(2) 保证证券市场的公平、效率和透明。(3) 降低系统性风险。因此，本题的正确答案为 C。

二、多项选择题

1.【答案】ABCD

【解析】在我国，证券监管机构是指中国证监会及其派出机构。中国证监会是国务院直属的证券监督管理机构，按照国务院授权和依照相关法律法规对证券市场进行集中、统一监管。它的主要职责是：依法制定有关证券市场监督管理的规章、规则，负责监督有关法律法规的执行，负责保护投资者的合法权益，对全国的证券发行、证券交易、中介机构的行为等依法实施全面监管，维持公平而有序的证券市场。因此，本题的正确答案为 ABCD。

2.【答案】ABCD

【解析】基金性质的机构投资者包括证券投资基金、社保基金、企业年金和社会公益基金。因此，本题的正确答案为 ABCD。

3.【答案】ABCD

【解析】根据我国政府对世贸组织的承诺，我国证券业在 5 年过渡期对外开放的内容主要包括：（1）外国证券机构可以（不通过中方中介）直接从事 B 股交易。（2）外国证券机构驻华代表处可以成为所有中国证券交易所的特别会员。（3）允许外国机构设立合营公司，从事国内证券投资基金管理业务，外资比例不超过 33%；加入后 3 年内，外资比例不超过 49%。（4）加入后 3 年内，允许外国证券公司设立合营公司，外资比例不超过 1/3。合营公司可以（不通过中方中介）从事 A 股的承销，从事 B 股和 H 股、政府和公司债券的承销和交易，以及发起设立基金。（5）允许合资券商开展咨询服务及其他辅助性金融服务，包括信用查询与分析，投资与有价证券研究与咨询，公开收购及公司重组等；对所有新批准的证券业务给予国民待遇，允许在国内设立分支机构。因此，本题的正确答案为 ABCD。

4.【答案】ABC

【解析】我国资本市场对外开放局面的形成，是我国经济发展和改革开放的客观需求。（1）加快资本市场对外开放是当前国内外政治、经济形势对我国资本市场提出的迫切要求，是我国兑现加入世贸组织所做出的承诺。（2）加快资本市场对外开放是我国深化国有企业改革和加快推进金融体系改革的现实要求，是我国加快适应全球经济金融一体化挑战的重要手段。（3）加快对外开放步伐也是我国证券市场规范化、市场化建设推进到一定阶段的必然产物。因此，本题的正确答案为 ABC。

5.【答案】ABCD

【解析】我国《公司法》规定，公司不得收购本公司股份，但是有以下情形之一的除外：减少公司注册资本，与持有本公司股份的其他公司合并，将股份奖励给本公司职工，股东因对股东大会作出的公司合并、分立决议持异议，要求公司收购其股份的。因此，本题的正确答案为 ABCD。

6.【答案】ACD

【解析】非流通国债是指不允许在流通市场上交易的国债。这种国债不能自由转让，可以记名，也可以不记名。非流通国债的发行对象，有的是个人，有的是一些特殊的机构。因此，本题的正确答案为 ACD。

7.【答案】ABCD

【解析】可转换公司债券是指发行人依照法定程序发行、在一定期限内依据约定的条件可以转换成股份的公司债券，这种债券附加转换选择权，在转换前是公司债券形式，转换后相当于增发了股票，可转换公司债券兼有债权投资和股权投资的双重优势。可转换公司债券与一般的债券一样，在转换前投资者可以定期得到利息收入，但此时不具有股东的权利；当发行公司的经营业绩取得显著增长时，可转换公司债券的持有人可以在约定期限内，按预定的转换价格转换成公司的股份，以分享公司业绩增长带来的收益。可转换公司债券一般要经股东大会或董事会的决议通过才能发行，而且在发行时，应在发行条款中规定转换期限和转换价格。因此，本题的正确答案为 ABCD。

8.【答案】CD

【解析】决定基金期限长短的因素主要包括：(1)基金本身投资期限的长短。一般来说，如果基金的目标是进行中长期投资，其存续期就可长一些；反之，如果基金的目标是进行短期投资（如货币市场基金），其存续期就可短一些。(2)宏观经济形势。一般来说，如果经济稳定增长，基金存续期就可长一些，否则应相对短一些。因此，本题的正确答案为 CD。

9.【答案】BCD

【解析】根据我国《证券法》和《证券交易所管理办法》的规定，证券交易所设理事会，理事会是证券交易所的决策机构，其主要职责是：(1) 执行会员大会的决议。(2) 制定、修改证券交易所的业务规则。(3) 审定总经理提出的工作计划。(4) 审定总经理提出的财务预算、决算方案。(5) 审定对会员的接纳。(6) 审定对会员的处分。(7) 根据需要决定专门委员会的设置。(8) 会员大会授予的其他职责。因此，本题的正确答案为 BCD。

10．【答案】ABC

【解析】代办股份转让系统始建于 2001 年 6 月。目前，在代办股份转让系统挂牌的公司大致可分为两类：一类是原 STAQ（全国证券交易自动报价系统）、NET（全国证券交易系统）挂牌公司和沪、深证券交易所退市公司，这类公司按其资质和信息披露履行情况，其股票可以采取每周集合竞价 1 次、3 次或 5 次的方式进行转让；另一类是非上市股份有限公司的股份报价转让，目前主要是中关村科技园区高科技公司，其股票转让主要采取协商配对和定价委托的方式进行成交。因此，本题的正确答案为 ABC。

11．【答案】AC

【解析】证券发行制度主要有两种：（1）注册制，以美国为代表。（2）核准制，以欧洲各国为代表。因此，本题的正确答案为 AC。

12．【答案】ABCD

【解析】证券交易所的集中竞价交易系统由必要的硬件设施和信息、管理等软件组成，它们是保证证券交易正常、有序运行的物质基础和管理条件。现代证券交易所的运作普遍实现了高度的计算机化和无形化，建立起安全、高效的电脑运行系统，该系统通常包括交易系统、结算系统、信息系统和监察系统四个部分。因此，本题的正确答案为 ABCD。

13．【答案】ABCD

【解析】我国《上市公司证券发行管理办法》规定，上市公司增资的方式包括：向原股东配售股份、向不特定对象公开募集股份、发行可转换公司债券、非公开发行股票。因此，本题的正确答案为 ABCD。

14．【答案】ABC

【解析】金融时报证券交易所指数包括：（1）金融时报工业股票指数，又称 30 种股票指数。（2）100 种股票交易指数，又称 FT－100 指数。（3）综合精算股票指数。因此，本题的正确答案为 ABC。

15．【答案】ABCD

【解析】在短期国库券无风险利率的基础上，我们可以发现的规律包括：（1）同一种类型的债券，长期债券利率比短期债券高。（2）不同债券的利率不同，这是对信用风险的补偿。（3）在通货膨胀严重的情况下，债券的票面利率会提高或是会发行浮动利率债券，这种情况是对购买力风险的补偿。(4)股票的收益率一般高于债券。因此，本题的正确答案为ABCD。

16.【答案】ABCD

【解析】2006年1月1日新修订的《证券法》实施，进一步完善了证券公司设立制度，对股东特别是大股东的资格作出规定；对证券公司实行按业务分类监管，不再将证券公司分为综合类和经纪类；建立以净资本为核心的监管指标体系；确立证券公司高级管理人员任职资格管理制度；增加了对证券公司及其股东、董事、监事、高级管理人员的监管措施，明确了法律责任。因此，本题的正确答案为ABCD。

17.【答案】ABCD

【解析】证券公司净资本或其他风险控制指标达到预警标准的，派出机构应当区别情形，对其采取的措施包括：(1)向其出具监管关注函并抄送公司主要股东，要求公司说明潜在风险和控制措施；(2)要求公司采取措施调整业务规模和资产负债结构，提高净资本水平；(3)要求公司进行重大业务决策时至少提前5个工作日报送专门报告，说明有关业务对公司财务状况和净资本等风险控制指标的影响；(4)责令公司合规部门增加对风险控制指标检查的频率，并提交有关风险控制措标水平的报告。因此，本题的正确答案为ABCD。

18.【答案】ABCD

【解析】我国《证券法》规定，投资咨询机构及其从业人员从事证券服务业务不得有以下行为：(1)代理委托人从事证券投资。(2)与委托人约定分享证券投资收益或者分担证券投资损失。(3)买卖本咨询机构提供服务的上市公司股票。(4)利用传播媒介或者通过其他方式提供、传播虚假或者误导投资者的信息。(5)法律、行政法规禁止的其他行为。因此，本题的正确答案为ABCD。

19.【答案】ABCD

【解析】证券、期货投资咨询人员申请取得证券、期货投资咨询从业资格，必须具备的条件包括：(1)具有中华人民共和国国籍。(2)具有完全民事行为能力。(3)品行良好、正直诚实，具有良好的职业道德。(4)未受过刑事处罚或者与证券、期货业务有关的严重行政处罚。(5)具有大学本科以上学历。(6)证券投资咨询人员具有从事证券业务两年以上的经历，期货投资咨询人员具有从事期货业务两年以上的经历。(7)通过中国证监会统一组织的证券、期货从业人员资格考试。（8）中国证监会规定的其他条件。因此，本题的正确答案为 ABCD。

20．【答案】ABC

【解析】我国证券市场的监管目标包括：运用和发挥证券市场机制的积极作用，限制其消极作用；保护投资者利益，保障合法的证券交易活动，监督证券中介机构依法经营；防止人为操纵、欺诈等不法行为，维持证券市场的正常秩序；根据国家宏观经济管理的需要，运用灵活多样的方式，调控证券发行与证券交易规模，引导投资方向，使之与经济发展相适应。因此，本题的正确答案为 ABC。

21．【答案】ABC

【解析】证券服务机构是指依法设立的从事证券服务业务的法人机构，主要包括证券投资咨询机构、财务顾问机构、资信评级机构、资产评估机构、会计师事务所、律师事务所等。因此，本题的正确答案为 ABC。

22．【答案】ABCD

【解析】普通股票股东行使资产收益权有一定的限制条件，主要包括：（1）法律上的限制。（2）其他方面的限制，如公司对现金的需要，股东所处的地位，公司的经营环境，公司进入资本市场获得资金的能力等。因此，本题的正确答案为 ABCD。

23．【答案】AB

【解析】期货价格并非时时刻刻都能准确地反映市场的供求关系，但这一价格克服了分散、局部的市场价格在时间上和空间上的局限性，具有公开性、连续性、预期性的特点，应该说它比较真实地反映了一定时期世界范围内供求关系影响下的商品或金融工具的价格水平。因此，本题的正确答案为 AB。

24．【答案】ABD

【解析】债券根据发行主体的不同，可以分为政府债券、金融债券和公司债券。政府债券的发行主体是政府。金融债券的发行主体是银行或非银行的金融机构。公司债券是公司依照法定程序发行、约定在一定期限还本付息的有价证券。公司债券的发行主体是股份公司，但有些国家也允许非股份制企业发行债券，所以，归类时，可将公司债券和企业发行的债券合在一起，称为公司（企业）债券。因此，本题的正确答案为 ABD。

25．【答案】BCD

【解析】固定收益证券综合电子平台是上海证券交易所设置的、与集中竞价交易系统平行、独立的固定收益市场体系。固定收益平台所交易的固定收益证券包括国债、公司债券、企业债券、分离交易的可转换公司债券中的公司债券。因此，本题的正确答案为BCD。

26.【答案】ABCD

【解析】欧洲债券的特点是债券发行者、债券发行地点和债券面值所使用的货币可以分别属于不同的国家，由于它不以发行市场所在国的货币为面值，故也称无国籍债券。欧洲债券票面使用的货币一般是可自由兑换的货币，主要为美元，其次还有欧元、英镑、日元等；也有使用复合货币单位的，如特别提款权。欧洲债券和外国债券在很多方面有一定的差异。其中，在发行法律方面，外国债券的发行受发行地所在国有关法规的管制和约束，并且必须经官方主管机构批准，而欧洲债券在法律上所受的限制比外国债券宽松得多，它不需要官方主管机构的批准，也不受货币发行国有关法令的管制和约束。因此，本题的正确答案为ABCD。

27.【答案】AC

【解析】外国债券是指某一国家借款人在本国以外的某一国家发行以该国货币为面值的债券。它的特点是债券发行人属于一个国家，债券的面值货币和发行市场属于另一个国家。外国债券的发行一般由投资者所在国的金融机构、证券公司承销。因此，本题的正确答案为AC。

28.【答案】ABCD

【解析】股权类产品的衍生工具是指以股票或股票指数为基础工具的金融衍生工具，主要包括股票期货、股票期权、股票指数期货、股票指数期权以及上述合约的混合交易合约。因此，本题的正确答案为ABCD。

29.【答案】AD

【解析】公司型基金的特点包括：（1）基金的设立程序类似于一般股份公司，基金本身为独立法人机构。但不同于一般股份公司的是，它委托基金管理公司作为专业的财务顾问或管理人来经营、管理基金资产。（2）基金的组织结构与一般股份公司类似，设有董事会和股东大会，基金资产归公司所有。因此，本题的正确答案为AD。

30.【答案】BCD

【解析】我国《证券投资基金法》规定，设立基金管理公司，应当具备以下条件，并经国务院证券监督管理机构批准：有符合本法和《中华人民共和国公司法》规定的章程；注册资本不低于 1 亿元人民币，且必须为实缴货币资本；主要股东具有从事证券经营、证券投资咨询、信托资产管理或者其他金融资产管理的较好的经营业绩和良好的社会信誉，最近 3 年没有违法记录，注册资本不低于 3 亿元人民币；取得基金从业资格的人员达到法定人数；有符合要求的营业场所、安全防范设施和与基金管理业务有关的其他设施；有完善的内部稽核监控制度和风险控制制度；法律、行政法规规定的和经国务院批准的国务院证券监督管理机构规定的其他条件。因此，本题的正确答案为 BCD。

31.【答案】AC

【解析】固定收入型基金的主要投资对象是债券和优先股，因而尽管收益率较高，但长期成长的潜力很小，而且当市场利率波动时，基金净值容易受到影响。因此，本题的正确答案为 AC。

32.【答案】ABD

【解析】金融远期合约、金融期货、金融期权及金融互换通常被称作建构模块工具，它们是最简单和最基础的金融衍生工具，而利用其结构化特性，通过相互结合或者与基础金融工具相结合，能够开发设计出更多具有复杂特性的金融衍生产品，后者通常被称为结构化金融衍生工具，或简称为结构化产品。因此，本题的正确答案为 ABD。

33.【答案】ACD

【解析】金融衍生工具从基础工具分类角度，可以划分为股权类产品的衍生工具、货币衍生工具、利率衍生工具、信用衍生工具以及其他衍生工具。因此，本题的正确答案为 ACD。

34.【答案】BCD

【解析】证券投资基金的特点是集合投资、分散风险、专业理财。因此，本题的正确答案为 BCD。

35.【答案】ABCD

【解析】在国际金融市场上，存在若干重要的参考利率，它们是市场利率水平的重要指标，同时也是金融机构制定利率政策和设计金融工具的主要依据。除国债利率外，常见的参考利率包括伦敦银行间同业拆放利率、香港银行间同业拆放利率、欧洲美元定期存款单利率、联邦基金利率等。因此，本题的正确答案为 ABCD。

36．【答案】ABD

【解析】参与美国存托凭证发行与交易的中介机构包括存券银行、托管银行和中央存托公司。因此，本题的正确答案为 ABD。

37．【答案】BCD

【解析】债券发行方式包括：（1）定向发行，又称私募发行、私下发行，即面向少数特定投资者发行。（2）承购包销，指发行人与由商业银行、证券公司等金融机构组成的承销团通过协商条件签订承购包销合同，由承销团分销拟发行债券的发行方式。（3）招标发行，指通过招标方式确定债券承销商和发行条件的发行方式。因此，本题的正确答案为 BCD。

38．【答案】ABCD

【解析】影响股票价格的宏观经济与政策因素包括经济增长、经济周期循环、货币政策、财政政策、市场利率、通货膨胀、汇率变化、国际收支状况。因此，本题的正确答案为 ABCD。

39．【答案】ABD

【解析】债券有不同的形式，根据债券券面形态可以分为实物债券、凭证式债券和记账式债券。因此，本题的正确答案为 ABD。

40．【答案】ABD

【解析】随着信用制度的发展，商业信用、国家信用、银行信用等融资方式不断出现，越来越多的信用工具随之涌现。因此，本题的正确答案为 ABD。

三、判断题

1．【答案】A

【解析】货币证券是指本身能使持有人或第三者取得货币索取权的有价证券。货币证券主要包括两大类：一类是商业证券，主要是商业汇票和商业本票；另一类是银行证券，主要是银行汇票、银行本票和支票。因此，本题的正确答案为 A。

2．【答案】B

【解析】非上市证券是指未申请上市或不符合证券交易所挂牌交易条件的证券。非上市证券不允许在证券交易所内交易，但可以在其他证券交易市场发行和交易。凭证式国债、电子式储蓄国债、普通开放式基金份额和非上市公众公司的股票属于非上市证券。因此，本题的正确答案为 B。

3.【答案】B

【解析】有价证券按募集方式分类，可以分为公募证券和私募证券。公募证券是指发行人通过中介机构向不特定的社会公众投资者公开发行的证券，审核较严格并采取公示制度。私募证券是指向少数特定的投资者发行的证券，其审查条件相对宽松，投资者也较少，不采取公示制度。因此，本题的正确答案为 B。

4.【答案】A

【解析】证券市场上的交易对象是作为经济权益凭证的股票、债券、投资基金等有价证券，它们本身是一定量财产权利的代表，所以，代表着对一定数额财产的所有权或债权以及相关的收益权。证券市场实际上是财产权利的直接交换场所。因此，本题的正确答案为 A。

5.【答案】A

【解析】有价证券都是价值的直接代表，它们本质上是价值的一种直接表现形式。虽然证券交易的对象是各种各样的有价证券，但由于它们是价值的直接表现形式，所以证券市场本质上是价值的直接交换场所。因此，本题的正确答案为 A。

6.【答案】B

【解析】证券市场根据所服务和覆盖的上市公司类型，可分为全球性市场、全国性市场、区域性市场等类型；根据上市公司规模、监管要求等差异，可分为主板市场、二板市场（创业板或高新企业板）；根据市场的集中程度，可分为集中交易市场（交易所市场）和柜台市场等。因此，本题的正确答案为 B。

7.【答案】B

【解析】中央银行是代表一国政府发行法偿货币、制定和执行货币政策、实施金融监管的重要机构。中央银行作为证券发行主体，主要涉及两类证券。第一类是中央银行股票。在一些国家（例如美国），中央银行采取了股份制组织结构，通过发行股票募集资金，但是，中央银行的股东并不享有决定中央银行政策的权利，只能按期收取固定的红利，其股票类似于优先股。第二类是中央银行出于调控货币供给量目的而发行的特殊债券。因此，本题的正确答案为 B。

8. 【答案】A

【解析】证券投资基金是指通过公开发售基金份额筹集资金，由基金管理人管理，基金托管人托管，为基金份额持有人的利益，以资产组合方式进行证券投资活动的基金。《中华人民共和国证券投资基金法》规定我国的证券投资基金可投资于股票、债券和国务院证券监督管理机构规定的其他证券品种。因此，本题的正确答案为 A。

9. 【答案】A

【解析】随着股份制度的发展和完善，许多国家对股票票面格式作了规定，提出票面应载明的事项和具体要求。我国《公司法》规定，股票采用纸面形式或国务院证券监督管理机构规定的其他形式。因此，本题的正确答案为 A。

10. 【答案】A

【解析】发行股票是股份公司筹措自有资本的手段，所以，股票是投入股份公司资本份额的证券化，属于资本证券。因此，本题的正确答案为 A。

11. 【答案】A

【解析】股票分割又称拆股、拆细，是将 1 股股票均等地拆成若干股。股票合并又称并股，是将若干股股票合并为 1 股。因此，本题的正确答案为 A。

12. 【答案】B

【解析】设权证券是指证券所代表的权利本来不存在，而是随着证券的制作而产生，即权利的发生是以证券的制作和存在为条件的。因此，本题的正确答案为 B。

13. 【答案】A

【解析】我国《公司法》规定，记名股票由股东以背书方式或者法律、行政法规规定的其他方式转让；转让后由公司将受让人的姓名或名称及住所记载于股东名册。股东大会召开前 20 日内或者公司决定分配股利的基准日前 5 日内，不得进行上述规定的股东名册的变更登记。因此，本题的正确答案为 A。

14. 【答案】A

【解析】为保证证券市场的稳定，各国的证券监管机构和证券交易所会制定相应的政策措施和作出一定的制度安排。我国《证券法》规定，证券交易所依照证券法律、行政法规制定上市规则、交易规则、会员管理规则，并经国务院证券监督管理机构批准。

因突发事件而影响证券交易的正常进行时，证券交易所可以采取技术性停牌的措施；因不可抗力的突发性事件或者为维护证券交易的正常秩序，证券交易所可以决定临时停市。因此，本题的正确答案为 A。

15.【答案】B

【解析】股票的市场价格一般是指股票在二级市场上交易的价格，股票的市场价格由股票的价值决定，但同时受许多其他因素的影响，其中，供求关系是最直接的影响因素，其他因素都是通过作用于供求关系而影响股票价格的，由于影响股票价格的因素复杂多变，所以股票的市场价格呈现出高低起伏的波动性特征。因此，本题的正确答案为 B。

16.【答案】B

【解析】股份公司的经营现状和未来发展是股票价格的基石。从理论上分析，公司经营状况与股票价格正相关，公司经营状况好，股价上升；反之，股价下跌。因此，本题的正确答案为 B。

17.【答案】B

【解析】在股份公司盈利分配顺序上，优先股票排在普通股票之前，各国公司法对此一般都规定，公司盈利首先应支付债权人的本金和利息，缴纳税金；其次是支付优先股股息；最后才分配普通股股利。所以，从风险角度看，优先股票的风险小于普通股票。因此，本题的正确答案为 B。

18.【答案】B

【解析】股息率可调整优先股票的产生，主要是为了适应国际金融市场不稳定、各种有价证券价格和银行存款利率经常波动以及通货膨胀的情况。发行这种股票，可以保护股票持有者的利益，同时对股份公司来说，有利于扩大股票发行量。因此，本题的正确答案为 B。

19.【答案】B

【解析】如果是具有法人资格的国有企业、事业单位及其他单位以其依法占用的法人资产向独立于自己的股份公司出资形成或依法定程序取得的股份，可称为国有法人股，国有法人股属于国有股权。因此，本题的正确答案为 B。

20.【答案】B

【解析】红筹股不属于外资股，红筹股是指在中国境外注册、在中国香港上市，但主要业务在中国内地或大部分股东权益来自中国内地的股票。早期的红筹股，主要是一些中资公司收购香港的中小型上市公司后重组而形成的；此后出现的红筹股，主要是内地一些省市或中央部委将其在香港的窗口公司改组并在香港上市后形成的。现在，红筹股已经成为内地企业进入国际资本市场筹资的一条重要渠道。因此，本题的正确答案为B。

21.【答案】A

【解析】外资股是指股份公司向外国和我国香港、澳门、台湾地区投资者发行的股票。这是我国股份公司吸收外资的一种方式。外资股按上市地域，可以分为境内上市外资股和境外上市外资股。因此，本题的正确答案为A。

22.【答案】A

【解析】实物债券是一种具有标准格式实物券面的债券。在标准格式的债券券面上，一般印有债券面额、债券利率、债券期限、债券发行人全称、还本付息方式等各种债券票面要素。有时债券利率、债券期限等要素也可以通过公告向社会公布，而不在债券券面上注明。无记名国债就属于这种实物债券，它以实物券的形式记录债权、面值等，不记名，不挂失，可上市流通。实物债券是一般意义上的债券，很多国家通过法律或者法规对实物债券的格式予以明确规定。因此，本题的正确答案为A。

23.【答案】A

【解析】国债债券有一定的面值，有面值就需要有某种计量单位，依照不同的发行本位，国债可以分为实物国债和货币国债。这里的实物国债与实物债券不是同一个含义，实物债券是专指具有实物票券的债券，它与无实物票券的债券（如记账式债券）相对应；而实物国债是指以某种商品实物为本位而发行的国债。因此，本题的正确答案为A。

24.【答案】A

【解析】地方政府债券是政府债券的形式之一，在新中国成立初期就已经存在。我国从1995年起实施的《中华人民共和国预算法》规定，地方政府不得发行地方政府债券（除法律和国务院另有规定外）。因此，本题的正确答案为A。

25.【答案】A

【解析】可转换公司债券是指发行人依照法定程序发行、在一定期限内依据约定的条件可以转换成股份的公司债券，这种债券附加转换选择权，在转换前是公司债券形式，转换后相当于增发了股票，可转换公司债券兼有债权投资和股权投资的双重优势。因此，本题的正确答案为 A。

26．【答案】B

【解析】按照现行规定，我国的混合资本债券的特征之一是混合资本债券到期前，如果发行人核心资本充足率低于 4%，发行人可以延期支付利息。因此，本题的正确答案为 B。

27．【答案】B

【解析】1982 年 1 月，中国国际信托投资公司在日本东京资本市场上发行了 100 亿日元的债券，期限 12 年，利率 8.7%，采用私募方式发行。因此，本题的正确答案为 B。

28．【答案】A

【解析】发行国际债券是在国际证券市场上筹措资金，发行对象为各国的投资者，因此，资金来源比国内债券广泛得多。发行国际债券的目的之一就是要利用国际证券市场资金来源的广泛性和充足性。因此，本题的正确答案为 A。

29．【答案】A

【解析】截至 2011 年年底，我国共有证券投资基金 914 只，净值总额合计约为 2.19 万亿元。在 914 只基金中，有 57 只封闭式基金，基金净值总额约 0.09 万亿元；有 857 只开放式基金，基金净值总额合计约 2.10 万亿元。因此，本题的正确答案为 A。

30．【答案】A

【解析】1868 年由政府出面组建了海外和殖民地政府信托组织，公开向社会发售受益凭证。海外和殖民地政府信托组织是公认的最早的基金机构，以分散投资于国外殖民地的公司债为主，其投资地区遍及南北美洲、中东、东南亚地区和意大利、葡萄牙、西班牙等国，当时的投资总额共达 48 万英镑。因此，本题的正确答案为 A。

31．【答案】B

【解析】公司型基金的投资者购买基金公司的股票后成为该公司的股东，所以，公司型基金的投资者对基金运作的影响比契约型基金的投资者大。因此，本题的正确答案为 B。

32．【答案】A

【解析】杠杆效应在收益可能成倍放大的同时，交易者所承担的风险与损失也会成倍放大，基础工具价格的轻微变动也许就会带来交易者的大盈大亏。因此，本题的正确答案为A。

33.【答案】B

【解析】股票价格指数期货即是以股票价格指数为基础变量的期货交易，是为适应人们控制股市风险，尤其是系统性风险的需要而产生的。因此，本题的正确答案为B。

34.【答案】A

【解析】与金融期货相比，金融期权的主要特征在于它仅仅是买卖权利的交换。期权的买方在支付了期权费后，就获得了期权合约所赋予的权利，即在期权合约规定的时间内，以事先确定的价格向期权的卖方买进或卖出某种金融工具的权利，但并没有必须履行该期权合约的义务。因此，本题的正确答案为A。

35.【答案】B

【解析】备兑权证通常由投资银行发行，备兑权证所认兑的股票不是新发行的股票，而是已在市场上流通的股票，不会增加股份公司的股本。因此，本题的正确答案为B。

36.【答案】A

【解析】金融互换期权是以金融互换合约为交易对象的选择权，它赋予其持有者在规定时间内以规定条件与交易对手进行互换交易的权利。因此，本题的正确答案为A。

37.【答案】A

【解析】根据资产证券化发起人、发行人和投资者所属地域不同，可将资产证券化分为境内资产证券化和离岸资产证券化。国内融资方通过在国外的特殊目的机构或结构化投资机构在国际市场上以资产证券化的方式向国外投资者融资称为离岸资产证券化，融资方通过境内特殊目的机构在境内市场融资则称为境内资产证券化。因此，本题的正确答案为A。

38.【答案】A

【解析】根据规定，首次公开发行股票的公司及其保荐机构应通过向询价对象询价的方式确定股票发行价格。发行申请经中国证监会核准后，发行人应公告招股意向书并开始进行推荐和询价。因此，本题的正确答案为A。

39.【答案】A

【解析】目前，中小企业尤其是民营企业的发展在难以满足现有资本市场约束条件的情况下，很难获得持续稳定的资金供给。场外交易市场的建设和发展拓展了资本市场积聚和配置资源的范围，为中小企业提供了与其风险状况相匹配的融资工具。因此，本题的正确答案为A。

40.【答案】A

【解析】证券交易所按连续、公开竞价方式形成证券价格，当买卖双方在交易价格和数量上取得一致时，便立即成交并形成价格。我国上海、深圳证券交易所的价格决定采取集合竞价和连续竞价方式。集合竞价是指在规定的时间内接受的买卖申报一次性撮合的竞价方式，连续竞价是指对买卖申报逐笔连续撮合的竞价方式。因此，本题的正确答案为A。

41.【答案】A

【解析】发行人及其主承销商应在网下配售的同时对公众投资者进行网上发行。上网公开发行方式是指利用证券交易所的交易系统，主承销商在证券交易所开设股票发行专户并作为唯一的卖方，投资者在指定时间内，按现行委托买入股票的方式进行申购的发行方式。因此，本题的正确答案为A。

42.【答案】A

【解析】上证国债指数采用派许法计算加权综合价格指数，以样本国债的发行量为权数，当成分国债的市值出现非交易因素的变动时，采用除数修正法修正原固定除数，以保证指数的连续性。因此，本题的正确答案为A。

43.【答案】A

【解析】债券投资的资本损益是指债券买入价与卖出价或买入价与到期偿还额之间的差额。同股票的资本损益一样，债券的资本损益可正可负：当卖出价或偿还额大于买入价时，资本损益为正，即为资本收益；当卖出价或偿还额小于买入价时，资本损益为负，即为资本损失。因此，本题的正确答案为A。

44.【答案】B

【解析】非系统风险是可以抵消、回避的，因此又称为可分散风险或可回避风险。因此，本题的正确答案为B。

45.【答案】A

【解析】随着证券发行的增多和投资者队伍的扩大，对证券流通与发行的中介需求日增，由此催生了最初的证券中介业务和第一批证券经营机构。1984年，工商银行上海信托投资公司代理发行公司股票；1986年，沈阳信托投资公司和工商银行上海信托投资公司率先开始办理柜台交易业务；1987年，我国第一家专业性证券公司——深圳特区证券公司成立；1988年，国债柜台交易正式启动。之后，各省陆续组建了一批证券公司、信托投资公司、财务公司、保险公司、中小商业银行以及财政系统陆续设立了证券营业网点。因此，本题的正确答案为A。

46.【答案】A

【解析】目前，我国证券公司监管制度包括证券公司业务许可制度、分类监管制度、合规管理制度、以净资本为核心的风险监控与预警制度、客户交易结算资金第三方存管制度、信息报送与披露制度等。因此，本题的正确答案为A。

47.【答案】A

【解析】《证券法》将证券公司的注册资本最低限额与证券公司从事的业务种类直接挂钩，分为5 000万元、1亿元和5亿元三个标准。其中，证券公司经营证券承销与保荐、证券自营、证券资产管理和其他证券业务中的任何一项的，注册资本最低限额为人民币1亿元。因此，本题的正确答案为A。

48.【答案】A

【解析】证券自营活动有利于活跃证券市场，维护交易的连续性。但是，由于证券公司在交易成本、资金实力、获取信息以及交易的便利条件等方面都比投资大众占有优势，因此，在自营活动中要防范操纵市场和内幕交易等不正当行为；加之证券市场的高收益性和高风险性特征，许多国家都对证券经营机构的自营业务制定法律法规，进行严格管理。因此，本题的正确答案为A。

49.【答案】B

【解析】证券公司未按期完成整改，风险控制指标情况继续恶化，严重危及该证券公司稳健运行的，中国证监会可以撤销其有关业务许可。因此，本题的正确答案为B。

50.【答案】B

【解析】证券公司经营证券资产管理业务的，应当分别按专项、集合、定向资产管理业务规模的8%、5%、5%计算资产管理业务风险资本准备。因此，本题的正确答案为B。

51.【答案】A

【解析】证券、期货投资咨询机构及其投资咨询人员，应当完整、客观、准确地运用有关信息、资料向投资人或者客户提供投资分析、预测和建议，不得断章取义地引用或者篡改有关信息、资料；引用有关信息、资料时，应当注明出处和著作权人。证券、期货投资咨询机构及其投资咨询人员，不得以虚假信息、市场传言或者内幕信息为依据向投资人或者客户提供投资分析、预测或建议。因此，本题的正确答案为A。

52.【答案】A

【解析】从事证券、期货投资咨询业务的人员，必须取得证券、期货投资咨询从业资格并加入一家有从业资格的证券、期货投资咨询机构后，方可从事证券、期货投资咨询业务。因此，本题的正确答案为A。

53.【答案】A

【解析】证券交易所应当按照业务规则，采取措施，对融资融券交易的指令进行前端检查，对买卖证券的种类、融券卖出的价格等违反规定的交易指令予以拒绝。融资融券交易活动出现异常，已经或者可能危及市场稳定，有必要暂停交易的，证券交易所应当按照业务规则的规定，暂停全部或者部分证券的融资融券交易并公告。因此，本题的正确答案为A。

54.【答案】B

【解析】现行的《证券法》于2006年1月1日起生效，共分12章240条，其调整的范围涵盖了在中国境内的股票、公司债券和国务院依法认定的其他证券的发行、交易和监管，明确证券发行、交易活动的基本原则是公开、公平和公正，当事人遵守自愿、有偿和诚实信用的原则，其核心旨在保护投资者的合法权益，维护社会经济秩序和社会公共利益。因此，本题的正确答案为B。

55.【答案】B

【解析】证券公司应当按照证券交易所的规定，在每日收市后向其报告当日客户融资融券交易的有关信息。因此，本题的正确答案为B。

56.【答案】A

【解析】公开原则要求证券市场具有充分的透明度，要实现市场信息的公开化。信息披露的主体不仅包括证券发行人、证券交易者，还包括证券监管者；要保障市场的透明度，除了证券发行人需要对影响证券价格的公司情况作出公开的详细说明外，监管者还应当公开有关监管程序、监管身份、对证券市场违规处罚的规定等。因此，本题的正确答案为 A。

57.【答案】A

【解析】证券监管机构对证券公司的日常监管,分为现场监管和非现场监管两种方式。现场监管是证券监管机构的工作人员直接到证券公司的经营场所，通过现场检查方式检查证券公司经营的合规性、正常性和安全性情况，并采取相应监管措施的监管方式。非现场监管主要是证券监管机构对证券公司及其股东、实际控制人报送的信息和资料进行统计分析，并采取相应监管措施的监管方式。因此，本题的正确答案为 A。

58.【答案】B

【解析】中国证券业协会采取会员制的组织形式,证券公司应当加入中国证券业协会。中国证券业协会的权力机构为全体会员组成的会员大会。因此，本题的正确答案为 B。

59.【答案】A

【解析】《证券交易所管理办法》规定，证券交易所应当以适当方式及时公布证券行情，按日制作证券行情表，并就其市场内的成交情况编制日报表、周报表、月报表和年报表，及时向社会公布。证券交易所应当保证投资者有平等机会获取证券市场的交易情况和其他公开披露的信息，并有平等的交易机会。证券交易所及其会员应当妥善保存证券交易中产生的委托资料、交易记录、清算文件等，并制定相应的查询和保密管理措施。因此，本题的正确答案为 A。

60.【答案】B

【解析】证券经营机构聘用未取得执业证书的人员对外开展证券业务的，由中国证券业协会责令改正；拒不改正的，给予纪律处分；情节严重的，由中国证监会单处或者并处警告、3 万元以下罚款。因此，本题的正确答案为 B。

模拟试卷（四）

一、单项选择题（本大题共 60 小题，每小题 0.5 分，共 30 分。以下各小题所给出的 4 个选项中，只有一项最符合题目要求。）

1.（　　）是指向少数特定的投资者发行的证券，其审查条件相对宽松，投资者也较少，不采取公示制度。

A．国际证券　　　　　　　　　　B．特定证券

C．私募证券　　　　　　　　　　D．公募证券

2．单个境外投资者通过合格境外机构投资者持有一家上市公司股票的，持股比例不得超过该公司股份总数的（　　）。

A．10%　　　　　　　　　　　　B．20%

C．30%　　　　　　　　　　　　D．40%

3．（　　）是全球最重要的机构投资者之一。

A．证券经营机构　　　　　　　　B．商业银行

C．保险公司　　　　　　　　　　D．中央银行

4．由于中央政府拥有税收、货币发行等特权，通常情况下，中央政府债券不存在违约风险，所以，这一类证券被视为（　　）。

A．低风险证券　　　　　　　　　B．高风险证券

C．风险证券　　　　　　　　　　D．无风险证券

5．1988 年，为适应国库券转让在全国范围内的推广，（　　）下拨资金，在各省组建了 33 家证券公司，同时，财政系统也成立了一批证券公司。

A．中国证券业协会　　　　　　　B．中国人民银行

C．国家开发银行　　　　　　　　D．中国证监会

6．进入 21 世纪以来，国际证券市场发展的一个突出特点是（   ）。

A．金融机构混业化　　　　　　　　B．各种类型的机构投资者快速成长

C．各种类型的个人投资者快速成长　D．证券市场网络化

7．根据我国政府对世贸组织的承诺，我国证券业在 5 年过渡期，允许外国机构设立合营公司，从事国内证券投资基金管理业务，外资比例不超过（   ）；加入后 3 年内，外资比例不超过（   ）。

A．30%，50%　　　　　　　　　　B．33%，49%

C．33%，55%　　　　　　　　　　D．35%，45%

8．2007 年 10 月，中国与（   ）金融监管部门就商业银行代客境外理财业务做出监管合作安排，中国的商业银行可以代客投资于该国的股票市场以及经该国金融监管当局认可的公募基金，逐步扩大商业银行代客境外投资市场。

A．美国　　　　　　　　　　　　　B．英国

C．德国　　　　　　　　　　　　　D．日本

9．股票是投入股份公司资本份额的证券化，表明股票是（   ）。

A．有价证券　　　　　　　　　　　B．要式证券

C．资本证券　　　　　　　　　　　D．证权证券

10．下列选项中，关于股份回购的说法，不正确的是（   ）。

A．上市公司利用自有资金，从公开市场上买回发行在外的股票，称为股份回购

B．我国《公司法》规定，公司不得收购本公司股份，但是有减少公司注册资本，与持有本公司股份的其他公司合并；将股份奖励给本公司职工等因素的除外

C．股份回购会导致公司股价上涨的原因之一是因为股份回购改变了原有供求平衡，增加需求，减少供给

D．通常，股份回购会导致公司股价暴跌

11．引起股票价格变动的直接原因是（   ）。

A．股票的理论价值　　　　　　　　B．供求关系的变化

C．股票的净值　　　　　　　　　　D．宏观政策

12．股票的账面价值又称为（   ）。

A．票面价值　　　　　　　　　　　B．股票净值

C．清算价值   D．内在价值

13．发行价格高于面值称为溢价发行，溢价发行所得的溢价款应列为（   ）。

A．留存收益   B．股本账户

C．盈余公积   D．公司资本公积金

14．股票的（   ）决定股票的市场价格。

A．票面价值   B．账面价值

C．内在价值   D．清算价值

15．（   ）是一种特殊股票，虽然它不是股票的主要品种，但是它的存在对股份公司和投资者来说仍有一定的意义。

A．普通股票   B．优先股票

C．记名股票   D．可转换优先股票

16．股东大会一般每年定期召开一次，当出现董事会认为必要、监事会提议召开、单独或者合计持有公司（   ）以上股份的股东请求等情形时，也可召开临时股东大会。

A．10%   B．20%

C．30%   D．40%

17．（   ）是指发行后不允许其持有者将它转换成其他种类股票的优先股票。

A．累积优先股票   B．非累积优先股票

C．可转换优先股票   D．不可转换优先股票

18．利率是债券票面要素中不可缺少的内容，债券利率亦受很多因素影响，其主要影响因素不包括（   ）。

A．资金使用方向   B．筹资者的资信

C．债券期限长短   D．借贷资金市场利率水平

19．债券能为投资者带来一定的收入，即债权投资的报酬，称为债券的（   ）。

A．偿还性   B．流动性

C．收益性   D．安全性

20．下列选项中，说法错误的是（   ）。

A．债券票面利率与期限成正比，所以不可能存在短期债券票面利率高而长期债券票面利率低的现象

B．尽管债券和股票有各自的特点，但它们都属于有价证券

C．从功能上看，政府债券最初仅是政府弥补赤字的手段，但在现代商品经济条件下，政府债券已成为政府筹集资金、扩大公共开支的重要手段

D．凭证式国债和储蓄国债（电子式）都在商业银行柜台发行，不能上市流通

21．在国债债券中，以某种商品实物为本位而发行的国债是（ ）。

A．实物债券 B．本币国债

C．外币国债 D．实物国债

22．财政部于1998年8月18日发行了2 700亿元（ ），该国债为记账式附息国债，期限为30年，年利率为7.2%，向四大商业银行定向发行，所筹资金专项用于拨补四大国有商业银行资本金。

A．国家重点建设债券 B．长期建设国债

C．特别国债 D．财政债券

23．不动产抵押公司债是以公司的不动产作抵押而发行的债券，是一种（ ）。

A．金融债券 B．担保证券

C．抵押证券 D．可转换债券

24．保证公司债券是公司发行的由第三者作为还本付息担保人的债券，是一种（ ）。

A．可转换债券 B．担保证券

C．抵押证券 D．无担保证券

25．下列选项中，关于商业银行次级债券的清偿顺序，说法正确的是（ ）。

A．本金和利息的清偿顺序列于商业银行股权资本之后

B．本金和利息的清偿顺序列于商业银行其他负债、商业银行股权资本之后

C．本金和利息的清偿顺序先于商业银行其他负债

D．本金和利息的清偿顺序列于商业银行其他负债之后，先于商业银行股权资本的债券

26．欧洲债券是指借款人（ ）。

A．在本国境外市场发行，不以发行市场所在国的货币为面值的国际债券

B．在欧洲国家发行，以该国货币标明面值的外国债券

C．在欧洲国家发行，以欧元标明面值的外国债券

D．在本国发行，以欧元标明面值的外国债券

27．国际债券在国际市场上发行，其记价货币往往是国际通用货币，一般不用（　　）表示。

　　A．瑞士法郎　　　　　　　　　B．美元

　　C．人民币　　　　　　　　　　D．英镑

28．（　　）是一种传统的国际债券。

　　A．美洲债券　　　　　　　　　B．外国债券

　　C．欧洲债券　　　　　　　　　D．亚洲债券

29．（　　）是指以一种货币支付息票利息，以另一种不同的货币支付本金的债券。

　　A．可转换债券　　　　　　　　B．附息权证债券

　　C．浮动利率债券　　　　　　　D．双货币债券

30．国际开发机构是指进行开发性贷款和投资的国际开发性金融机构，国际开发机构人民币债券是指国际开发机构依法在（　　）发行的、约定在一定期限内还本付息的、以人民币计价的债券。

　　A．中国以外的亚洲市场　　　　B．全球

　　C．中国境内　　　　　　　　　D．亚洲市场

31．（　　）是指经核准的基金份额总额在基金合同期限内固定不变，基金份额可以在依法设立的证券交易所交易。

　　A．开放式基金　　　　　　　　B．封闭式基金

　　C．契约型基金　　　　　　　　D．公司型基金

32．我国于（　　）年推出了首批 QDII 基金。

　　A．2005　　　　　　　　　　　B．2006

　　C．2007　　　　　　　　　　　D．2008

33．可以同时在场外市场进行基金份额申购、赎回，在交易所进行基金份额交易，并通过份额转托管机制将场外市场与场内市场有机地联系在一起的基金运作方式是（　　）。

　　A．ETF　　　　　　　　　　　B．LOF

　　C．衍生证券投资基金　　　　　D．平衡型基金

34．目前，我国封闭式基金按照（   ）的比例计提基金托管费。

A．0.25%   B．0.33%

C．1.5%   D．2.5%

35．美国《1980年银行法》废除的Q条例，规定逐步取消对定期存款和储蓄存款的（   ）。

A．最低利率限制   B．最高利率限制

C．最高和最低利率限制   D．利率限制

36．目前，我国各家商业银行推广的挂钩不同标的资产的理财产品等都是（   ）的典型代表。

A．金融互换   B．金融期权

C．结构化金融衍生工具   D．金融期货

37．将金融期货划分为外汇期货、利率期货和股票价格指数期货是按（   ）来划分的。

A．时间标准   B．投资者的买卖行为

C．合约履行时间   D．基础工具

38．当套期保值者没能找到与现货头寸在品种、期限、数量上均恰好匹配的期货合约，在选用替代合约进行套期保值操作时，由于不能完全锁定未来现金流，所以就产生了（   ）。

A．信用风险   B．基差风险

C．法律风险   D．流动性风险

39．下列选项中，关于期货市场价格发现功能的叙述，不正确的是（   ）。

A．期货价格与现货价格的走势基本一致并逐渐趋同，所以今天的期货价格可能就是未来的现货价格

B．世界各地的套期保值者和现货经营者，利用期货价格和传播的市场信息来制定各自的经营决策，这样，期货价格成为世界各地现货成交价的基础

C．期货价格克服了分散、局部的市场价格在时间上和空间上的局限性，具有公开性、连续性、预期性的特点

D．期货价格能时时刻刻都能准确地反映市场的供求关系

40．两个或两个以上的当事人按共同商定条件，并在约定的时间内定期交换现金流

的金融交易是（　　）。

A．期货

B．互换

C．远期

D．期权

41．从理论上说，金融期货交易中双方潜在的盈利是（　　）的。

A．可知

B．可测

C．有限

D．无限

42．看涨期权的买方具有在约定期限内按（　　）价格买入一定数量金融资产的权利。

A．买入价格

B．卖出价格

C．市场价格

D．协定价格

43．可在期权到期日或到期日之前的任何一个营业日执行的是（　　）。

A．欧式期权

B．美式期权

C．百慕大期权

D．大西洋期权

44．上网公开发行方式是指利用证券交易所的交易系统，主承销商在（　　）开设股票发行专户并作为唯一的卖方，投资者在指定时间内，按现行委托买人股票的方式进行申购的发行方式。

A．投资咨询机构

B．证券交易所

C．证券业协会

D．资信评级机构

45．根据我国《证券交易所管理办法》第十七条规定，（　　）是证券交易所的最高权力机构。

A．理事会

B．会员大会

C．监察委员会

D．总经理

46．发行股票募集资金超过面值总和部分记入（　　）。

A．盈余公积金

B．资本公积金

C．股本

D．公益金

47．（　　）上海证券交易所正式营业。

A．1990 年 12 月 19 日

B．1990 年 7 月 3 日

C．1991 年 12 月 19 日

D．1991 年 7 月 3 日

48．我国证券法出台是在（　　）年底。

A．1992 年   B．1993 年

C．1995 年   D．1998 年

49．证券公司设立子公司，最近（   ）个月各项风险控制指标应持续符合规定标准。

A．6   B．12

C．16   D．18

50．证券公司从事自营业务、资产管理业务等两种以上的业务，注册资本最低限额为（   ），净资本最低限额为（   ）。

A．5 亿元，2 亿元   B．5 亿元，3 亿元

C．2 亿元，3 亿元   D．1 亿元，5 亿元

51．2006 年 11 月 30 日，中国证监会发布（   ），进一步明确证券公司董事、监事和高级管理人员的任职条件、职责及监管措施。

A．《证券公司董事、监事和高级管理人员任职资格监管办法》

B．《公司法》

C．《证券公司治理准则（试行）》

D．《证券法》

52．以欺骗手段取得银行或者其他金融机构贷款、票据承兑、信用证、保函等，给银行或者其他金融机构造成重大损失或者有其他严重情节的，处（   ）有期徒刑或者拘役。

A．7 年以下   B．6 年以下

C．5 年以下   D．3 年以下

53．新《公司法》规定，公司向其他有限责任公司、股份有限公司投资的，除公司章程另有规定外，公司对外投资比例所累积投资额不得超过本公司净资产的（   ）。

A．50%   B．60%

C．70%   D．80%

54．未经国家有关主管部门批准，非法发行股票或者公司、企业债券，数额巨大、后果严重或者有其他严重情节的，处 5 年以下有期徒刑或者拘役，并处或者单处非法募集资金金额（   ）的罚金。

A．1% ～ 10%   B．1% ～ 5%

C．3% ～ 5%   D．5% ～ 8%

55．发行人及其主承销商向参与网下配售的询价对象配售股票，公开发行股票数量在 4 亿股以上的，配售数量不超过向战略投资者配售后剩余发行数量的（　　）。

A．20%　　　　　　　　　　B．30%

C．40%　　　　　　　　　　D．50%

56．证券公司应当缴纳的基金，按照证券公司佣金收入的一定比例预先提取，并由（　　）代扣代收。

A．中国证监会　　　　　　　B．基金公司

C．证券业协会　　　　　　　D．中国证券登记结算有限责任公司

57．下列选项中，不属于内幕信息的是（　　）。

A．公司股权结构的重大变化

B．公司债务担保的重大变更

C．公司的董事、监事、高级管理人员的行为可能依法承担重大损害赔偿责任

D．公司营业用主要资产的抵押、出售或者报废一次达到该资产的 30%

58．（　　）是证券监管工作的首要目标。

A．防止内幕交易　　　　　　B．保证证券市场的公平、效率和透明

C．保护投资者合法权益　　　D．降低系统性风险

59．取得证券业从业资格的人员，如果属（　　）情况的，可以通过证券经营机构申请统一的执业证书。

A．未被机构聘用

B．存在我国《证券法》第一百三十二条规定的情形

C．被中国证监会认定为证券市场禁入者

D．5 年前曾受过轻微的刑事处罚

60．下列选项中，不属于证券交易所的主要职能的有（　　）。

A．为组织公平的集中交易提供保障

B．公布证券交易即时行情，并按交易日制作证券市场行情表，予以公布

C．对证券交易实行实时监控，对内幕交易行为进行全面、及时的调查处理

D．依照证券法律、行政法规制定上市规则、交易规则、会员管理规则和其他有关规则，并报国务院证券监督管理机构批准

二、多项选择题（本大题共 40 小题，每小题 1 分，共 40 分。以下各小题所给出的 4 个选项中，至少有两项符合题目要求。）

1．现代公司主要采取（　　）形式。

A．股份有限公司　　　　　　　B．无限责任公司

C．有限责任公司　　　　　　　D．合伙制公司

2．合格境外机构投资者在经批准的投资额度内，可以投资于中国证监会批准的人民币金融工具，具体包括（　　）。

A．在证券交易所挂牌交易的股票

B．在证券交易所挂牌交易的债券

C．证券投资基金

D．在证券交易所挂牌交易的权证以及中国证监会允许的其他金融工具

3．1997 年 11 月，中国金融体系进一步确定了（　　）分业经营、分业管理的原则。

A．银行业　　　　　　　　　　B．证券业

C．保险业　　　　　　　　　　D．金融业

4．进入 21 世纪，金融创新深化的表现是（　　）。

A．结构化票据、交易所交易基金、各类权证、证券化资产、混合型金融工具和新型衍生合约不断上市交易

B．天气衍生金融产品、能源风险管理工具、巨灾衍生产品、政治风险管理工具、信贷衍生品层出不穷

C．场外交易衍生产品快速发展，以各类奇异型期权为代表的非标准交易大量涌现

D．新兴市场在金融产品的设计和创新方面也开始从简单模仿和复制，逐步发展到独立开发具有本土特色的各类新产品，成为全球金融创新浪潮不可忽视的重要组成部分

5．下列选项中，属于有面额股票的特点的是（　　）。

A．可以明确表示每一股所代表的股权比例

B．为股票发行价格的确定提供依据

C．发行或转让价格较灵活

D．便于股票分割

6．普通股票股东行使资产收益权有一定的限制条件，其一般原则是（　　）。

A．股份公司只能用留存收益支付红利

B．红利的支付不能减少其注册资本

C．不能用留存收益支付

D．公司在无力偿债时不能支付红利

7．我国《证券投资基金法》规定，基金份额持有人享有的权利包括（　　）。

A．分享基金财产收益

B．参与分配清算后的剩余基金财产

C．依法转让或者申请赎回其持有的基金份额

D．对基金份额持有人大会审议事项行使表决权

8．我国《证券投资基金法》规定，应当通过召开基金份额持有人大会审议决定的事项包括（　　）。

A．提前终止基金合同

B．基金扩募或者延长基金合同期限

C．转换基金运作方式

D．提高基金管理人、基金托管人的报酬标准

9．国际证监会组织在 1994 年 7 月公布的一份报告中认为金融衍生工具伴随着下面几种风险（　　）。

A．交易中对方违约，没有履行承诺造成损失的信用风险

B．因资产或指数价格不利变动可能带来损失的市场风险

C．因市场缺乏交易对手而导致投资者不能平仓或变现所带来的流动性风险

D．因交易对手无法按时付款或交割可能带来的结算风险

10．权证按照持有人权利的性质不同可以分为（　　）。

A．认沽权证　　　　　　　　　　B．认股权证

C．备兑权证　　　　　　　　　　D．认购权证

11．ADR 业务中，托管银行所提供的服务包括（　　）。

A．领取红利或利息，用于再投资或汇回 ADR 发行国

B．向 ADR 持有者提供公司及 ADR 市场信息，解答投资者的询问

C．负责 ADR 的注册和过户

D．负责保管 ADR 所代表的基础证券

12．下列选项中，属于公司申请公司债券上市交易应当符合的条件是（   ）。

A．公司债券的期限为 1 年以上

B．公司债券实际发行额不少于人民币 5 000 万元

C．公司申请债券上市时仍符合法定的公司债券发行条件

D．公司在最近 3 年无重大违法行为，财务会计报告无虚假记载

13．决定债券再投资收益的主要因素是（   ）。

A．债券的偿还期限   B．息票收入

C．市场利率的变化   D．宏观经济政策

14．下列选项中，关于利率风险的说法，正确的是（   ）。

A．利率风险是指市场利率变动引起证券投资收益变动的可能性

B．利率风险是固定收益证券的主要风险，特别是债券的主要风险

C．债券面临的利率风险由价格变动风险和息票利率风险两方面组成

D．利率从两方面影响证券价格：一是改变资金的流向，二是影响公司的盈利

15．证券公司的（   ）必须经证券监督管理机构批准。

A．变更持有 5% 以上股权的股东、实际控制人

B．设立、收购或者撤销分支机构

C．变更公司章程中的一般条款

D．变更业务范围或者注册资本

16．证券公司经营证券自营业务的，必须符合以下（   ）规定。

A．自营权益类证券及证券衍生品的合计额不得超过净资本的 100%

B．自营固定收益类证券的合计额不得超过净资本的 500%

C．持有一种权益类证券的成本不得超过净资本的 30%

D．持有一种权益类证券的市值与其总市值的比例不得超过 5%，但因包销导致的情形和中国证监会另有规定的除外

17．下列选项中，属于证券公司内部控制的内容是（   ）。

A．经纪业务内部控制   B．资产管理业务内部控制

C．财务管理内部控制   D．业务创新的内部控制

18．按照《注册会计师执行证券、期货相关业务许可证管理规定》，注册会计师申请证券许可证应当符合的条件包括（　　）。

A．具有证券、期货相关业务资格考试合格证书

B．取得注册会计师证书1年以上

C．不超过60周岁

D．执业质量和职业道德良好，在以往3年执业活动中没有违法违规行为

19．下列选项中，关于《律师事务所从事证券法律业务管理办法》的规定，说法正确的是（　　）。

A．调整范围是律师事务所及其指派的律师从事证券法律业务

B．鼓励最近1年未因违法执业行为受到行政处罚的律师事务所从事证券法律业务

C．律师被吊销执业证书的，不得再从事证券法律业务

D．同一律师事务所不得同时为同一证券发行的发行人和保荐人、承销的证券公司出具法律意见

20．《中华人民共和国刑法》关于证券犯罪的规定包括（　　）。

A．内幕交易、泄露内幕信息罪

B．提供虚假财务会计报告罪

C．欺诈发行股票、债券罪

D．上市公司的董事、监事、高级管理人员违背对公司的忠实义务，利用职务便利，操纵上市公司

21．证券是指（　　）。

A．各类记载并代表一定权利的法律凭证

B．各类证明持有者身份和权利的凭证

C．用以证明或设定权利所做成的书面凭证

D．用以证明持有人或第三者有权取得该证券代表的特定权益的凭证

22．股东权是一种综合权利，股东依法享有的权利包括（　　）。

A．重大决策　　　　　　　　　　B．选择管理者

C．资产收益　　　　　　　　　　D．对公司财产的直接支配处理

23．证券交易市场包括（　　）。

A．证券交易所市场　　　　　　B．票据交易所市场

C．场外交易市场　　　　　　　D．产权交易中心

24．财政政策是政府的重要宏观经济政策，其对股票价格的影响表现在（　　）。

A．通过扩大财政赤字、发行国债筹集资金，增加财政支出，刺激经济发展

B．通过调节税率影响企业利润和股息

C．干预资本市场各类交易适用的税率

D．国债发行量会改变证券市场的证券供应和资金需求，从而间接影响股票价格

25．债券的票面要素包括（　　）。

A．债券的票面价值　　　　　　B．债券的到期期限

C．债券的票面利率　　　　　　D．债券发行者名称

26．基金管理人运用基金财产进行证券投资，不得有（　　）的情形。

A．违反基金合同关于投资范围、投资策略和投资比例等约定

B．一只基金持有一家上市公司的股票，其市值超过基金资产净值的10%

C．一只基金持有一家上市公司的股票，其市值超过基金资产净值的7%

D．同一基金管理人管理的全部基金持有一家公司发行的证券，超过该证券的5%

27．如果（　　），那么资产评估机构不能申请证券评估资格。

A．在执业活动中受到刑事处罚、行政处罚，自处罚决定执行完毕之日起至提出申请之日止未满3年

B．因以欺骗等不正当手段取得证券评估资格而被撤销该资格，自撤销之日起至提出申请之日止未满3年

C．申请证券评估资格过程中，因隐瞒有关情况或者提供虚假材料被不予受理或者不予批准的，自被出具不予受理凭证或者不予批准决定之日起至提出申请之日止未满3年

D．最近3年在税务、工商、金融等行政管理机关以及自律组织、商业银行等机构有不良诚信记录

28．欧洲债券在计息方式上，既有传统的固定利率债券，也有种类繁多的浮动利率债券，还有（　　）等。

A．零息债券

B．延付息票债券

C．利率递增债券（累进利率债券）

D．在一定条件下将浮动利率转换为固定利率的债券

29．下列选项中，属于金融衍生工具特征的有（   ）。

A．跨期性　　　　　　　　　　　B．期限性

C．联动性　　　　　　　　　　　D．收益性

30．我国《证券投资基金法》规定，基金托管人应当履行的职责包括（   ）。

A．按照规定开设基金财产的资金账户和证券账户

B．办理与基金托管业务活动有关的信息披露事项

C．对所托管的不同基金财产分别设置账户，确保基金财产的完整与独立

D．保存基金托管业务活动的记录、账册、报表和其他相关资料

31．我国《证券投资基金法》规定，基金管理人不得有以下（   ）行为。

A．将其固有财产或者他人财产混同于基金财产从事证券投资

B．办理与基金财产管理业务活动有关的信息披露事项

C．利用基金财产为基金份额持有人以外的第三人牟取利益

D．向基金份额持有人违规承诺收益或者承担损失

32．基金份额持有人必须承担的义务包括（   ）。

A．缴纳基金认购款项及规定的费用

B．承担基金亏损或终止的有限责任

C．不从事任何有损基金及其他基金投资人合法权益的活动

D．在封闭式基金存续期间，不得要求赎回基金份额

33．下列选项中，关于金融衍生工具的基本特征的说法，正确的是（   ）。

A．无论是哪一种金融衍生工具，都会影响交易者在未来一段时间内或未来某时点上的现金流，跨期交易的特点十分突出

B．金融衍生工具的价值与基础产品或基础变量紧密联系、规则变动

C．金融衍生工具交易一般只需要支付少量的保证金或权利金，就可签订远期大额合约或互换不同的金融工具

D．金融衍生工具的交易后果取决于交易者对衍生工具（变量）未来价格（数值）的预测和判断的准确程度

34．下列选项中，不属于证券公司短期融资债的发行市场的有（　　）。

A．银行间债券市场　　　　　　　B．公募基金市场

C．沪深股票市场　　　　　　　　D．国际资本市场

35．金融期货的主要交易制度有（　　）。

A．集中交易制度　　　　　　　　B．标准化的期货合约和对冲机制

C．限仓制度　　　　　　　　　　D．大户报告制度

36．证券市场按交易结构可分为（　　）。

A．货币市场　　　　　　　　　　B．外汇市场

C．无形市场　　　　　　　　　　D．有形市场

37．基金份额持有人享有的基本权利有（　　）。

A．基金份额的转让权　　　　　　B．基金收益的享有权

C．基金投资管理的决定权　　　　D．一定程度上对基金经营决策的参与权

38．中小企业板块的总体设计可以概括为"两个不变"和"四个独立"，其中"四个独立"包括（　　）。

A．运行独立　　　　　　　　　　B．监察独立

C．代码独立　　　　　　　　　　D．指数独立

39．我国《证券投资基金法》规定，基金托管人的更换条件有（　　）。

A．被依法取消基金托管资格

B．依法解散、被依法撤销或者被依法宣告破产

C．托管的资产出现较大的贬值风险

D．被基金份额持有人大会解任

40．基金资产总值包括（　　）。

A．基金管理费用　　　　　　　　B．基金应收的申购基金款

C．基金所拥有的各类证券的价值　D．基金其他投资所形成的价值

三、**判断题**（本大题共 60 小题，每小题 0.5 分，共 30 分。判断以下各小题的对错，正确的填 A，错误的填 B。）

1．证券可以采取纸面形式或证券监管机构规定的其他形式。（　　）

2．地方政府债券由地方政府发行，以地方税或其他收入偿还，我国目前尚不允许各级地方政府发行债券。（　）

3．凭证式国债、电子式储蓄国债、普通封闭式基金份额和非上市公众公司的股票属于非上市证券。（　）

4．从风险的角度分析，证券市场也是风险直接交换的场所。（　）

5．债券因有固定的票面利率和期限，相对于股票价格而言，市场价格比较稳定。（　）

6．机构投资者主要包括开放式共同基金、封闭式投资基金、养老基金、保险基金、信托基金，此外还有对冲基金、创业投资基金等。（　）

7．股份公司的建立、公司股票和债券的发行，为证券市场的产生提供了现实的基础和客观的要求。（　）

8．2007年4月，中国银监会与香港证监会签署监管合作谅解备忘录，就双方监管职责、信息共享等事项进行约定，有效促进该项业务平稳健康发展。（　）

9．权利的发生是以证券的制作和存在为条件的，这类证券是设权证券。（　）

10．股票实质上代表了股东对股份公司的所有权，股东凭借股票可以获得公司的股息和红利，参加股东大会并行使自己的权利。（　）

11．我国《公司法》规定，股票发行价格可以按票面金额，也可以超过票面金额，但不得低于票面金额。（　）

12．现实中，由于配股价通常高于市场价格，配股上市之后会引起股价上涨。（　）

13．国债发行量会改变证券市场的证券供应和资金需求，从而直接影响股票价格。（　）

14．股票的内在价值即理论价值，即股票未来收益的期值。（　）

15．股份公司发行累积优先股票的目的，主要是为了保障优先股票股东的收益不因公司盈利状况的波动而减少。（　）

16．优先股票在发行时就约定了固定的股息率，无论公司经营状况和盈利水平如何变化，该股息率不变。（　）

17．可赎回优先股票可以依照该股票发行时所附的赎回条款，由公司出价赎回，股份公司对赎回自己的股票，可再次发行，无须注销。（　）

18．股权分置改革方案获得相关股东会议表决通过，公司股票复牌后，市场称这类股票为 S 股。（　）

19．一般来说，当未来市场利率趋于下降时，应选择发行期限较长的债券。（　）

20．附有赎回选择权条款的债券是指债券发行人具有在到期日之前买回全部或部分债券的权利。（　）

21．贴现债券又被称为贴水债券，是指在票面上不规定利率，发行时按某一折扣率，以低于票面金额的价格发行。（　）

22．专项债券（收入债券）是指为筹集资金建设某项具体工程而发行的债券，与特定项目或部分特定税收相联系，其还本付息来自投资项目的收益、收费及政府特定的税收或补贴。（　）

23．目前对外公布的 Shibor 共有 7 个品种，期限从隔夜到 1 年。（　）

24．自 2006 年开始，随着我国早期发售的封闭式基金到期日的逐步临近，陆续有到期封闭式基金转为开放式基金。（　）

25．投资者在买卖封闭式基金时，在基金价格之外要支付手续费；投资者在买卖开放式基金时，则要支付申购费和赎回费。（　）

26．证券投资基金作为一种新型的投资工具，将众多投资者的小额资金汇集起来进行组合投资，由专家来管理和运作，经营稳定，收益可观。（　）

27．固定收入型基金的主要投资对象是债券和优先股。（　）

28．自 2006 年 2 月开始，我国的基金管理公司不需报经中国证监会审批，可以直接向合格境外机构投资者、境内保险公司及其他依法设立运作的机构等特定对象提供投资咨询服务。（　）

29．金融衍生工具产生的最基本原因是避险。（　）

30．金融机构之间、金融机构与大规模交易者之间进行的各类互换交易和信用衍生品交易属于 OTC 交易的衍生工具，其交易量逐年增大。（　）

31．金融衍生工具按交易场所可以分为金融远期合约、金融期货、金融期权、金融互换和结构化衍生工具。（　）

32．股票价格指数期货是以股价指数为标的物并采用现金结算方式的期货交易。（　）

33．为了控制期货交易的风险和提高效率，期货交易所的会员经纪公司必须向交易所或结算所缴纳结算保证金，而期货交易双方在成交后都要通过经纪人向交易所或结算所缴纳一定数量的保证金。（　）

34．从交易结构上看，可以将互换交易视为一系列远期交易的组合。（　）

35．可转换债券具有双重选择权。（　）

36．我国现行法规规定，可转换债券的期限最短为 2 年，最长为 8 年，自发行之日起 6 个月内即可转换为公司股票。（　）

37．2004 年以前，只有中国香港上市的中华汽车发行过二级存托凭证；进入 2004 年后，随着中国网络科技类公司海外上市速度加快，二级存托凭证成为中国网络股进入 NASDAQ 的主要形式。（　）

38．1998 年 3 月～2002 年 3 月，美国证券市场对中国存托凭证发行的大门紧闭。（　）

39．证券发行核准制实行公开管理原则，实质上是一种发行公司的财务公开制度。（　）

40．场外交易市场是我国多层次资本市场体系的重要组成部分。（　）

41．证券市场是指证券投资者以发行证券的方式筹集资金的场所。（　）

42．证券余额包销是指承销商按照规定的发行额和发行条件，在约定的期限内向投资者发售证券，到销售截止日，如投资者实际认购总额低于预定发行总额，未售出的证券由承销商负责认购，并按约定时间向发行人支付全部证券款项的承销方式。（　）

43．长期以来，道·琼斯股价平均数被视为最具权威性的股价指数。（　）

44．由于资本损益和再投资收益具有不确定性，投资者在作投资决策时计算的到期收益和到期收益率只是预期的收益和收益率，只有当投资期结束时才能计算实际收益和实际到期收益率。（　）

45．目前，我国证券公司设立子公司的形式只能是全资子公司。（　）

46．证券公司及其子公司除单独向中国证监会报送年度报告、监管报表和有关资料外，证券公司还应当在合并计算其子公司的财务及业务数据的基础上向中国证监会报送前述资料。（　）

47．证券公司应当设总经理，总经理依据《公司法》、公司章程的规定行使职权，

并向股东会负责。（　　）

48．股东应当严格履行出资义务，证券公司不得直接或间接为股东出资提供融资或担保。（　　）

49．为加强对证券服务机构的管理，我国《证券法》还授予了证券监督管理机构对证券服务机构的监管权和现场处理权。（　　　）

50．新《公司法》规定投资公司可以在 5 年内缴足注册资本。（　　）

51．尽管证券公司通过客户信用交易担保证券账户持有的股票应计入其自有股票，且证券公司必须因该账户内股票数量的变动而履行相应的信息报告、披露或者要约收购义务。（　　）

52．根据《证券公司融资融券业务试点管理办法》，证券公司应以自己的名义在证券登记结算机构分别开立融券专用证券账户、客户信用交易担保证券账户、信用交易证券交收账户和信用交易资金交收账户。（　　）

53．我国证券市场监管机构是国务院证券监督管理机构。（　　）

54．信息披露的主体不仅包括证券发行人、证券交易者，还包括证券监管者。（　　）

55．证券市场正常运行的基础是证券从业者的自我管理。（　　）

56．我国目前对证券发行实行的是核准制，推行核准制的重要基础是中介机构尽职尽责。（　　）

57．我国《证券法》第六十七条所称重大事件之一是公司涉嫌犯罪被司法机关立案调查，公司董事、监事、高级管理人员涉嫌犯罪被司法机关采取强制措施。（　　）

58．对操纵市场行为的监管可分为事前监管和事后处理，其中事后处理主要包括两个方面：第一是对操纵行为的处罚，第二是操纵行为受害者可以通过民事诉讼获得损害赔偿。（　　）

59．证券交易所应当建立市场准入制度，并根据证券法规的规定或者中国证监会的要求，限制或者禁止特定证券投资者的证券交易行为。（　　）

60．根据《证券业从业人员执业行为准则》；从业人员在执业过程中遇到自身利益或相关方利益与客户的利益发生冲突或可能发生冲突时，应及时向所在机构报告；当无法避免时，应为确保客户利益而牺牲个人利益。（　　）

模拟试卷（四）参考答案与解析

一、单项选择题

1.【答案】C

【解析】有价证券按募集方式分类，可以分为公募证券和私募证券。公募证券是指发行人通过中介机构向不特定的社会公众投资者公开发行的证券，审核较严格并采取公示制度。私募证券是指向少数特定的投资者发行的证券，其审查条件相对宽松，投资者也较少，不采取公示制度。因此，本题的正确答案为C。

2.【答案】A

【解析】合格境外机构投资者的境内股票投资，应当遵守中国证监会规定的持股比例限制和国家其他有关规定：单个境外投资者通过合格境外机构投资者持有一家上市公司股票的，持股比例不得超过该公司股份总数的10%；所有境外投资者对单个上市公司A股的持股比例总和，不超过该上市公司股份总数的20%。因此，本题的正确答案为A。

3.【答案】C

【解析】保险公司是全球最重要的机构投资者之一，曾一度超过投资基金成为投资规模最大的机构投资者，除大量投资于各类政府债券、高等级公司债券外，还广泛涉足基金和股票投资。因此，本题的正确答案为C。

4.【答案】D

【解析】由于中央政府拥有税收、货币发行等特权，通常情况下，中央政府债券不存在违约风险，所以，这一类证券被视为无风险证券，相对应的证券收益率被称为无风险利率，是金融市场上最重要的价格指标。因此，本题的正确答案为D。

5.【答案】B

【解析】1988年，为适应国库券转让在全国范围内的推广，中国人民银行下拨资金，在各省组建了 33 家证券公司，同时，财政系统也成立了一批证券公司。因此，本题的正确答案为 B。

6.【答案】B

【解析】进入 21 世纪以来，国际证券市场发展的一个突出特点是各种类型的机构投资者快速成长，它们在证券市场上发挥出日益显著的主导作用。因此，本题的正确答案为 B。

7.【答案】B

【解析】根据我国政府对世贸组织的承诺，我国证券业在 5 年过渡期对外开放的内容之一是允许外国机构设立合营公司，从事国内证券投资基金管理业务，外资比例不超过 33%；加入后 3 年内，外资比例不超过 49%。因此，本题的正确答案为 B。

8.【答案】B

【解析】2007 年 10 月，中、英两国金融监管部门就商业银行代客境外理财业务做出监管合作安排，中国的商业银行可以代客投资于英国的股票市场以及经英国金融监管当局认可的公募基金，逐步扩大商业银行代客境外投资市场。因此，本题的正确答案为 B。

9.【答案】C

【解析】发行股票是股份公司筹措自有资本的手段，所以，股票是投入股份公司资本份额的证券化，属于资本证券。因此，本题的正确答案为 C。

10.【答案】D

【解析】上市公司利用自有资金，从公开市场上买回发行在外的股票，称为股份回购，所以选项 A 正确；我国《公司法》规定，公司不得收购本公司股份，但是有下列情形之一的除外：减少公司注册资本；与持有本公司股份的其他公司合并；将股份奖励给本公司职工；股东因对股东大会作出的公司合并、分立决议持异议，要求公司收购其股份的，所以选项 B 正确；通常，股份回购会导致公司股价上涨，一是因为股份回购改变了原有供求平衡，增加需求，减少供给；二是向市场传达了积极的信息，因为公司通常在股价较低时实施回购，而市场一般认为公司基于信息优势作出的内部估值比外部投资者的估值更准确，所以选项 C 正确、选项 D 错误。因此，本题的正确答案为 D。

11.【答案】B

【解析】在自由竞价的股票市场中，股票的市场价格不断变动，引起股票价格变动的直接原因是供求关系的变化或者说是买卖方力量强弱的转换。因此，本题的正确答案为 B。

12.【答案】B

【解析】股票的账面价值又称股票净值或每股净资产，在没有优先股的条件下，每股账面价值等于公司净资产除以发行在外的普通股票的股数。因此，本题的正确答案为 B。

13.【答案】D

【解析】发行价格高于面值称为溢价发行，募集的资金中等于面值总和的部分计入资本账户，以超过股票票面金额的发行价格发行股份所得的溢价款列为公司资本公积金。因此，本题的正确答案为 D。

14.【答案】C

【解析】股票的内在价值即理论价值，也即股票未来收益的现值。股票的内在价值决定股票的市场价格，股票的市场价格总是围绕其内在价值波动。因此，本题的正确答案为 C。

15.【答案】B

【解析】优先股票是一种特殊股票，虽然它不是股票的主要品种，但是它的存在对股份公司和投资者来说仍有一定的意义。因此，本题的正确答案为 B。

16.【答案】A

【解析】股东大会一般每年定期召开一次，当出现董事会认为必要、监事会提议召开、单独或者合计持有公司 10% 以上股份的股东请求等情形时，也可召开临时股东大会。因此，本题的正确答案为 A。

17.【答案】D

【解析】不可转换优先股票是指发行后不允许其持有者将它转换成其他种类股票的优先股票。不可转换优先股票与转换优先股票不同，它没有给投资者提供改变股票种类的机会。因此，本题的正确答案为 D。

18.【答案】A

【解析】债券票面利率也称名义利率，是债券年利息与债券票面价值的比率，通常年利率用百分数表示。利率是债券票面要素中不可缺少的内容，在实际经济生活中，债券利率有多种形式，如单利、复利和贴现利率等。债券利率亦受很多因素影响，主要包括：(1) 借贷资金市场利率水平。(2) 筹资者的资信。(3) 债券期限长短。因此，本题的正确答案为 A。

19. 【答案】C

【解析】债券的特征包括偿还性、流动性、安全性及收益性，其中，收益性是指债券能为投资者带来一定的收入，即债权投资的报酬。因此，本题的正确答案为 C。

20. 【答案】A

【解析】一般来说，期限较长的债券流动性差，风险相对较大，票面利率应该定得高一些；而期限较短的债券流动性强，风险相对较小，票面利率就可以定得低一些。但是，债券票面利率与期限的关系较复杂，它们还受其他因素的影响，所以有时也会出现短期债券票面利率高而长期债券票面利率低的现象，所以选项 A 错误；尽管债券和股票有各自的特点，但它们都属于有价证券，所以选项 B 正确；政府债券的性质主要从两个方面考察，其中，从功能上看，政府债券最初仅是政府弥补赤字的手段，但在现代商品经济条件下，政府债券已成为政府筹集资金、扩大公共开支的重要手段，并且随着金融市场的发展，逐渐具备了金融商品和信用工具的职能，成为国家实施宏观经济政策、进行宏观调控的工具，所以选项 C 正确；凭证式国债和储蓄国债（电子式）都在商业银行柜台发行，不能上市流通，但都是信用级别最高的债券，以国家信用作保证，而且免缴利息税，所以选项 D 正确。因此，本题的正确答案为 A。

21. 【答案】D

【解析】国债债券有一定的面值，有面值就需要有某种计量单位。国债依照不同的发行本位，可以分为实物国债和货币国债，这里的实物国债与实物债券不是同一个含义。实物债券是专指具有实物票券的债券，它与无实物票券的债券（如记账式债券）相对应；而实物国债是指以某种商品实物为本位而发行的国债。因此，本题的正确答案为 D。

22. 【答案】C

【解析】为了增加国有商业银行的资本金，经第八届全国人大常委会第三十次会议审议通过，并经国务院批准，财政部于 1998 年 8 月 18 日发行了 2 700 亿元特别国债，该国债为记账式附息国债，期限为 30 年，年利率为 7.2%，向四大国有商业银行定向发行，所筹资金专项用于拨补四大国有商业银行资本金。因此，本题的正确答案为 C。

23.【答案】C

【解析】不动产抵押公司债券是以公司的不动产（如房屋、土地等）作抵押而发行的债券，是抵押证券的一种。公司以这种财产的房契或地契作抵押，如果发生了公司不能偿还债务的情况，抵押的财产将被出售，所得款项用来偿还债务。因此，本题的正确答案为 C。

24.【答案】B

【解析】保证公司债券是公司发行的由第三者作为还本付息担保人的债券，是担保证券的一种。担保人是发行人以外的其他人（或称第三者），如政府、信誉好的银行或举债公司的母公司等。因此，本题的正确答案为 B。

25.【答案】D

【解析】2004 年 6 月 17 日，《商业银行次级债券发行管理办法》颁布实施，商业银行次级债券是指商业银行发行的、本金和利息的清偿顺序列于商业银行其他负债之后、先于商业银行股权资本的债券，所以选项 A、B、C 错误。因此，本题的正确答案为 D。

26.【答案】A

【解析】欧洲债券是指借款人在本国境外市场发行的、不以发行市场所在国货币为面值的国际债券。因此，本题的正确答案为 A。

27.【答案】C

【解析】国际债券在国际市场上发行，所以，其计价货币往往是国际通用货币，一般以美元、英镑、欧元、日元和瑞士法郎为主，这样，发行人筹集到的资金是一种可通用的自由外汇资金。因此，本题的正确答案为 C。

28.【答案】B

【解析】外国债券是指某一国家借款人在本国以外的某一国家发行以该国货币为面值的债券，也是一种传统的国际债券。因此，本题的正确答案为 B。

29.【答案】D

【解析】欧洲债券市场以众多创新品种而著称，在附有选择权方面，有双货币债券、可转换债券和附权证债券等，其中，双货币债券是指以一种货币支付息票利息、以另一种不同的货币支付本金的债券。因此，本题的正确答案为 D。

30.【答案】C

【解析】2005年2月18日，中国人民银行、财政部、国家发改委和中国证监会联合发布了《国际开发机构人民币债券发行管理暂行办法》，允许符合条件的国际开发机构在中国发行人民币债券。国际开发机构是指进行开发性贷款和投资的国际开发性金融机构，国际开发机构人民币债券是指国际开发机构依法在中国境内发行的、约定在一定期限内还本付息的、以人民币计价的债券。因此，本题的正确答案为C。

31.【答案】B

【解析】封闭式基金是指经核准的基金份额总额在基金合同期限内固定不变，基金份额可以在依法设立的证券交易场所交易，但基金份额持有人不得申请赎回的基金。因此，本题的正确答案为B。

32.【答案】C

【解析】QDII基金是指在一国境内设立，经该国有关部门批准从事境外证券市场的股票、债券等有价证券投资的基金，它为国内投资者参与国际市场提供了便利，2007年我国推出了首批QDII基金。因此，本题的正确答案为C。

33.【答案】B

【解析】上市开放式基金(LOF)是一种可以同时在场外市场进行基金份额申购、赎回，在交易所进行基金份额交易，并通过份额转托管机制将场外市场与场内市场有机地联系在一起的一种新的基金运作方式。因此，本题的正确答案为B。

34.【答案】A

【解析】目前，我国封闭式基金按照0.25%的比例计提基金托管费，开放式基金根据基金合同的规定比例计提，通常低于0.25%；股票型基金的托管费率要高于债券型基金及货币市场基金的托管费率。因此，本题的正确答案为A。

35.【答案】B

【解析】美国《1980年银行法》废除了Q条例，规定从1980年3月起分6年逐步取消对定期存款和储蓄存款的最高利率限制。因此，本题的正确答案为B。

36.【答案】C

【解析】利用最简单和最基础的金融衍生工具的结构化特性，通过相互结合或者与基础金融工具相结合，能够开发设计出更多具有复杂特性的金融衍生产品，通常被称为结构化金融衍生工具或简称为结构化产品，目前我国各家商业银行推广的外汇结构化理财产品等都是其典型代表。因此，本题的正确答案为 C。

37.【答案】D

【解析】金融期货按基础工具划分，主要有三种类型：外汇期货、利率期货、股权类期货。因此，本题的正确答案为 D。

38.【答案】B

【解析】期货交易的对象是标准化产品，因此套期保值者很可能难以找到与现货头寸在品种、期限、数量上均恰好匹配的期货合约。如果选用替代合约进行套期保值操作，则并不能完全锁定未来现金流，由此带来的风险称为基差风险。因此，本题的正确答案为 B。

39.【答案】D

【解析】因为期货价格与现货价格的走势基本一致并逐渐趋同，所以今天的期货价格可能就是未来的现货价格，这一关系使世界各地的套期保值者和现货经营者都利用期货价格来衡量相关现货商品的近、远期价格发展趋势，利用期货价格和传播的市场信息来制定各自的经营决策，这样，期货价格成了世界各地现货成交价的基础。当然，期货价格并非时时刻刻都能准确地反映市场的供求关系，但这一价格克服了分散、局部的市场价格在时间上和空间上的局限性，具有公开性、连续性、预期性的特点，应该说它比较真实地反映了一定时期世界范围内供求关系影响下的商品或金融工具的价格水平。因此，本题的正确答案为 D。

40.【答案】B

【解析】金融互换是指两个或两个以上的当事人按共同商定的条件，在约定的时间内定期交换现金流的金融交易，可分为货币互换、利率互换、股权互换、信用互换等类别。因此，本题的正确答案为 B。

41.【答案】D

【解析】金融期货交易双方都无权违约，也无权要求提前交割或推迟交割，而只能在到期前的任一时间通过反向交易实现对冲或到期进行实物交割。而在对冲或到期交割前，价格的变动必然使其中一方盈利而另一方亏损，其盈利或亏损的程度决定于价格变动的幅度。所以，从理论上说，金融期货交易中双方潜在的盈利和亏损都是无限的。因此，本题的正确答案为 D。

42．【答案】D

【解析】看涨期权也称认购权，指期权的买方具有在约定期限内（或合约到期日）按协定价格（也称敲定价格或行权价格）买入一定数量基础金融工具的权利。因此，本题的正确答案为D。

43．【答案】B

【解析】按照合约所规定的履约时间的不同，金融期权可以分为欧式期权、美式期权和修正的美式期权。欧式期权只能在期权到期日执行；美式期权则可在期权到期日或到期日之前的任何一个营业日执行；修正的美式期权也称为百慕大期权或大西洋期权，可以在期权到期日之前的一系列规定日期执行。因此，本题的正确答案为B。

44．【答案】B

【解析】上网公开发行方式是指利用证券交易所的交易系统，主承销商在证券交易所开设股票发行专户并作为唯一的卖方，投资者在指定时间内，按现行委托买入股票的方式进行申购的发行方式。因此，本题的正确答案为B。

45．【答案】B

【解析】根据我国《证券交易所管理办法》第十七条规定，会员大会是证券交易所的最高权力机构，具有以下职权：（1）制定和修改证券交易所章程；（2）选举和罢免会员理事；（3）审议和通过理事会，总经理的工作报告；（4）审议和通过证券交易所的财务预算、决算报告；（5）决定证券交易所的其他重大事项。因此，本题的正确答案为B。

46．【答案】B

【解析】公司的公积金来源有：（1）股票溢价发行时，超过股票面值的溢价部分列入公司的资本公积金；（2）依据我国《公司法》的规定，每年从税后利润中按比例提存部分法定公积金；（3）股东大会决议后提取的任意公积金；（4）公司经过若干年经营以后资产重估增值部分；（5）公司从外部取得的赠与资产，如从政府部门、国外部门及其他公司等处得到的赠与资产。因此，本题的正确答案为B。

47．【答案】A

【解析】1990年12月19日和1991年7月3日，上海、深圳证券交易所先后正式营业。因此，本题的正确答案为A。

48．【答案】D

【解析】随着经济体制、金融体制改革的深化和全国化统一证券市场体系的确立，1998 年年底，我国《证券法》出台。因此，本题的正确答案为 D。

49.【答案】B

【解析】中国证监会对申请设立子公司的证券公司在风险控制指标、净资本、经营管理能力、市场占有率、治理结构、风险管理、内部控制机制等方面有审慎性的要求，要求最近 1 年净资本不低于 12 亿元，最近 12 个月风险控制指标持续符合要求，设立子公司经营证券经纪、证券承销与保荐或者证券资产管理业务的证券公司，其最近 1 年经营该业务的市场占有率不低于行业中等水平。另外，子公司参股股东应当符合有益于子公司健全治理结构、提高竞争力、促进子公司持续规范发展的要求。子公司参股股东是金融机构的，应当在技术合作、人员培训、专业管理等方面具备一定优势，与子公司的发展存在战略协同效应。因此，本题的正确答案为 B。

50.【答案】A

【解析】证券公司从事自营业务、资产管理业务等两种以上的业务，注册资本最低限额为 5 亿元，净资本最低限额为 2 亿元。因此，本题的正确答案为 A。

51.【答案】A

【解析】2006 年 11 月 30 日，中国证监会发布《证券公司董事、监事和高级管理人员任职资格监管办法》，进一步明确证券公司董事、监事和高级管理人员的任职条件、职责及监管措施。因此，本题的正确答案为 A。

52.【答案】D

【解析】《刑法》及修正案规定，以欺骗手段取得银行或者其他金融机构贷款、票据承兑、信用证、保函等，给银行或者其他金融机构造成重大损失或者有其他严重情节的，处 3 年以下有期徒刑或者拘役，并处或者单处罚金；给银行或者其他金融机构造成特别重大损失或者有其他特别严重情节的，处 3 年以上 7 年以下有期徒刑，并处罚金。因此，本题的正确答案为 D。

53.【答案】C

【解析】公司向其他有限责任公司、股份有限公司投资的，除公司章程另有规定外，所累积投资额不得超过本公司净资产的 70%；在投资后，接受被投资公司以利润转增的资本，其增加额不包括在内。因此，本题的正确答案为 C。

54.【答案】B

【解析】《中华人民共和国刑法》及修正案规定，欺诈发行股票、债券罪，在招股说明书、认股书、公司、企业债券募集办法中隐瞒重要事实或者编造重大虚假内容，发行股票或者公司、企业债券，数额巨大、后果严重或者有其他严重情节的，处5年以下有期徒刑或者拘役，并处或者单处非法募集资金金额1%～5%以下罚金，单位犯本款罪的，对单位判处罚金，并对其直接负责的主管人员和其他直接责任人员，处5年以下有期徒刑或者拘役（第一百六十条）。因此，本题的正确答案为B。

55.【答案】D

【解析】股票发行人及其主承销商应当向参与网下配售的询价对象配售股票。公开发行股票数量少于4亿股的，配售数量不超过本次发行总量的20%；公开发行股票数量在4亿股以上的，配售数量不超过向战略投资者配售后剩余发行数量的50%。因此，本题的正确答案为D。

56.【答案】D

【解析】证券公司应当缴纳的基金，按照证券公司佣金收入的一定比例预先提取，并由中国证券登记结算有限责任公司代扣代收。证券公司应在年度审计结束后，根据其审计后的收入和事先核定的比例确定需要缴纳的基金金额，并及时向保护基金公司申报清缴。不从事证券经纪业务的证券公司，应在每季后10个工作日内按该季营业收入和事先核定的比例预缴。每年度审计结束后，确定年度需要缴纳的基金金额并及时向保护基金公司申报清缴。因此，本题的正确答案为D。

57.【答案】D

【解析】《证券法》第七十五条规定的内幕信息是涉及公司的经营、财务或者对该公司证券的市场价格有重大影响的尚未公开的信息，包括：(1)本法第六十七条第二款所列重大事件；(2)公司分配股利或者增资的计划；(3)公司股权结构的重大变化；(4)公司债务担保的重大变更；(5)公司营业用主要资产的抵押、出售或者报废一次超过该资产的百分之三十；(6)公司的董事、监事、高级管理人员的行为可能依法承担重大损害赔偿责任；(7)上市公司收购的有关方案；(8)国务院证券监督管理机构认定的对证券交易价格有显著影响的其他重要信息。因此，本题的正确答案为D。

58.【答案】C

【解析】保护投资者合法权益是证券监管工作的首要目标。因此，本题的正确答案为C。

59.【答案】D

【解析】取得从业资格的人员，符合下列条件的，可以通过证券经营机构申请统一的执业证书：（1）已被机构聘用；（2）最近3年未受过刑事处罚；（3）不存在我国《证券法》第一百三十二条规定的情形；（4）未被中国证监会认定为证券市场禁入者，或者已过禁入期的；（5）品行端正，具有良好的职业道德；（6）法律、行政法规和中国证监会规定的其他条件。因此，本题的正确答案为D。

60.【答案】C

【解析】证券交易所的主要职能包括：（1）为组织公平的集中交易提供保障；（2）提供场所和设施；(3)公布证券交易即时行情，并按交易日制作证券市场行情表，予以公布；（4）依照证券法律、行政法规制定上市规则、交易规则、会员管理规则和其他有关规则，并报国务院证券监督管理机构批准；（5）对证券交易实行实时监控，并按照中国证监会的要求，对异常的交易情况提出报告；（6）对上市公司及相关信息披露义务人披露信息进行监督，督促其依法及时、准确地披露信息；（7）因突发事件而影响证券交易的正常进行时，证券交易所可以采取技术性停牌的措施；因不可抗力的突发性事件或者为维护证券交易的正常秩序，证券交易所可以决定临时停市等。因此，本题的正确答案为C。

二、多项选择题

1.【答案】AC

【解析】现代公司主要采取股份有限公司和有限责任公司两种形式，其中，只有股份有限公司才能发行股票。因此，本题的正确答案为AC。

2.【答案】ABCD

【解析】按照《合格境外机构投资者境内证券投资管理办法》，合格境外机构投资者在经批准的投资额度内，可以投资于中国证监会批准的人民币金融工具，具体包括在证券交易所挂牌交易的股票、在证券交易所挂牌交易的债券、证券投资基金、在证券交易所挂牌交易的权证以及中国证监会允许的其他金融工具。因此，本题的正确答案为

ABCD。

3.【答案】ABC

【解析】1997 年 11 月，中国金融体系进一步确定了银行业、证券业、保险业分业经营、分业管理的原则。因此，本题的正确答案为 ABC。

4.【答案】ABCD

【解析】创新是金融业永恒的主题，进入 21 世纪，在新的金融理论和金融技术的支持下，有关产品、组织、监管等方面的发展千变万化、日新月异，在有组织的金融市场中，结构化票据、交易所交易基金、各类权证、证券化资产、混合型金融工具和新型衍生合约不断上市交易；从功能上看，天气衍生金融产品、能源风险管理工具、巨灾衍生产品、政治风险管理工具、信贷衍生品层出不穷，极大地扩展了"金融帝国"的范围。场外交易衍生产品快速发展以及新兴市场金融创新热潮也反映了金融创新进一步深化的特点。在场外市场中，以各类奇异型期权为代表的非标准交易大量涌现，成为风险管理的利器。而新兴市场在金融产品的设计和创新方面也开始从简单模仿和复制，逐步发展到独立开发具有本土特色的各类新产品，成为全球金融创新浪潮不可忽视的重要组成部分。因此，本题的正确答案为 ABCD。

5.【答案】AB

【解析】我国《公司法》规定，股份有限公司的资本划分为股份，每一股的金额相等。有面额股票具有的特点包括：（1）可以明确表示每一股所代表的股权比例。（2）为股票发行价格的确定提供依据。因此，本题的正确答案为 AB。

6.【答案】ABD

【解析】普通股票股东行使资产收益权有一定的限制条件，其一般原则是：股份公司只能用留存收益支付红利，红利的支付不能减少其注册资本，公司在无力偿债时不能支付红利。因此，本题的正确答案为 ABD。

7.【答案】ABCD

【解析】我国《证券投资基金法》规定，基金份额持有人享有的权利包括：分享基金财产收益，参与分配清算后的剩余基金财产，依法转让或者申请赎回其持有的基金份额，按照规定要求召开基金份额持有人大会，对基金份额持有人大会审议事项行使表决权，查阅或者复制公开披露的基金信息资料，对基金管理人、基金托管人、基金份额发售机构损害其合法权益的行为依法提起诉讼，基金合同约定的其他权利。因此，本题的正确答案为 ABCD。

8.【答案】ABCD

【解析】我国《证券投资基金法》规定，以下事项应当通过召开基金份额持有人大会审议决定：提前终止基金合同，基金扩募或者延长基金合同期限，转换基金运作方式，提高基金管理人、基金托管人的报酬标准，更换基金管理人、基金托管人，基金合同约定的其他事项。因此，本题的正确答案为 ABCD。

9.【答案】ABCD

【解析】国际证监会组织在 1994 年 7 月公布的一份报告中，认为金融衍生工具除价格不确定性外，还伴随着以下几种风险：(1) 交易中对方违约，没有履行承诺造成损失的信用风险；(2) 因资产或指数价格不利变动可能带来损失的市场风险；(3) 因市场缺乏交易对手而导致投资者不能平仓或变现所带来的流动性风险；(4) 因交易对手无法按时付款或交割可能带来的结算风险；(5) 因交易或管理人员的人为错误或系统故障、控制失灵而造成的运作风险；(6) 因合约不符合所在国法律，无法履行或合约条款遗漏及模糊导致的法律风险。因此，本题的正确答案为 ABCD。

10.【答案】AD

【解析】权证按照持有人权利的性质不同，可以分为认购权证和认沽权证。前者实质上属看涨期权，其持有人有权按规定价格购买基础资产；后者属看跌期权，其持有人有权按规定价格卖出基础资产。因此，本题的正确答案为 AD。

11.【答案】AD

【解析】托管银行是由存券银行在基础证券发行国安排的银行，它通常是存券银行在当地的分行、附属行或代理行。托管银行负责保管 ADR 所代表的基础证券；根据存券银行的指令领取红利或利息，用于再投资或汇回 ADR 发行国；向存券银行提供当地市场信息。因此，本题的正确答案为 AD。

12.【答案】ABC

【解析】公司申请公司债券上市交易，应当符合下列条件：(1) 经有权部门批准并发行；(2) 公司债券的期限为 1 年以上；(3) 公司债券实际发行额不少于人民币 5 000 万元；(4) 债券须经资信评级机构评级，且债券的信用级别良好；(5) 公司申请债券上市时仍符合法定的公司债券发行条件。因此，本题的正确答案为 ABC。

13.【答案】ABC

【解析】决定再投资收益的主要因素是债券的偿还期限、息票收入和市场利率的变化。因此，本题的正确答案为 ABC。

14.【答案】ABCD

【解析】利率风险是指市场利率变动引起证券投资收益变动的可能性。利率风险是固定收益证券的主要风险，特别是债券的主要风险。债券面临的利率风险由价格变动风险和息票利率风险两方面组成。利率从两方面影响证券价格：（1）改变资金流向。当市场利率提高时，会吸引一部分资金流向银行储蓄、商业票据等其他金融资产，减少对证券的需求，使证券价格下降；当市场利率下降时，一部分资金流向证券市场，增加对证券的需求，刺激证券价格上涨。（2）影响公司的盈利。利率提高，公司融资成本提高，在其他条件不变的情况下净盈利下降，派发股息减少，引起股票价格下降；利率下降，融资成本下降，净盈利和股息相应增加，股票价格上涨。综上选项 ABCD 都正确。因此，本题的正确答案为 ABCD。

15.【答案】ABD

【解析】证券公司设立、收购或者撤销分支机构，变更业务范围或者注册资本，变更持有 5% 以上股权的股东、实际控制人，变更公司章程中的重要条款，合并、分立、变更公司形式，停业、解散、破产，必须经证券监督管理机构批准。证券公司在境外设立、收购或者参股证券经营机构，必须经证券监督管理机构批准。因此，本题的正确答案为 ABD。

16.【答案】ABCD

【解析】自营业务的风险控制指标规定。证券公司经营证券自营业务的，必须符合下列规定：（1）自营权益类证券及证券衍生品的合计额不得超过净资本的100%；（2）自营固定收益类证券的合计额不得超过净资本的500%；（3）持有一种权益类证券的成本不得超过净资本的30%；（4）持有一种权益类证券的市值与其总市值的比例不得超过 5%，但因包销导致的情形和中国证监会另有规定的除外。因此，本题的正确答案为 ABCD。

17.【答案】ABCD

【解析】证券公司内部控制的主要内容包括：（1）经纪业务内部控制；（2）自营业务内部控制；（3）投资银行业务内部控制；（4）资产管理业务内部控制；（5）研究、咨询业务内部控制；（6）业务创新的内部控制；（7）分支机构内部控制；（8）财务管理内部控制；（9）会计系统内部控制；（10）信息系统内部控制；（11）人力资源管理内部控制。因此，本题的正确答案为 ABCD。

18.【答案】ABCD

【解析】按照《注册会计师执行证券、期货相关业务许可证管理规定》，注册会计师申请证券许可证应当符合的条件包括：（1）所在会计师事务所已取得证券许可证，或者符合《规定》第六条所规定的条件并已提出申请；（2）具有证券、期货相关业务资格考试合格证书；（3）取得注册会计师证书 1 年以上；（4）不超过 60 周岁；（5）执业质量和职业道德良好，在以往 3 年执业活动中没有违法违规行为。因此，本题的正确答案为ABCD。

19.【答案】ACD

【解析】《律师事务所从事证券法律业务管理办法》的调整范围是律师事务所及其指派的律师从事证券法律业务，所以选项 A 正确。《律师事务所从事证券法律业务管理办法》规定，鼓励具备以下条件的律师事务所从事证券法律业务：内部管理规范，风险控制制度健全，执业水准高，社会信誉良好；有 20 名以上执业律师，其中 5 名以上曾从事过证券法律业务；已经办理有效的执业责任保险；最近 2 年未因违法执业行为受到行政处罚，所以选项 B 错误。《律师事务所从事证券法律业务管理办法》规定，律师被吊销执业证书的，不得再从事证券法律业务，所以选项 C 正确。《律师事务所从事证券法律业务管理办法》规定，同一律师事务所不得同时为同一证券发行的发行人和保荐人、承销的证券公司出具法律意见，不得同时为同一收购行为的收购人和被收购的上市公司出具法律意见，不得在其他同一证券业务活动中为具有利害关系的不同当事人出具法律意见，所以选项 D 正确。因此，本题的正确答案为 ACD。

20.【答案】ABCD

【解析】《中华人民共和国刑法》及修正案关于证券犯罪或与证券有关的主要规定包括：（1）欺诈发行股票、债券罪；（2）提供虚假财务会计报告罪；（3）上市公司的董事、监事、高级管理人员违背对公司的忠实义务，利用职务便利，操纵上市公司；（4）以欺骗手段取得银行或者其他金融机构贷款、票据承兑、信用证、保函等，给银行或者其他金融机构造成重大损失；（5）非法发行股票和公司、企业债券罪，这是指未经国家有关主管部门批准，非法发行股票或者公司、企业债券，数额巨大、后果严重或者有其他严重情节；（6）内幕交易、泄露内幕信息罪；（7）编造并传播影响证券交易虚假信息罪、诱骗他人买卖证券罪；（8）操纵证券市场罪；（9）商业银行、证券交易所、期货交易所、证券公司、期货经纪公司、保险公司或者其他金融机构，违背受托义务，擅自运用客户资金或者其他委托、信托的财产；（10）明知是毒品犯罪、黑社会性质的组织犯罪、恐怖活动犯罪、走私犯罪、贪污贿赂犯罪、破坏金融管理秩序犯罪、金融诈骗犯罪的所得及其产生的收益，为掩饰、隐瞒其来源和性质。因此，本题的正确答案为ABCD。

21.【答案】ACD

【解析】证券是指各类记载并代表一定权利的法律凭证，它用以证明持有人有权依其所持凭证记载的内容而取得应有的权益。从一般意义上来说，证券是指用以证明或设定权利所做成的书面凭证，它表明证券持有人或第三者有权取得该证券拥有的特定权益，或证明其曾经发生过的行为。因此，本题的正确答案为ACD。

22.【答案】ABC

【解析】股东权是一种综合权利，股东依法享有资产收益、重大决策、选择管理者等权利。因此，本题的正确答案为ABC。

23.【答案】AC

【解析】证券交易市场是为已经公开发行的证券提供流通转让机会的市场。证券交易市场通常可分为证券交易所市场和场外交易市场。因此，本题的正确答案为AC。

24.【答案】ABCD

【解析】财政政策也是政府的重要宏观经济政策。财政政策对股票价格的影响有四个方面：（1）通过扩大财政赤字、发行国债筹集资金，增加财政支出，刺激经济发展；或是通过增加财政盈余或降低赤字，减少财政支出，抑制经济增长，调整社会经济发展速度，改变企业生产的外部环境，进而影响企业利润水平和股息派发。（2）通过调节税率影响企业利润和股息。提高税率，企业税负增加，税后利润下降，股息减少；反之，企业税后利润和股息增加。（3）干预资本市场各类交易适用的税率，例如利息税、资本利得税、印花税等，直接影响市场交易和价格。（4）国债发行量会改变证券市场的证券供应和资金需求，从而间接影响股票价格。因此，本题的正确答案为 ABCD。

25.【答案】ABCD

【解析】债券作为证明债权债务关系的凭证，一般以有一定格式的票面形式来表现，通常，债券票面上有四个基本要素：（1）债券的票面价值。（2）债券的到期期限。（3）债券的票面利率。（4）债券发行者名称。因此，本题的正确答案为 ABCD。

26.【答案】AB

【解析】基金管理人运用基金财产进行证券投资，不得有下列情形：（1）一只基金持有一家上市公司的股票，其市值超过基金资产净值的 10%；（2）同一基金管理人管理的全部基金持有一家公司发行的证券，超过该证券的 10%；（3）基金财产参与股票发行申购，单只基金所申报的金额超过该基金的总资产，单只基金所申报的股票数量超过拟发行股票公司本次发行股票的总量；（4）违反基金合同关于投资范围、投资策略和投资比例等约定；（5）中国证监会规定禁止的其他情形。完全按照有关指数的构成比例进行证券投资的基金品种可以不受第（1）项、第（2）项规定的比例限制。因此，本题的正确答案为 AB。

27.【答案】ABC

【解析】资产评估机构申请证券评估资格，应当不存在下列情形之一：（1）在执业活动中受到刑事处罚、行政处罚，自处罚决定执行完毕之日起至提出申请之日止未满 3 年；（2）因以欺骗等不正当手段取得证券评估资格而被撤销该资格，自撤销之日起至提出申请之日止未满 3 年；（3）在申请证券评估资格过程中，因隐瞒有关情况或者提供虚假材料被不予受理或者不予批准的，自被出具不予受理凭证或者不予批准决定之日起至提出申请之日止未满 3 年。因此，本题的正确答案为 ABC。

28.【答案】ABCD

【解析】欧洲债券市场以众多创新品种而著称，在计息方式上，既有传统的固定利率债券，也有种类繁多的浮动利率债券，还有零息债券、延付息票债券、利率递增债券（累进利率债券）和在一定条件下将浮动利率转换为固定利率的债券等。因此，本题的正确答案为 ABCD。

29.【答案】AC

【解析】金融衍生工具又称金融衍生产品，是与基础金融产品相对应的一个概念，指建立在基础产品或基础变量之上，其价格取决于基础金融产品价格（或数值）变动的派生金融产品。金融衍生工具的四个显著特征是：跨期性、杠杆性、联动性、不确定性或高风险性。因此，本题的正确答案为AC。

30.【答案】ABCD

【解析】我国《证券投资基金法》规定，基金托管人应当履行的职责包括：安全保管基金财产；按照规定开设基金财产的资金账户和证券账户；对所托管的不同基金财产分别设置账户，确保基金财产的完整与独立；保存基金托管业务活动的记录、账册、报表和其他相关资料；按照基金合同的约定，根据基金管理人的投资指令，及时办理清算、交割事宜；办理与基金托管业务活动有关的信息披露事项；对基金财务会计报告、中期和年度基金报告出具意见；复核、审查基金管理人计算的基金资产净值和基金份额申购、赎回价格；按照规定召集基金份额持有人大会；按照规定监督基金管理人的投资运作；国务院证券监督管理机构规定的其他职责。因此，本题的正确答案为ABCD。

31.【答案】ACD

【解析】我国《证券投资基金法》规定，基金管理人不得有以下行为：将其固有财产或者他人财产混同于基金财产从事证券投资；不公平地对待其管理的不同基金财产；利用基金财产为基金份额持有人以外的第三人牟取利益；向基金份额持有人违规承诺收益或者承担损失；依照法律、行政法规有关规定，由国务院证券监督管理机构规定禁止的其他行为。因此，本题的正确答案为ACD。

32.【答案】ABCD

【解析】基金份额持有人必须承担一定的义务，这些义务包括：遵守基金契约；缴纳基金认购款项及规定的费用；承担基金亏损或终止的有限责任；不从事任何有损基金及其他基金投资人合法权益的活动；在封闭式基金存续期间，不得要求赎回基金份额；在封闭式基金存续期间，交易行为和信息披露必须遵守法律、法规的有关规定；法律、法规及基金契约规定的其他义务。因此，本题的正确答案为ABCD。

33.【答案】ABC

【解析】金融衍生工具具有四个显著特性：（1）跨期性：金融衍生工具是交易双方通过对利率、汇率、股价等因素变动趋势的预测，约定在未来某一时间按照一定条件进行交易或选择是否交易的合约。无论是哪一种金融衍生工具，都会影响交易者在未来一段时间内或未来某时点上的现金流，跨期交易的特点十分突出。这就要求交易双方对利率、汇率、股价等价格因素的未来变动趋势作出判断，而判断的准确与否直接决定了交易者的交易盈亏。(2) 杠杆性：金融衍生工具交易一般只需要支付少量的保证金或权利金就可签订远期大额合约或互换不同的金融工具。实现以小搏大的效果。在收益可能成倍放大的同时。投资者所承担的风险与损失也会成倍放大，基础工具价格的轻微变动也许就会带来投资者的大盈大亏。金融衍生工具的杠杆效应一定程度上决定了它的高投机性和高风险性。(3)联动性：这是指金融衍生工具的价值与基础产品或基础变量紧密联系、规则变动。(4) 不确定性或高风险性：金融衍生工具的交易后果取决于交易者对基础工具（变量）未来价格（数值）的预测和判断的准确程度。由以上 (1)、(2)、(3) 条可知，选项 A、B、C 说法正确，选项 D 中，金融衍生工具的交易后果应取决于基础工具（变量）未来价格（数值）的预测，而不是衍生工具，所以选项 D 错误。因此，本题的正确答案为 ABC。

34.【答案】BCD

【解析】证券公司短期融资券是指证券公司以短期融资为目的，在银行间债券市场发行的约定在一定期限内还本付息的金融债券。因此，本题的正确答案为 BCD。

35.【答案】ABCD

【解析】金融期货交易有一定的交易规则，这些规则是期货交易正常进行的制度保证，也是期货市场运行机制的外在体现，包括：集中交易制度、标准化的期货合约和对冲机制、保证金制度、结算所和无负债结算制度、限仓制度、大户报告制度和每日价格波动限制及断路器规则。因此，本题的正确答案为 ABCD。

36.【答案】CD

【解析】证券市场按交易活动是否在固定场所进行，可分为有形市场和无形市场。因此，本题的正确答案为 CD。

37.【答案】ABD

【解析】基金份额持有人的基本权利包括对基金收益的享有权、对基金份额的转让权和在一定程度上对基金经营决策的参与权。因此，本题的正确答案为 ABD。

38.【答案】ABCD

【解析】中小企业板块的总体设计可以概括为"两个不变"和"四个独立"。"两个不变"

是指中小企业板块运行所遵循的法律、法规和部门规章与主板市场相同。中小企业板块的上市公司符合主板市场的发行上市条件和信息披露要求。"四个独立"是指中小企业板块是主板市场的组成部分，同时实行运行独立、监察独立、代码独立、指数独立。因此，本题的正确答案为ABCD。

39.【答案】ABD

【解析】我国《证券投资基金法》规定，有下列情形之一的，基金托管人职责终止：被依法取消基金托管资格，被基金份额持有人大会解任，依法解散、被依法撤销或者被依法宣告破产，基金合同约定的其他情形。因此，本题的正确答案为ABD。

40.【答案】BCD

【解析】基金资产总值是指基金所拥有的各类证券的价值、银行存款本息、基金应收的申购基金款以及其他投资所形成的价值总和。因此，本题的正确答案为BCD。

三、判断题

1.【答案】A

【解析】从一般意义上来说，证券是指用以证明或设定权利所做成的书面凭证，它表明证券持有人或第三者有权取得该证券拥有的特定权益，或证明其曾经发生过的行为。证券可以采取纸面形式或证券监管机构规定的其他形式。因此，本题的正确答案为A。

2.【答案】B

【解析】地方政府债券由地方政府发行，以地方税或其他收入偿还，我国目前尚不允许除特别行政区以外的各级地方政府发行债券。因此，本题的正确答案为B。

3.【答案】B

【解析】非上市证券不允许在证券交易所内交易，但可以在其他证券交易市场发行和交易。凭证式国债、电子式储蓄国债、普通开放式基金份额和非上市公众公司的股票属于非上市证券。因此，本题的正确答案为B。

4.【答案】A

【解析】有价证券的交换在转让出一定收益权的同时，也把该有价证券所特有的风险转让出去。所以，从风险的角度分析，证券市场也是风险直接交换的场所。因此，本题的正确答案为A。

5.【答案】A

【解析】债券发行人通过发行债券筹集的资金一般都有期限，债券到期时，债务人必须按时归还本金并支付约定的利息。债券因有固定的票面利率和期限，所以，相对于股票价格而言，市场价格比较稳定。因此，本题的正确答案为A。

6.【答案】A

【解析】机构投资者主要包括开放式共同基金、封闭式投资基金、养老基金、保险基金、信托基金，此外还有对冲基金、创业投资基金等。因此，本题的正确答案为A。

7.【答案】A

【解析】股份公司通过发行股票、债券向社会公众募集资金，实现资本的集中，用于扩大生产。股份公司的建立、公司股票和债券的发行，为证券市场的产生提供了现实的基础和客观的要求。因此，本题的正确答案为A。

8.【答案】A

【解析】为加强对商业银行代客境外理财业务（QDII）境外运作监管，中国银监会积极加强与境外监管机构合作，开展QDII业务的联合监管。2007年4月，中国银监会与香港证监会签署监管合作谅解备忘录，就双方监管职责、信息共享等事项进行约定，有效促进该项业务平稳健康发展。因此，本题的正确答案为A。

9.【答案】A

【解析】设权证券是指证券所代表的权利本来不存在，而是随着证券的制作而产生，即权利的发生是以证券的制作和存在为条件的。因此，本题的正确答案为A。

10.【答案】A

【解析】股票实质上代表了股东对股份公司的所有权，股东凭借股票可以获得公司的股息和红利，参加股东大会并行使自己的权利，同时也承担相应的责任与风险。因此，本题的正确答案为A。

11.【答案】A

【解析】我国《公司法》规定，股票发行价格可以按票面金额，也可以超过票面金额，但不得低于票面金额。这样，有面额股票的票面金额就成为股票发行价格的最低界限。因此，本题的正确答案为A。

12.【答案】B

【解析】配股是面向原有股东，按持股数量的一定比例增发新股，原股东可以放弃配股权。现实中，由于配股价通常低于市场价格，配股上市之后可能导致股价下跌。因此，本题的正确答案为 B。

13.【答案】B

【解析】国债发行量会改变证券市场的证券供应和资金需求，从而间接影响股票价格。因此，本题的正确答案为 B。

14.【答案】B

【解析】股票的内在价值即理论价值，即股票未来收益的现值。因此，本题的正确答案为 B。

15.【答案】A

【解析】累积优先股票是指历年股息累积发放的优先股票。股份公司发行累积优先股票的目的，主要是为了保障优先股票股东的收益不因公司盈利状况的波动而减少。因此，本题的正确答案为 A。

16.【答案】A

【解析】普通股票的股息是不固定的，它取决于股份公司的经营状况和盈利水平，而优先股票在发行时就约定了固定的股息率，无论公司经营状况和盈利水平如何变化，该股息率不变。因此，本题的正确答案为 A。

17.【答案】B

【解析】可赎回优先股票是指在发行后一定时期，可按特定的赎买价格由发行公司收回的优先股票。一般的股票从某种意义上说是永久的，因为它的有效期限是与股份公司的存续期并存的，而可赎回优先股票却不具有这种性质，它可以依照该股票发行时所附的赎回条款，由公司出价赎回。股份公司一旦赎回自己的股票，必须在短期内予以注销。因此，本题的正确答案为 B。

18.【答案】B

【解析】股权分置改革方案获得相关股东会议表决通过，公司股票复牌后，市场称这类股票为 G 股。因此，本题的正确答案为 B。

19.【答案】B

【解析】债券偿还期限的确定应根据对市场利率的预期，相应选择有助于减少发行者筹资成本的期限。一般来说，当未来市场利率趋于下降时，应选择发行期限较短的债券，可以避免市场利率下跌后仍须支付较高的利息；而当未来市场利率趋于上升时，应选择发行期限较长的债券，这样能在市场利率趋高的情况下保持较低的利息负担。因此，本题的正确答案为 B。

20. 【答案】A

【解析】债券票面上有时还包含一些其他要素，如，有的债券具有分期偿还的特征，在债券的票面上或发行公告中附有分期偿还时间表；有的债券附有一定的选择权，即发行契约中赋予债券发行人或持有人具有某种选择的权利，包括附有赎回选择权条款的债券、附有出售选择权条款的债券、附有可转换条款的债券、附有交换条款的债券、附有新股认购权条款的债券等。其中，附有赎回选择权条款的债券表明债券发行人具有在到期日之前买回全部或部分债券的权利。因此，本题的正确答案为 A。

21. 【答案】A

【解析】贴现债券又被称为贴水债券，是指在票面上不规定利率，发行时按某一折扣率，以低于票面金额的价格发行，发行价与票面金额之差额相当于预先支付的利息，到期时按面额偿还本金的债券。因此，本题的正确答案为 A。

22. 【答案】A

【解析】地方政府债券按资金用途和偿还资金来源分类，通常可以分为一般责任债券（普通债券）和专项债券（收入债券）。一般责任债券（普通债券）是指地方政府为缓解资金紧张或解决临时经费不足而发行的债券，不与特定项目相联系，其还本付息得到发行政府信誉和税收的支持，发行一般必须经当地议会表决或全体公民表决同意。专项债券（收入债券）是指为筹集资金建设某项具体工程而发行的债券，与特定项目或部分特定税收相联系，其还本付息来自投资项目的收益、收费及政府特定的税收或补贴。本题的正确答案为 A。

23. 【答案】B

【解析】目前对外公布的 Shibor 共有 8 个品种，期限从隔夜到 1 年。因此，本题的正确答案为 B。

24. 【答案】A

【解析】自 2006 年开始，随着我国早期发售的封闭式基金到期日的逐步临近，陆续有到期封闭式基金转为开放式基金。到 2010 年年底，已有 30 多只封闭式基金转为开放式基金。因此，本题的正确答案为 A。

25.【答案】A

【解析】封闭式基金与开放式基金的区别之一是交易费用不同，投资者在买卖封闭式基金时，在基金价格之外要支付手续费；投资者在买卖开放式基金时，则要支付申购费和赎回费。因此，本题的正确答案为 A。

26.【答案】A

【解析】证券投资基金作为一种新型的投资工具，将众多投资者的小额资金汇集起来进行组合投资，由专家来管理和运作，经营稳定，收益可观，为中小投资者提供了较为理想的间接投资工具，大大拓宽了中小投资者的投资渠道。因此，本题的正确答案为 A。

27.【答案】A

【解析】固定收入型基金的主要投资对象是债券和优先股，因而尽管收益率较高，但长期成长的潜力很小，而且当市场利率波动时，基金净值容易受到影响。因此，本题的正确答案为 A。

28.【答案】A

【解析】2006 年 2 月，中国证监会基金部《关于基金管理公司向特定对象提供投资咨询服务有关问题的通知》规定，基金管理公司不需报经中国证监会审批，可以直接向合格境外机构投资者、境内保险公司及其他依法设立运作的机构等特定对象提供投资咨询服务。同时规定，基金管理公司向特定对象提供投资咨询服务时，不得有侵害基金份额持有人和其他客户的合法权益、承诺投资收益、与投资咨询客户约定分享投资收益或者分担投资损失、通过广告等公开方式招揽投资咨询客户以及代理投资咨询客户从事证券投资的行为。因此，本题的正确答案为 A。

29.【答案】A

【解析】金融衍生工具产生的最基本原因是避险。20 世纪 70 年代以来，随着美元的不断贬值，布雷顿森林体系崩溃，国际货币制度由固定汇率制走向浮动汇率制。1973年和 1978 年两次石油危机使西方国家经济陷于滞胀，为对付通货膨胀，美国不得不运用利率工具，这又使金融市场的利率波动剧烈。利率的升降会引起证券价格的反方向变化，并直接影响投资者的收益。面对利市、汇市、债市、股市发生的前所未有的波动，市场风险急剧放大，迫使商业银行、投资机构、企业寻找可以规避市场风险、进行套期保值的金融工具，金融期货、期权等金融衍生工具便应运而生。因此，本题的正确答案为A。

30.【答案】A

【解析】OTC交易的衍生工具是指通过各种通信方式，不通过集中的交易所，实行分散的、一对一交易的衍生工具，如金融机构之间、金融机构与大规模交易者之间进行的各类互换交易和信用衍生品交易。从近年来的发展看，这类衍生品的交易量逐年增大，已经超过交易所市场的交易额，市场流动性也得到增强，还发展出专业化的交易商。因此，本题的正确答案为A。

31.【答案】B

【解析】金融衍生工具从其自身交易的方法和特点可以分为金融远期合约、金融期货、金融期权、金融互换和结构化金融衍生工具。因此，本题的正确答案为B。

32.【答案】A

【解析】股票价格指数期货即是以股票价格指数为基础变量的期货交易，是为适应人们控制股市风险，尤其是系统性风险的需要而产生的。股票价格指数期货的交易单位等于基础指数的数值与交易所规定的每点价值之乘积，采用现金结算。因此，本题的正确答案为A。

33.【答案】A

【解析】为了控制期货交易的风险和提高效率，期货交易所的会员经纪公司必须向交易所或结算所缴纳结算保证金，而期货交易双方在成交后都要通过经纪人向交易所或结算所缴纳一定数量的保证金。由于期货交易的保证金比率很低，因此有高度的杠杆作用，这一杠杆作用使套期保值者能用少量的资金为价值量很大的现货资产找到回避价格风险的手段，也为投机者提供了用少量资金获取盈利的机会。因此，本题的正确答案为A。

34.【答案】A

【解析】从交易结构上看，可以将金融互换交易视为一系列远期交易的组合，本题说法正确。因此，本题的正确答案为A。

35.【答案】A

【解析】可转换债券具有双重选择权的特征。一方面，投资者可自行选择是否转股，并为此承担转债利率较低的机会成本；另一方面，转债发行人拥有是否实施赎回条款的选择权，并为此要支付比没有赎回条款的转债更高的利率。双重选择权是可转换公司债券最主要的金融特征，它的存在使投资者和发行人的风险、收益限定在一定的范围以内，并可以利用这一特点对股票进行套期保值，获得更加确定的收益。因此，本题的正确答案为A。

36.【答案】B

【解析】我国《上市公司证券发行管理办法》规定，可转换公司债券的期限最短为1年，最长为6年，自发行结束之日起6个月后方可转换为公司股票。因此，本题的正确答案为B。

37.【答案】A

【解析】存托凭证在中国不断发展，2004年以前，只有中国香港上市的中华汽车发行过二级存托凭证；进入2004年后，随着中国网络科技类公司海外上市速度加快，二级存托凭证成为中国网络股进入NASDAQ的主要形式。因此，本题的正确答案为A。

38.【答案】B

【解析】美国证券市场对中国存托凭证发行的大门紧闭的时间段为1998年3月~2000年3月。因此，本题的正确答案为B。

39.【答案】B

【解析】证券发行注册制实行公开管理原则,实质上是一种发行公司的财务公开制度。核准制是指发行人申请发行证券，不仅要公开披露与发行证券有关的信息，符合《公司法》和《证券法》所规定的条件，而且要求发行人将发行申请报请证券监管部门决定的审核制度。本题混淆定义叙述错误。因此，本题的正确答案为B。

40.【答案】A

【解析】场外交易市场是我国多层次资本市场体系的重要组成部分，主要具备的功能包括：①拓宽融资渠道，改善中小企业融资环境；②为不能在证券交易所上市交易的证券提供流通转让的场所；③提供风险分层的金融资产管理渠道。因此，本题的正确答案为A。

41.【答案】B

【解析】证券市场是证券交易的场所，也是资金供求的中心。根据市场的功能划分，证券市场可分为证券发行市场和证券交易市场。证券发行市场是发行人以发行证券的方式筹集资金的场所，又称一级市场、初级市场；证券交易市场是买卖已发行证券的市场，又称二级市场、次级市场。本题混淆定义叙述错误。因此，本题的正确答案为B。

42.【答案】A

【解析】证券余额报销是报销的一种，其是指承销商按照规定的发行额和发行条件，在约定的期限内向投资者发售证券，到销售截止日，如投资者实际认购总额低于预定发行总额，未售出的证券由承销商负责认购，并按约定时间向发行人支付全部证券款项的承销方式。因此，本题的正确答案为A。

43.【答案】A

【解析】长期以来，道·琼斯股价平均数被视为最具权威性的股价指数，被认为是反映美国政治、经济和社会状况最灵敏的指标。因此，本题的正确答案为A。

44.【答案】A

【解析】债券的投资收益来自三个方面：（1）债券的利息收益。这是债券发行时就决定的，除了保值贴补债券和浮动利率债券，债券的利息收入不会改变，投资者在购买债券前就可得知。（2）资本损益。资本损益受债券市场价格变动的影响。（3）再投资收益。再投资收益受以周期性利息收入作再投资时市场收益率变化的影响，由于资本损益和再投资收益具有不确定性，投资者在作投资决策时计算的到期收益和到期收益率只是预期的收益和收益率，只有当投资期结束时才能计算实际收益和实际到期收益率，显然本题说法正确。因此，本题的正确答案为A。

45.【答案】B

【解析】证券公司申请设立子公司有两种形式：一是设立全资子公司；二是与符合《证券法》规定的证券公司股东条件的其他投资者共同出资设立子公司，其他投资者为境外股东的，还应当符合《外资参股证券公司设立规则》规定的条件。因此，本题的正确答案为B。

46.【答案】A

【解析】证券公司及其子公司除单独向中国证监会报送年度报告、监管报表和有关资料外，证券公司还应当在合并计算其子公司的财务及业务数据的基础上向中国证监会报送前述资料。证券公司及其子公司单独计算、以合并数据为基础计算的净资本等风险控制指标，应当符合中国证监会的要求。因此，本题的正确答案为A。

47.【答案】B

【解析】证券公司应当设总经理，制定总经理工作细则，总经理依据《公司法》、公司章程的规定行使职权，并向董事会负责。因此，本题的正确答案为B。

48.【答案】A

【解析】股东应当严格履行出资义务，证券公司不得直接或间接为股东出资提供融资或担保。证券公司股东存在虚假出资、出资不实、抽逃出资或变相抽逃出资等违法违规行为的，董事会应及时报告，并责令纠正。因此，本题的正确答案为A。

49.【答案】B

【解析】为加强对证券服务机构的管理，我国《证券法》还授予证券监督管理机构对证券服务机构的监管权和现场检查权。同时，证券服务机构未勤勉尽责，所制作、出具的文件有虚假记载、误导性陈述或重大遗漏的，可暂停或者撤销其证券服务业务的许可。因此，本题的正确答案为B。

50.【答案】A

【解析】2005年对《公司法》修订的主要内容关于公司注册资本的规定为：取消了按照公司经营内容区分最低注册资本额的规定，允许公司按照规定的比例在2年内分期缴清出资，其中投资公司可以在5年内缴足，有限责任公司的最低注册资本额降低至人民币3万元。因此，本题的正确答案为A。

51.【答案】B

【解析】根据《证券公司融资融券业务试点管理办法》，证券公司通过客户信用交易担保证券账户持有的股票不计入其自有股票，证券公司无须因该账户内股票数量的变动而履行相应的信息报告、披露或者要约收购义务。因此，本题的正确答案为B。

52.【答案】A

【解析】《证券公司融资融券业务试点管理办法》中的业务规则，证券公司以自己的名义在证券登记结算机构分别开立融券专用证券账户、客户信用交易担保证券账户、信用交易证券交收账户和信用交易资金交收账户。因此，本题的正确答案为A。

53.【答案】A

【解析】我国证券市场监管机构是国务院证券监督管理机构。国务院证券监督管理机构依法对证券市场实行监督管理，维护证券市场秩序，保障其合法运行。国务院证券监督管理机构由中国证券监督管理委员会及其派出机构组成。因此，本题的正确答案为A。

54.【答案】A

【解析】信息披露的主体不仅包括证券发行人、证券交易者，还包括证券监管者；要保障市场的透明度，除了证券发行人需要对影响证券价格的公司情况作出公开的详细说明外，监管者还应当公开有关监管程序、监管身份、对证券市场违规处罚的规定等，显然本题说法正确。因此，本题的正确答案为A。

55.【答案】A

【解析】证券市场监管的原则中，监督与自律相结合的原则是指在加强政府、证券监管机构对证券市场监管的同时，也要加强从业者的自我约束、自我教育和自我管理。国家对证券市场的监管是证券市场健康发展的保证，而证券从业者的自我管理是证券市场正常运行的基础。国家监督与自我管理相结合的原则是世界各国共同奉行的原则。因此，本题的正确答案为A。

56.【答案】A

【解析】推行核准制的重要基础是中介机构尽职尽责。实行强制性信息披露和合规性审核，需要证券专营机构、律师事务所和会计师事务所等中介机构加强自律性约束，强化市场主体的诚信责任．证券发行监管以强制性信息披露为中心，完善"事前问责、依法披露和事后追究"的监管制度，增强信息披露的准确性和完整性；同时加大对证券发行和持续信息披露中违法违规行为的打击力度。因此，本题的正确答案为A。

57.【答案】A

【解析】我国《证券法》第六十七条所称重大事件是："(1)公司经营方针和经营范围的重大变化；(2)公司的重大投资行为和重大的购置财产的决定；(3)公司订立重要合同，可能对公司的资产、负债、权益和经营成果产生重要影响；(4)公司发生重大债务和未能清偿到期重大债务的违约情况；(5)公司发生重大亏损或者重大损失；(6)公司生产经营的外部条件发生的重大变化；(7)公司的董事、三分之一以上监事或者经理发生变动；(8)持有公司百分之五以上股份的股东或者实际控制人，其持有股份或者控制公司的情况发生较大变化;(9)公司减资、合并、分立、解散及申请破产的决定;(10)

涉及公司的重大诉讼，股东大会、董事会决议被依法撤销或者宣告无效；(11)公司涉嫌犯罪被司法机关立案调查，公司董事、监事、高级管理人员涉嫌犯罪被司法机关采取强制措施；(12)国务院证券监督管理机构规定的其他事项。"因此，本题的正确答案为A。

58. 【答案】A

【解析】对证券交易市场的监管中，事后处理是指证券管理机构对市场操纵行为者的处理及操纵者对受损当事人的损害赔偿，主要包括：(1) 对操纵行为的处罚；(2) 操纵行为受害者可以通过民事诉讼获得损害赔偿。因此，本题的正确答案为A。

59. 【答案】A

【解析】对于上市的证券，证券交易所有权依照有关规定，暂停或者恢复其交易。中国证监会也有权要求证券交易所暂停或者恢复上市证券的交易。证券交易所应当建立市场准入制度，并根据证券法规的规定或者中国证监会的要求，限制或者禁止特定证券投资者的证券交易行为，除此之外，证券交易所不得限制或者禁止证券投资者的证券买卖行为。因此，本题的正确答案为A。

60. 【答案】A

【解析】《证券业从业人员执业行为准则》第八条规定，从业人员在执业过程中遇到自身利益或相关方利益与客户的利益发生冲突或可能发生冲突时，应及时向所在机构报告；当无法避免时，应确保客户的利益得到公平的对待。因此，本题的正确答案为A。